U0666092

大学体育教学改革与发展研究

康玉良————著

九州出版社
JIUZHOUPRESS

图书在版编目（CIP）数据

大学体育教学改革与发展研究 / 康玉良著. -- 北京：
九州出版社，2024.1
ISBN 978-7-5225-2591-4

Ⅰ．①大… Ⅱ．①康… Ⅲ．①体育教学－教学改革－
研究－高等学校 Ⅳ．①G807.4

中国国家版本馆CIP数据核字(2024)第038697号

大学体育教学改革与发展研究

作　　者	康玉良　著	
责任编辑	赵晓彤	
出版发行	九州出版社	
地　　址	北京市西城区阜外大街甲 35 号（100037）	
发行电话	(010)68992190/3/5/6	
网　　址	www.jiuzhoupress.com	
印　　刷	永清县晔盛亚胶印有限公司	
开　　本	710 毫米×1000 毫米　16 开	
印　　张	15	
字　　数	224 千字	
版　　次	2024 年 2 月第 1 版	
印　　次	2024 年 2 月第 1 次印刷	
书　　号	ISBN 978-7-5225-2591-4	
定　　价	58.00 元	

前　言

　　新形势下，我国各学龄段都强调素质教育及培养高素质的应用型人才，体育作为一门课程，其课程目标也是围绕学生全面发展的终极目标来实现的，大学体育教学也因此不断发展和改革。21 世纪以来，为优化体育教育的教学体系与结构，各大学正结合实际教学情况，竭力推进体育教育重心向以学生为中心转移。体育是一门具有整合效能的核心素养课程，其在培养学生体能发展及心理适应能力的过程中，让师生通过不断互动形成良好的身心素养。而各大学体育教育重心的迁移属于将体育教育的单方面传授，逐渐演变为一种独立进行的体育自修和跟进式体育教学，在不背离原有的基础知识和基础技能"双基"教育目标，以及注重知识与技能，体育学习过程与方法，体育情感、学习态度与价值观的三维准则下，努力凸显体育教育自身学科素养的效力。

　　我国大学体育教学要想在新的环境中获得更好发展，就必须改革和创新原有的教育模式与方法，加大对体育课程资源的开发与利用，丰富大学生的体育活动与训练，完善体育教学过程，强化体育赛事组织与管理，做好体育教学评价和学生学习评价，进一步加强体育师资队伍的建设，充分发挥体育的教育功能。

　　总之，大学体育教学改革有其特定的目的和意义，同时在当今社会发展背景下也面临一定的挑战，为此，必须从教学方法、教学内容、教学评价、教师资源等多方面进行综合强化，切实提高体育教学的水平，促进大学体育教学的稳定发展。

目　录

第一章　大学体育教学概述

第一节　体育教学与大学体育教学

一、体育教学概述

（一）体育教学的概念

体育教学是实现学校体育目标的基本组织形式，也是学校体育不可或缺的重要组成部分。体育教学是按一定计划和新课程标准进行的有目的有组织的教育过程。体育教学由教师和学生共同参与，其任务是向学生传授体育知识、技术与技能，增强学生体质，培养学生道德、意志、品质，发展学生良好个性。体育教学不但具备传统教学的一般特性，如组织性、计划性、目的性，还具备独属于自身的特点和功能。体育教学涉及的领域很多，如学校体育、社会体育、竞技体育等，而且体育教学也是实施素质教育和培养全面发展的人才的重要途径。

因此，我们可以为体育教学赋予一个概括性的定义：所谓的体育教学其实就是学生在学校教育中通过接受教师的指导，积极主动地学习和掌握体育基本知识技能和方法，提高身心健康水平和身体活动能力，强化对自然环境和社会环境的适应能力，形成良好的思想品德、意志品质和个性的过程。

（二）体育教学的特点

从本质上讲，体育教学就是一种与体育相关的学校教学，所以，它必然具备一般教学的相关特性。此外，它还具备一些独属于自身的特殊性质，具体内容如下：

1. 综合性

学生在体育教学过程中主要通过学习体育理论来了解和掌握体育的相关知识，包括体育各项目的基本理论知识和原理，以及横向相关的体育专业知识，如运动生理学、解剖学、运动心理学等。体育教学不是单一的学习技术技能、锻炼身体、增强体质的过程，而是是一个综合的过程，随着这一过程的发展，产生了体育教学论。体育教学论是由各种基本的体育教学理论组合而成的，这些基础理论知识并非都只涉及体育这一个学科领域，在理论知识形成以及不断发展的过程中，它融合了多个学科的知识，属于跨学科的产物，具有一定的综合性。这种综合性既表现了体育教学论拥有丰富的内涵，还揭示了体育教学和其他学科之间存在的紧密联系。因此，体育教学论是一门和多个学科紧密相连的学科，是从体育的角度出发选择性融合其他学科包含的与体育相关知识的学科，这一点对体育教学论来讲至关重要。从某种程度上讲，体育教学论的发展离不开其他学科的支持，其他学科的理论知识是体育教学论发展的关键理论基础。

2. 艺术性

无数专家对体育教学进行了深入研究，发现其艺术性极强，最显著的表现就是体育教学研究方向的多样性。出现这种情况最根本的原因是体育教学包含的内容十分丰富，涉及多个领域，如高校开展的体育教学不但要向学生传授基础的体育知识、体育技能，还会在教学过程中夹杂一些其他的理论知识，如心理学知识、生理学知识等。此外，如何教本身就是一种艺术，教师在教授学生的过程中还会夹杂一些具有艺术性、审美性的知识，如通过特殊的口语和优美的肢体语言，与学生进行深入的情感交流、思想交流，调节学生的心理，让学生欣赏美、感受美、创造美等。所以，体育教学具有极强的艺术性。

3. 实践性

体育教学论的根源其实是体育教学实践，换言之，体育教学实践是其核心内容，体育教学论必将应用在体育教学实践当中，甚至可以说，体育教学论来源于体育教学实践，又为体育教学实践服务。具体来讲，体育教学实践为体育教学论提供了大量的理论知识，丰富其内涵；反过来，体育教学论指导体育教学实践，推动其蓬勃发展。因此，体育教学其实就是在体育教学实践的基础上发展的，而且这种发展符合马克思唯物主义世界观和方法论的基本要求。

4.传递性和发展性

体育教学论是以体育教学的实践经验和研究成果为基础发展来的，后来人们通过对现实体育教学的理论知识以及实践问题进行深入的研究，逐渐形成了相对系统的体育教学理论体系，并使其成为一门独立学科。

对体育教学来讲，其最重要的功能之一就是传递人类在时代发展过程中形成的特殊的体育文化以及体育教育的理论知识和实践技能，这一点主要表现在体育教学论的形成、发展以及特性等方面，更凸显其传递性。

从某种意义上讲，体育教学论最主要的目的就是研究体育课程教育文化，研究其传递过程以及得出的重要成果，并对其进行进一步的提炼、升华和创新。这个过程其实就是丰富、发展、创新体育教学基础理论的过程，这个过程完美诠释了体育教学论的传递性和发展性，揭示了体育教学论两种特性之间存在的辩证关系。所以，体育教学具有极强的传递性和发展性。

二、大学体育教学

（一）大学体育教学的构成要素

大学体育教学的构成要素主要包含两部分，分别是结构要素和过程要素。

1.大学体育教学的结构要素

大学体育教学的结构其实就是由影响大学体育教学的不同要素以及所有要素之间存在的紧密关系组成的，最常见的结构要素有学生、教师、教材、教学方法等。总的来讲，体育教学的结构要素主要有三个：

（1）参与者

大学想要开展体育教学的两个根本要素就是学生和教师，他们是体育教学的重要参与者，所以体育教学第一个重要的结构要素就是参与者要素。所谓参与者要素其实就是体育教学中的教师和学生。

在体育教学当中，体育教师扮演的角色主要是指导员，负责引导学生，他们的主要工作包括制订教学计划、组织学生参与、管理学生、监督学生等。因此，体育教学的效果与体育教师自身的素质以及体育教师能否在教学过程中顺利完成其工作有直接关系，这就要求一位体育教师想要成为优秀教师必须具备极强的业务能力、优良的敬业精神等。

在体育教学中，学生是体育教师主要面对的群体，他们是体育教学的关键主体。体育教师需要将与体育相关的理论知识和实践技能传授给学生，学生需要接纳并掌握。当然，学生不能一味地被动接受，需要结合自身实际情况主动的、积极的思考，勇于实践，最大限度发挥学习的效果。从宏观角度来讲，学生群体作为体育教学的关键主体，接受教育的主要对象，拥有很多共性，但由于自身素质以及其他因素的影响，却成为一个个鲜明的个体，更重要的一点，学生在学习体育知识和技能的过程中是否积极主动能决定学习的最终效果。因此，体育教师在教学过程中必须从每个学生的实际情况出发，因材施教，激发学生的学习兴趣。

（2）施加因素

大学开展体育教学的主要目的就是为了保证学生能够符合社会的相关要求，这种社会要求决定着学生要达到什么样的毕业要求，其主要体现在体育教学的教学目标、教学大纲、教学计划以及教学内容等要素当中。这些要素的本质是外部施加给体育教学的，具有导向性，属于结构要素中的外部施加因素，其作用是将体育的教与学完美结合在一起。

体育教师在开展体育教学过程时会根据教学任务、教学大纲、教学计划以及教学内容等要素来组织、开展教学，只有正确处理教学任务和教学内容蕴含的显性价值和隐性价值，才能推动学生健康、和谐的发展。

（3）媒介因素

体育教学可以视作一个在特殊的时间和空间内传递信息的过程，信息想要实现传递必然需要媒介，最常见的媒介有场地器材、环境设备、组织教法等。媒介具有多种特性，如实用性、安全性、可控性、针对性、抗干扰性等。其中，场地器材和环境设备是开展体育教学最基础的物质条件，组织教法是体育教师将教材、物质条件、教授对象连接在一起的重要方式，且能实时监控教学的所有环节。从某种程度上讲，体育教学想要获得理想的效果，媒介因素是否能够满足教学需要、是否高质量、是否足够现代化起决定性作用。

在整个大学的体育教学当中，这三种要素并非一成不变，而是动态变化、相互融合的，参与者因素最为重要。体育教师作为体育教学的重要主体必须对各种教学方式都能做到信手拈来，激发学生学习的兴趣和积极性，充分利用各种要素，保证教学任务和教学质量。

综上所述，大学体育教学的结构要素具体内容如表1-1所示。

表 1-1 大学体育教学的结构要素表

结构要素	具体要素
参与者	体育教师
	学生
施加因素	教学任务
	教学内容
	教学大纲
	教学计划
媒介因素	场地器材
	环境设备
	组织教法

2.大学体育教学的过程要素

大学体育教学的过程要素具体包括以下几个方面。

（1）体育教学目标

所谓的体育教学目标其实就是大学开展体育教学想要获得的最终结果，体现了体育教学最重要的价值。从根本上讲，体育教学目标是由学校对学生的培养目标和对学生的毕业要求决定的。明确的体育教学目标可以为体育教学指明方向，可以让人们清楚体育教学的起点和终点，如果教学目标不明确，开展的体育教学也不能明确教学内容，也不利于体育教师掌握教学步骤，体育教学目标是否达成，更是体育教学评价的最终归宿。

（2）体育教学内容

所谓的体育教学内容其实就是体育教师根据教学大纲在开展体育教学的过程中传授给学生的所有内容，如理论知识、练习方法、体育技能等。根据教学目标和任务制定教学内容，反过来体育教学内容也决定了能否实现体育教学的目标，决定了能否提升体育教学的质量。因此，为了保证体育教学目标的顺利实现和体育教学质量的有效提升，我们必须科学的、系统地制定体育教学内容。对体育教学来讲，体育教学内容至关重要，如果缺少这一部分，体育教学会变得空洞，不但不能作为一门独立的学科而存在，而且变成了一种单纯的体育锻炼、体育活动。因此，体育教学内容可以决定体育教学工作能否继续开展下去。我们需要从社会要求、学科体系以及学生要求等方面正确选择体育教学内容。

（3）体育教学策略

所谓的体育教学策略其实就是体育教师在开展体育教学过程中结合教学目标以及学生的实际情况制订的教学计划以及选择的教学、组织方式方法，其贯穿于整个教学过程。它是教师如何高效率地把知识传授给学生和教师与学生之间产生相互作用的桥梁。当然，体育教学策略还包含体育教师为了帮助学生理解教学内容使用的传递信息的方式和信息内容。体育教学策略与体育教学的主体和教学目标都有紧密关系，它直接影响体育教学工作的效率和成败。因此，为了保证实现体育教学目标，顺利开展体育教学，提升教学质量，我们需要科学的选择体育教学策略。

（4）体育教学评价

所谓的体育教学评价指的是教学主体根据体育教学目标制定一系列评判标准，在开展体育教学过程中使用恰当的评价方法分析、衡量、比较整个教学活动的所有环节以及最终结果，并判断其价值。体育教学评价最主要的目标是提升体育教学质量，使学生实现全面发展。对体育教学来讲，体育教学评价属于特别重要的因素，它与教学目标以及教学主体都有密切关系，要形成"教学—评价—改进"的良好的反馈机制。通常情况下，体育教学评价的评判标准都是由体育教师根据课程目标制定的。

（二）大学体育教学的特点

1. 运动知识传承的可操作性

体育作为一门独立学科和其他的学科有很大区别，其中最显著的一点就是体育教学传授的理论知识基本都与身体有关，属于身体知识，而这种身体知识是人类在发展过程中不断探索身体得出的特殊知识，是人们从追求外部自然知识转变为追求身体内在知识的结果，甚至可以说是人类发起的对人类本身、本体以及自我的挑战。

如今，教育界已经认可了学生在教学过程中的主体地位，并给予了高度重视，不仅展现了大学体育教学的特殊一面，还展现了其蕴含的传承知识的特殊价值，展现了人们对人类身体知识的二次追求。从这个角度出发，大学开展体育教学活动其实就是传承人类掌握的身体知识，这种身体知识属于自然科学，但体育教学活动从本质上讲是人与人之间的活动，是社会性的，所以体育教学属于社会科学范畴。运动知识的传授和传承是可以根据需要选择的，过程是可控的。

2. 教师与学生身体活动的频繁性

大学体育教学实践性极强，因为体育教师在教学活动中向学生传授身体知识时需要反复的示范运动动作，毕竟身体知识只有通过反复的示范和实践才能充分、完整的展现，而且学生在接受和学习过程中也要亲身体验和操作，它必须遵循人掌握动作技能的基本规律，只有经过反复的练习，不断改进才能完全掌握。因此，在开展体育教学活动的过程中，体育教师和学生都会频繁的进行身体活动，这一点也是体育这门学科与其他学科一个比较明显的区别，毕竟其他学科的教学只需学生安静地坐在位置上思考即可。在体育教学活动中，学生不但要进行激烈的身体活动，还会因沉浸在运动中散发出一种特殊的愉悦情绪，这些都是体育教学最显著的外部表现，不存在文化渲染，有的只是纯真、自然。

3.学生身心合一的统一性

体育就是一种改造自身的过程，既要追求生理机能和形态结构统一，还要追求身心和谐发展。所以，在开展体育教学活动的过程中不但要注重传承体育文化，还要改造学生的身体，强化学生的心理素质，提升其适应社会的能力。为了达成这个目标，高校在开展体育教学活动的过程中要主动营造相应的情境，为提升学生的心理素质和适应社会能力创造条件，这一点也是体育这门学科和其他学科的显著区别。

大学体育教学活动符合辩证唯物论，因为其注重身心统一发展。具体来讲：人类的身体是一切发展的基础，身体发展推动心理发展，心理发展也会反过来推动身体发展。大学体育教学注重身心统一发展主要表现在以下三个方面：

（1）大学体育教学内容既重视培养学生的身体素质和各种能力，也注重培养其心理和对社会的适应性，符合心理学、社会学等方面的要求。

（2）体育教师在制订教学计划、使用教学方法以及组织学生学习时都会以学生身心和谐发展为出发点，符合身心发展规律，同时交替进行活动和休闲，既达到了强身健体的目的，还保证了心理健康。这种交替进行的运动使学生的生理机能呈现波浪式曲线。

（3）所有体育课程教学都是以学生实际的年龄特性以及心理特性为基础制定的，符合其内在规律。一般情况下，学生的生理活动和心理活动呈现出的图像曲线并不是平缓的，而是高低起伏的、波浪式的，这充分展现了学生的身心是和谐的、统一的，体育教学需要与这种特殊的节奏相吻合。因此，体育教师在教授学生以及组织学生学习的过程中必须从学生实际心理特性出发，激发学生的学习兴趣，使其积极主动的学习，充分发挥体育教学的教育作用，推动学生的身心和谐发展。

4.体育教学过程的直观形象性

开展体育教学活动的每个环节当中都直观地展现了运动形象。比如，体育教师在向学生传授理论知识时，不但要满足学科讲解的基本要求，还要尽可能地使用生动的、形象的语言，用相对简洁的语言展现教学内容，便于学生理解。在某些时候，体育教师还要通过示范动作、使用教学模具、动作图示、人体模型等方式更形象、生动、直观地展现具体动作，让学生清晰地看到、感知到动作的实际状态，对运动表象有正确的认知，然后将这种表象与自身思维紧密联系在一起，完整掌握理论知识和实践技能。

大学体育教学管理和组织的过程也直观地展现了具体的运动形象。比如，体育教师在体育教学活动中的一言一行都能被学生亲眼看到，在潜移默化间完成对学生身心的教育，学生会将其学到的行为直观的、清晰的、完全的在课堂上表现出来，特别是在开展学习活动和运动活动的过程当中，学生更是将一言一行都完整地、真实地展现在教师面前，这正是教师细致观察、解决问题的好时机。

5. 体育内容的审美情感性

体育课程教学的美主要表现在体育教师和学生在运动过程中展现的运动美和人体美。体育教师和学生通过体育教学活动不断完善自我，优化身体比例和身体线条，展现出一种特殊的身体美，而且身体在运动过程中展现出了独特的运动美。当然，这些美都属于外显美，身体在运动过程中也展现了特殊的精神美、气质美，如人类为了完成某个动作克服了生理和心理的障碍，为了实现教学目标展现出的谦逊风范等。

大学体育教学活动不仅展现了人体美和精神美，还展现了教学内容的审美性。不同运动项目对于美的描述都是不同的，都有运动独特的美学符号和审美观念。比如，球类运动的美既体现在个人的运动优势，还体现在整个团队互帮互助、团结协作的融洽人际关系；田径运动的美既体现在优秀运动员的完美表现，也体现在平凡人的不断进取、永不言败；乒乓球运动的美既体现在东方人的优秀技巧，也体现在所有运动员的顽强拼搏，等等。以上所有内容都是前人总结的经验，体育教师通过正确的提取和加工将其传授给学生，使学生亲身感受，实现身心全面发展。此外，大学体育教学活动也是一种特殊的社会活动，具有一定的创造性，而且教师与学生共同营造的教学情境还能从精神上启发自身，回味无穷。

第二节　大学体育教学的规律与原则

一、大学体育教学的规律

大学体育教学是通过体育课程完成的，大学体育教学内容的传授和教学目标的实现对象都是学生。不论是一节体育课还是一个部分的体育课，都是一个教学过程。任何一种学科的教学都有其需要遵循的一般规律，大学体育教学也不例外。为了帮助更多的大学生和教师更好地掌握大学体育教学的规律，本节特将大学体育教学的一般规律和特殊规律总结如下。

（一）大学体育教学应该遵循的一般规律

前面我们已经提到任何一个学科的教学都需要遵循一定的规律，所谓大学体育教学的一般规律，就是每一种形式的大学体育教学都应该遵循的规律。

1.社会制约性的规律

大学体育教学是一种社会性质的活动，因此，在教学的过程中会受到社会中多种因素的影响，如社会物质、文化条件和社会发展趋势和需求，以及社会政治和经济的特点，等等。各国的国情不同、各地区经济发展水平不同、人们的文化水平不同，大学体育教学的目标和内容也不尽相同。大学体育教学不仅是学校教育的组成部分，而且在学校教育中起着重要的作用。与此同时，大学体育教学的条件和手段对社会经济的发展和科技水平以及社会文化水平都有不同程度的依赖性。学校根据社会需求制定学生的毕业要求，而体育教学目标的实现与否，也是支撑毕业要求的一个关键指标点。所以大学体育教学必须遵循社会制约性的规律，并且随着社会需求的变化而不断地变化。

2.学生身心发展的规律

学生是大学体育教学的主体，是教学目标的实现者和教学任务的承受者，同时学生的身心发展会随着年龄的增长表现出一定的规律性，因此不同年龄阶段和教学环境下的学生的身心发展特点不尽相同。为了保证教学过程更符合学生身心发展的需要，教学目标的定、教学方法的选择、教学内容的安排，都必须从学生的特点出发，保证其符合学生的接受能力和体质状况，如此才能使大学体育教学过程具有针对性，才能保证教学目标的顺利实现。

3.认知事物的规律

大学体育教学的过程是学生掌握体育相关知识、技术和技能的过程，在这个过程中需要有体育教师的正确引导，才能保证教学顺利完成。为了保证教学目标的实现，教学过程必须遵循学生的认知规律，在此基础上，引导学生将感觉、思维、实践三个环节紧密地结合在一起。在学生接受知识和技能的过程中，感知是认识事物的基础，但是在不同的阶段，学生有不同的感知能力；思维是学生对所学习事物的理性认知，学生思维的发展具有顺序性和阶段性的特点；实践是对所学知识和技能的巩固和发展，是不断提高的过程，同时也是增强学生体质、完成大学体育教学目标的必要途径。因此，在进行大学体育教学的过程中，要严格遵循学生认知事物的规律。

4.体育和德育、智育相统一的规律

随着我国对大学体育教学研究的不断深入，我们逐渐认识到，大学体育教学不仅发挥着增强学生体质的作用，因为它是一种以小组、团队等集体为主的教学，所以教学活动对学生的思想道德、精神面貌、意志品质等也会产生一定的影响。教学过程也是学生的认知过程，学生从学习基本的技术动作，到熟练掌握动作技能，并深入理解其原理，在这一过程中，学生也开始逐渐从认知人体到发展自我，学习和体育相关的专业知识，如生理学、生物化学、运动医学生物力学，等等。所以要在教学过程中不断地提升学生的素养和认知，充分地发挥学生的体力和智力，使学生能够掌握正确的学习方法，并养成一些良好的习惯。大学体育教学的目的就是培养全面发展的学生，因此，在教学的过程中，应该始终遵循德育、体育和智育相统一的规律。

5.教、学相统一的规律

教学的过程是教师的教和学生的学相互作用的过程，要想促进教学质量的提高，必须正确地认识教学的过程。在教学的过程中，不仅要充分发挥教师的主导作用，同时还要十分重视学生的主体作用。在整个大学体育教学过程中，教与学两者缺一不可，与此同时两者之间还存在着非常紧密的联系。教师的教是学习过程的外因，学生的学是教学过程的内因，外因只有作用于内因，并且通过内因的变化，才能起到教学的作用。因此，教师的主导作用和学生的主体作用是相互联系、相互制约的。在教学的过程中，应该遵循教与学相统一的规律，这样才能取得更好的效果。

（二）大学体育教学应该遵循的特殊规律

所谓的大学体育教学的特殊规律，实质上就是指大学体育教学过程中所特有的规律，主要包括以下几个方面。

1. 动作技能形成的规律

体育是一门实践性较强的学科，教学的过程主要以运动为主，体育技能的学习和掌握有自己的规律，这是个体在学习某种动作技能过程中的基本规律，主要包括粗略领悟阶段、改进和提高动作阶段、巩固和运用阶段。任何一种动作技能的习得都需要经过这三个阶段，这就是动作技能掌握的规律。但是由于每一种动作的难易程度以及学生的熟悉程度不同，每个阶段所需要花费的时间也就有所不同，因此，三个阶段虽然是动作习得的必经阶段，但是却没有严格的、明显的界限。对于大学体育教学而言，只有在教学的过程中，按照动作内容的不同，严格遵循动作技能的形成规律，才能最大限度地提高教学的效率和质量。

2. 人体机能适应的规律

人体在进行运动的时候，体内会发生一系列的变化，由于不同运动对机体造成的影响不同，机体对每一个运动都有一个适应的过程，并且有一定的规律性。机体在运动的过程中，运动动作的变化会对机体产生一定的负荷，使机体产生对能量的消耗，这一时期称为机体的工作阶段。经过一定时间的调整和休息，体内的能量逐渐恢复到之前的水平，这一时期称为能量的恢复阶段。再经过一段时间的休息，体内的能量会超过运动之前的水平，这就是超量恢复阶段。因此，在教学的过程中，要合理地利用这一规律，把握好运动的时间间歇，保证最佳的学习状态，提升教学的质量。

3.人体的生理、心理活动起伏变化的规律

大学体育教学的目标不仅仅是增强学生的体质，提高学生的运动能力，更重要的是注重学生心理的发展，强调身心的共同发展，这就是当前大学体育教学中提倡的"促进学生全面发展"的目标。从大学体育教学的特点来看，运动本身就是学生身心共同参与的过程，在反复的练习和休息的过程中，学生的生理机能变化具有一定的规律性。由于学生的年龄、身体条件、气候、社会环境以及接受训练的方法不同，教师选择的教材和所采用的教学方法也存在着一定的差异性。由此可见，大学体育教学过程中呈现着不同的变化趋势，这也是大学体育教学应该遵循的规律。

由于大学体育教学在学校教学中具有重要地位，再加上大学体育教学具有复杂性和实践性的特点，因此，大学体育教学应该遵循上述介绍的一般规律和特殊规律进行，从而提高教学的效果。

二、大学体育教学的原则

（一）体育教学原则的概念

"原则"一词在汉语中通常指"观察问题，处理问题的准绳"，因而在教学论中，通常把教学原则定义为对教学的基本要求和指导原理。教学原则对整个教学过程都起着指导作用：第一，教学原则是指导教学活动的出发点，教师要根据教学原则来设计整个教学过程；第二，教学原则是实施教学的总调节器，在整个教学进程中，教师要以教学原则来调节、控制教学活动；第三，教学原则是判断教学质量的基本标准，教学质量的高低，从根本上来说，就看教学原则贯彻得如何。因此，每个教师和教学管理者都必须掌握教学论所确定的一系列教学原则。

基于以上对教学原则的分析，我们认为体育教学原则是实施体育教学最基本的要求，是保持体育教学性质的最基本因素，是判断体育教学质量的基本标准。

（二）体育教学原则的作用

体育教学原则是体育教学过程中必须遵守的准则或标准。作为体育教学工作的指导原理和基本要求，体育教学原则对体育教学工作具有指导作用。在体育教学过程中，体育教学原则既是出发点，又是调节中枢。它在一定程度上具体决定着教学内容的安排、教学方法的选择和教学组织形式的运用。学习和掌握体育教学原则，能使我们按照体育教学的客观规律组织教学活动，正确解决教学内容，教学方法和教学组织形式等一系列理论与实践问题；遵循体育教学原则进行体育教学，就能提高体育教学质量，反之，违背了教学原则，就会降低教学效果，甚至劳而无功。

体育教学原则作用的发挥，不是某个原则所能单独完成的，而是需要一个完整的体育教学原则体系以发挥整体功能。所谓教学原则体系是指反映教学规律的多个原则之间不是孤立分散的原理，而是有机地相互联系的组合。只有建立一个科学完整的体育教学原则体系，才能发挥体育教学原则对整个体育教学过程的指导作用。

（三）大学体育教学应遵循的原则

1.自觉积极性原则

自觉积极性原则是指在教师主导下，充分调动学生学习的自觉积极性，发挥学生的主体作用，培养学生学习的主动性和创造性，把认真完成学习任务，变成自觉的行动。

确定自觉积极性原则的依据：这一原则所指的是，在教师主导下学生的自觉积极性。它是由教师的教与学生的学的双边活动过程的教学规律决定的。师生关系是体育教学过程中的一对基本矛盾，矛盾的主导方面是教师。因为教师是教育者，他们掌握比较丰富的体育知识，技术和经验，能满足教好学生的需要。在实施教学计划过程中，教师的教起着主导作用，它不仅表现在对计划的制定和执行上，而且还表现在对教学过程的调节和控制上。学生是教学的对象，是知识、技术的接受者，是学习的主体。但是，学生学习的自觉积极性不完全是自发的，还取决于教师的指导、传授、调节和控制。反过来，学生有了学习和练习的自觉积极性，又能主动地自我调节和控制，并与教师的调节和控制协调一致，才能保证预定教学目标的实现。所以，在体育教学过程中要把教师的主导作用与调动学生学习的自觉积极性很好地结合起来，这是提高教学质量的根本条件。贯彻和运用自觉积极原则的基本要求如下。

（1）了解和熟悉学生

教师必须了解和熟悉所教学生的特点和概况。要了解他们爱好什么，需要什么，擅长什么，有什么困难和不足等等。这是教师做好体育教学工作的前提。但是，真正做到了解学生是很不容易的。教师对学生的了解要做到"知人知面又知心"，能够做到这一点，关键在于教师，因为教师是师生关系中的主导者，教师不主动去了解和熟悉学生、关心学生，学生就不可能产生对教师的信赖，当然也就谈不上"知心"。只有做到"知人""知面""知心"，才会有调动学生自觉积极性的基础。

（2）发挥教师的主导作用

学生的自觉积极性不完全是自发的，还必须通过一系列细致工作才能充分调动起来。所以，要调动学生的积极性，必须发挥教师的主导作用。教师的主导作用，不仅表现在教学中，如教师通过讲解、示范、组织教学等手段，把学生引导到所教的内容上来，更重要的应该是给学生提供和创造一种良好的条件，使外因能顺利而迅速地转化为内因，从而调动学生的自觉积极性。

（3）建立民主平等、情感融洽的师生关系

大学体育教学过程中，教师要为人师表，教书育人，既要严格要求学生，又要满腔热情地关心与信任学生，使师生关系融洽和谐。感情息息相通。这种良好的人际关系，有利于学生能动地参加到体育教学中去。

（4）注意培养学生学习的内在动力

学生学习的内在动力，是鼓舞和推动学生的内驱力。教师应不断提高教学的艺术性和启发性，培养学生正确的学习动机和兴趣。动机是一切行为的前提，是推动学生学习，锻炼的心理依据。只有使学生形成了正确的学习动机，才能发挥学生的主体作用。

（5）培养学生自学、自练和自评的能力

自学、自练和自评的能力是养成学生经常参加体育锻炼习惯、培养终身体育锻炼意识的重要基础。在教师主导作用的前提下，要为学生自学、自练和自评能力的培养与发展，创设一个良好的外部环境，放手让学生独立自主，生动活泼、主动地学习与锻炼。

2.合理安排负荷原则

负荷包括生理负荷和心理负荷两个方面。合理安排生理负荷和心理负荷就是在体育教学中要使学生承受适当的生理负荷和心理负荷，并使练习与休息合理交替，以促进学生身心全面协调发展。

确定合理安排负荷的依据是学生在体育教学中生理负荷和心理负荷变化的规律。从生理负荷变化的规律来看，人体功能的改善和提高，必须在适宜的生理负荷的刺激下才能实现。因此，在一定的限度内，生理负荷大，超量恢复的效果也就好，适应变化也加大；但如果生理刺激的强度过大，超过了一定限度，生理机能就会受到损害；而生理负荷刺激强度过小，对生理机能的发展也不会产生积极的影响。

如果在学生注意与情绪心理最佳时区内安排学习和掌握各种知识和动作技术；在学生意志品质处于高峰期内进行锻炼，必然能获得较理想的效果。贯彻和运用合理安排负荷原则的基本要求如下。

（1）根据教学目标、学生特点，教材性质等合理安排课的新授课和复习课，在安排生理负荷时应有不同的要求。学生的性别、年龄和健康状况不同，安排生理负荷时，要注意区别对待。不同性质的教材，应考虑它们对身体机能的不同作用和影响，做出科学安排。此外，学生的生活制度，营养条件和其他体力活动的负担，所在地区的气候因素及作业场所的环境条件等，在安排生理负荷时也应给予全面考虑。

（2）正确处理生理负荷的量和强度的关系。正确处理生理负荷的量和强度的关系，也就是安排好课的密度，负荷量和负荷强度应互相配合，逐步增加。根据课的任务适当安排量和强度，在体育教学中通常是先增加负荷量，待身体适应、技术熟练之后，再增加强度，追求成绩。在增加量时，强度宜适当下降。在强度再增加时，量则应适当减少，这样量和强度交替增加和下降，密切配合，才能使学生承担负荷能力，逐步得到提高。

（3）正确处理生理负荷的表面数据和内部数据的关系。表面数据是指运动动作练习的量和强度。内部数据是指负荷量和强度所引起的一系列的生理、生化变化。生理负荷的表面数据与内部数据在通常的情况下是一致的。但因学生的体质强弱和身体训练水平不同，一定负荷的表面数据作用于不同的学生，可以产生不同的内部数据。因此，在分析生理负荷时，应把表面数据和内部数据结合起来，加以判断和评价。

（4）安排好心理负荷。安排心理负荷时（主要是注意，情绪和意志三个方面），既要与教学进程相联系，又要与生理负荷相配合，使高低起伏，节奏鲜明，起到相互调剂，相互补充的效果。

（5）科学地安排休息的方式和时间。根据生理负荷和心理负荷的特点，科学地安排休息的方式和时间，以达到理想的效果。

（6）做好生理和心理负荷的测量，统计和分析工作。在评价体育课的质量时，既要安排生理负荷的测量，又要安排心理负荷的测量，以便从生理和心理两个方面进行全面的客观评价。

3. 循序渐进原则

循序渐进原则是指体育教学内容、教学方法和负荷的安排顺序，必须遵循系统性和连贯性的要求，符合学生的年龄、性别特征，使学生按照一定客观规律的顺序，逐步得到提高与发展。

循序渐进原则的依据：是人们认识事物的规律、动作技能形成的规律和知识，技术的系统性和连贯性决定的。在体育教学中，必须遵循由易到难，由简到繁，由已知到未知，逐步深化，才能使学生更好地掌握体育的知识，技术和技能。贯彻和运用循序渐进原则的基本要求如下。

（1）提高教师素养

教师要提高自己的专业素养，深刻了解学生身心发展的一般规律和特点，了解各项教材的系统性，以及各项教材之间的关系，能够熟练运用体育横向学科的知识，比如运动生理学、运动训练学、运动心理学等。

（2）制定好教学文件

制定切实可行的教学工作计划文件，保证教学工作系统连贯地进行，教学文件是教师上好体育课的依据，一般包括依据培养方案和毕业要求制定的教学大纲、教学进度安排以及教案等文件。在制定各种教学计划文件时，每个运动项目，每学期、每次课的内容和教法，都应前后衔接，逐步提高。

（3）安排好教学内容

在安排教学内容时，既要考虑该运动项目的由易到难，由简到繁的顺序，又要考虑与其他运动项目之间的关系。先安排哪个项目，后安排哪个项目，要符合循序渐进的要求，使前一个项目的学习有利于后一个项目的学习。

（4）有节奏地逐步提高生理负荷

体育课中生理负荷的安排，应采取波浪式的有节奏地逐步提高。这是因为机体适应某种生理负荷需要有一定的时间。就一学年或一学期来说，应有节奏地交替进行不同负荷的体育课。本次课的生理负荷，应安排在前次课后的超量恢复水平上。但生理负荷总的趋势是逐步提高的。

（5）及时总结

教师在每上完一节课、一周课、一个项目的教学后，要及时总结，及时发现教材、教法和学生学习过程中存在的问题，有针对性地做出解决方案和措施，以提高今后授课的效果。

（6）形成良好的反馈机制

体育教学过程是一个动态的不断改进的活动，只有形成有效的评价机制、合理的评价标准，才能对教学效果进行客观评价。并根据评价结果形成学生和老师之间课后"总结反思—反馈—改进"良好的反馈机制，才能形成教学活动的良性循环，才能不断提高教学效果。

4.直观性原则

直观性原则是在体育教学中，要充分利用各种直观方式和学生已有的经验，通过学生的各种感觉器官去感知事物，培养学生的观察能力和积极思维的能力，使学生获得直接经验和感性认识，为掌握体育知识．技术和技能奠定基础。

确定直观性原则的依据是辩证唯物主义的认识规律。从生动的直观到抽象的思维，并从抽象的思维到实践，这就是认识规律，认识客观实际的辩证途径。任何知识的来源，都在于人的肉体感官对客观外界的感觉。在体育教学中，学生掌握体育的知识、技术和技能，也是从建立感性认识开始的。首先，必须使学生感知所学的动作（包括触觉和本体感觉的感知），在感知的基础上建立起完整的、正确的动作形象和概念，从而为学生掌握体育的知识技术奠定基础。贯彻和运用直观性原则的基本要求如下。

（1）综合运用身体的各种感觉器官，感知体育教材，扩大直观效果

在体育教学中除通过视觉、听觉来感知动作的形象、结构和要领外，还要通过触觉和肌肉的本体感觉来感知完成动作时肌肉用力的程度、方法，及空间与时间的关系等，以扩大直观教学的效果。

（2）充分发挥教师本身对学生直观作用

教师自身的一切活动，都是学生观察的目标，特别是教师的动作示范、语言表达等都是学生获得生动直观的主要来源。学生模仿能力很强，所以，要求教师必须加强自身修养，提高体育理论和运动技术水平，重视动作技术示范的准确性和规范性。

（3）充分运用多种直观教具和手段

要借助于多种教学媒介和各种现代化教学手段，如模型、图片、幻灯、录像、录音、电影等，以发挥直观教学的作用。

（4）善于引导学生观察和激发学生积极思维的能力

直观性是通过学生直接观察运动动作的形象来实现的。学生在教师的指导下，通过分析、对比弄清正在学习的与已学过的身体练习有何联系，辨别运动动作的技术结构，找出动作技术的关键，明确正确动作与错误动作的界线，从而形成运动动作的正确表象。同时还要防止一般化的观察和单纯形式的模仿。

此外，选择运用好各种直观位置和把握使用时机，也将会取得良好的直观

效果。

5.因材施教原则

因材施教原则是指体育教师在教学中，既要面向全体学生，提出统一要求；又要根据不同班级和学生的个体差异区别对待，把集体教学和个别指导结合起来，使每个学生的才能和特长都能得到充分发展。

确定因材施教原则的依据是学生身心发展的客观规律及个体发展不平衡性。同一年级和年龄组的学生，他们的身心发展规律具有共同点，因而体育教学可以对他们提出统一的规格和要求。同时，同一年级和年龄组的学生他们的身心发展又存在着个体差异的发展不平衡性，如他们在身体形态、身体素质、运动能力，兴趣爱好、运动项目专长等方面都存有差异。这些不同点，又要求在统一的基础上，要注意区别对待，因材施教。贯彻和运用因材施教原则的基本要求：

（1）深入了解学生的一般情况和个体特点

这是进行因材施教的基础。教师要通过调查研究，包括上课过程中与学生交谈，尽可能全面了解班上学生的体育认识、兴趣爱好、思想品德、健康状况、体育基础，身体发展等多方面的情况。找出他们的共同点和差异，才能采取不同的方法，因材施教。

（2）面向全体，兼顾两头

教师要把主要精力放在全体学生的普遍提高上。在制定教学计划，确定教学的目标和要求时，应该是大多数学生经过努力可达到的。同时，还要兼顾两头，解决"吃不饱"和"吃不了"的矛盾。对个别身体素质好，有体育才能的学生，要为他们创造条件，让他们参加课余体育训练，为提高专项成绩打基础。对体弱和身体素质差的学生，要热情关心，耐心帮助，使他们在原有的基础上逐步提高水平，完成教学要求。

（3）从客观条件的实际出发

教学中贯彻因材施教原则，还必须考虑学校的客观条件。不同地区、季节，场地器材设备条件，都会对体育教学起制约作用。教师在制定教学目标时，除了考虑教材、学生的特点，组织教法外，还必须考虑上述各方面的客观条件，这样才能更好地因地制宜地选择教材，更好的实施因材施教。

6. 身体全面发展原则

身体全面发展原则是指在体育教学过程中，教材内容的选择和安排要全面多样，使学生身体的各个部位、器官、系统的机能，各种身体素质和基本活动能力，都得到全面发展。

确定身体全面发展原则的依据是青少年的年龄特征和人体是在大脑皮层统一调节下的完整统一的有机体。青少年的身体正处在生长发育时期，可塑性很大。在体育教学中选择多种多样的不同性质的教材，采用多种有效的教学手段，有利于学生身体的全面锻炼和身体各个器官系统的机能得到协调的发展，养成正确的身体姿势。而长时间进行单一的，局部的锻炼，就得不到理想的锻炼效果，甚至造成某种畸形的发展，有碍学生健康。人体是一个完整统一有机体。人体各器官系统的机能、各种身体素质和基本活动能力之间，都是相互联系，相互制约和相互促进的，某一方面的发展，会影响其他方面的发展与提高。因此只有以身体全面锻炼为基础，才能促进学生全面协调发展。贯彻和运用身体全面发展的基本要求如下。

（1）全面贯彻教学大纲（或课程标准）提出的目标和要求。认真学习和领会国家教委颁布的学体育教学大纲（或课程标准）的精神，全面贯彻教学大纲所提出的目标和要求。制定全年教学工作计划和教学进度时，应注意各类教材和考核项目的合理搭配，保证学生身体的全面锻炼。

（2）身体全面发展的原则落实到课堂教学的全过程。课程的准备部分，要全面多样；基本部分教材要进行科学，合理搭配，较理想的方案是，准备部分要以活动全身各部位肌肉、关节和韧带为主。使全身各部位充分伸展，为完成课程的目标做准备；基本部分的教材，既有上肢为主的练习，又有下肢为主的练习，使学生身体得到全面，协调的锻炼和发展；课程的结束部分，要做好放松活动，并布置课外体育作业，有组织地结束一节课。

（3）不断克服单纯从兴趣出发的倾向。体育教学中应激发学生的学习兴趣，使他们乐于上好体育课。采用一系列手段和措施激发调动学生的学习兴趣是必要的。但是，要把激发学生的兴趣，与单纯从兴趣出发两者区别开来。所谓单纯从兴趣出发，就是以学生的兴趣为中心，甚至背离体育教学大纲和全面锻炼的原则，学生喜欢什么，教师就教什么，练什么，这种片面迁就学生兴趣的做法，长此以往，就会带来不良的后果。教师要善于引导，使学生对如何上好体育课和教师教学内容选择，有一个科学的、正确的认识。

7. 巩固提高原则

巩固提高原则是指在体育教学中，要使学生牢固地掌握所学的基础知识，基本技术和技能，不断地发展体能，增强体质，并逐步有所提高。

巩固提高原则的依据是运动条件反射建立与消退的生理规律。因为动作技术，技能的掌握、巩固和提高，是通过不断地反复练习而形成的。反复练习可以使运动条件反射不断地建立和巩固，并在大脑皮层建立动力定型。但是，动力定型建立以后，还要继续练习，不断强化，使动力定型更加巩固和完善，否则，已经形成的动力定型还会消退，从而影响教学效果。贯彻与运用巩固提高原则的基本要求如下。

（1）反复练习，不断提高要求

组织学生进行反复、经常的练习，增加练习密度，反复强化，不断巩固运动条件反射，是贯彻巩固提高原则的基本方法。每次课都要使学生有足够的练习时间和重复次数。但是反复练习不是简单机械的重复，而是要在原有的基础上逐步提高要求，不断地消除动作的缺点和错误，使学生看到自己的进步，就能更好地激发起学生反复练习的自觉性，就更有利于学生巩固和提高所学的知识．技术和技能。

（2）采用提问，测验、竞赛等多种方式

采用提问，测验、竞赛等多种方式，是贯彻巩固提高原则的有效手段。在运用这些手段时，要根据课的目标和要求进行。提问要有启发性。在某一阶段的教学告一段落时，可采取竞赛的手段，观察学生在复杂多变的竞赛条件下，运用所学的体育知识、技术、技能的熟练程度。

（3）改变练习条件

改变练习条件，对巩固提高体育基本技术、技能起到良好作用。改变练习条件包括场地、器材及动作结构，环境条件等。如平地跑改为斜坡跑，改变器械重量和动作组合等。

（4）课内外结合

教师在课堂教学的基础上，可以布置一定的课外体育作业或家庭体育作业，使课内外紧密结合，达到巩固提高的目的。

（5）培养进取动力

不断提出新的目标、激发学生的兴趣和进取动力，培养学生终身体育意识。

以上体育教学原则是一个完整的体系，应相互联系、互相补充，在体育教学中全面正确地贯彻执行。体育教学原则是一个发展的范畴，但是在一定的时期内，又具有相对的稳定性。随着体育教学实践的发展，人们对体育教学规律认识的不断深化，体育教学原则也将得到不断充实和发展。

第三节　大学体育教学的环境

一、大学体育教学环境的概念

所谓的教学环境其实就是在开展教学活动过程中所有与教师教学以及学生学习有关的内容和条件。概括来讲，教学环境指的是为了实现人类身心健康和谐发展创造的特殊的育人环境，是学校组织、开展教学活动必备的条件总和。

从广义的角度来讲，教学环境其实就是开展教学活动所处的社会环境，如社会制度、科学技术等；从狭义的角度来讲，教学环境其实就是开展教学活动必备的物质环境和心理环境，如规则制度、教学设施、师生关系等。体育教学更偏向于讨论狭义层面的教学环境，所以，体育教学环境指的是影响体育教学活动中教学双方以及教学效果的显性教学条件和隐性教学条件，还包括这些教学条件组成的教学氛围。

根据体育教学环境的定义可以看出体育教学环境主要包含三层含义：第一，

体育教学环境是开展体育教学活动必备条件；第二，体育教学环境的因素包含显性因素和隐性因素，且都属于客观因素；第三，体育教学环境对体育教学的氛围有重要影响。根据体育教学环境的这三层含义可知，体育教学环境属于中性词。

当然，教学环境作为一种客观因素自然有好有坏，体育教学环境也不例外。体育教学环境和大自然原始环境相比需要更多的人工优化和塑造，这就需要所有体育教师和学生共同维护，只有这样才能形成优良的教学环境。深入研究体育教学环境的概念和内涵对优化和塑造体育教学环境有很大帮助。

二、大学体育环境的特点

（一）复合性

从体育教学活动的教学目标来看，其具有多元化的特性；从体育教学活动的教学内容来看，其具有丰富化的特性。概括来讲，体育教学活动具有复杂性，这意味着开展体育教学活动的体育教学环境必然具备复合性特点，这种特点主要表现在以下两方面：

（1）物理环境方面。大学想要开展体育教学活动必须具备相应的配套设施，如教室、活动室、体育场馆、运动器材等。

（2）心理环境方面。大学开展体育教学活动的主要场所是体育场馆，不同学校提供的场地大小并不相同，相应的在不同场地上运动的学生以及师生之间存在的人际关系也十分复杂，大学体育的教学和课外锻炼大部分都是集体性质的，课堂的学习氛围，同学们的体育水平都会形成不同的人际关系。

（二）目的性和计划性

体育教师在设计和塑造体育教学环境时必须讲求目的性和计划性，绝对不能信手涂鸦般草草了事，特别是在组织和开展体育教学活动的过程中，体育教师还应结合学生的身体状况、心理状况以及体育教学活动的教学目标、体育教学的发展规律来设计和塑造体育教学环境。所以，大学体育教学环境最关键的特点之一就是目的性和计划性。

（三）科学性和可调控性

体育教师在设计和塑造体育教学环境时绝非胡乱设计，必须讲求科学，要结合具体的教学任务以及相关需求，使用科学的论证，恰当的选择、加工和提炼体育教学环境的所有组成因素，塑造出最佳的体育教学环境。所以，科学性也是大学体育教学环境的重要特性。

体育教师在开展大学体育教学活动过程中为了增强学生的身体素质和心理素质，必须全面掌握教学活动的所有信息，如教学环境变化情况、教学活动实际需求等，从宏观的角度分析、调节和控制体育教学环境的相关工作，保证教学活动顺利进行。所以，可调控性也是大学教育环境的重要特性。

（四）规范性和教育性

体育教学环境作为体育教学活动开展的重要场地，需要承担教书育人的重要责任，方方面面都需要满足相应的规范性要求。而且，体育教学环境属于体育教师开展体育教学活动必要的物质环境，其教育功能远超其他功能。因此，规范性和教育性也是大学教育环境的重要特性。

（五）自发性和潜在性

综合分析能够发现，学生体育学习与体育教学环境存在着不可分割的联系，学校是体育教师开展各类体育教学活动主要场所。因为体育教学环境有主体知觉背景，所以其刺激程度往往会有所减小，这就使得体育教学环境具备了暗示性特点。一般来说，大学体育教学环境都是在潜移默化中影响学生的。

（六）对学生影响的双重性和双向性

体育教学环境中的信息具备矢量性特征，这项特征详细表现为：或者体育教学环境能够对体育教学目标产生指向性影响，对学生完成各项学习活动有推动作用；或者当体育教学环境和体育教学目标是相互背离的关系时，往往不利于学生参与并完成各项学习活动。除此之外，学生并不是被动地接受体育教学环境对自身产生的作用，学生同样能够对体育教学环境产生反作用，具体就是能够对体育教学环境产生正面作用或者负面作用。

三、大学体育教学环境的构成要素

(一) 物理环境

1. 体育教学场所和设备

体育学科与其他学科有明显的区别，最显著的一个区别就是体育学科开展教学活动需要特殊的教学场所，如网球场、足球场、篮球场、运动馆等，当然场地周边的花草树木也包含在内，还有体现体育文化的宣传海报和雕塑等设施。

通常情况下，体育教学常用的教学设备主要分为两大类，第一类是常规性的其他学科也在应用的教学设备，如多媒体、图书资料、教材等；第二类是特殊的体育器材设备，这些设备是体育教学独有的，如各种球类、健身设备等。体育教学的场所和设备是开展体育教学活动不可或缺的重要条件，直接影响体育教师能否顺利完成教学任务，影响教学质量的高低。

2. 体育教学的自然环境

一般情况下，开展体育教学活动的场所多在室外，声音、阳光、地势、草坪等校园周边的自然环境在一定程度上会影响体育教学的效果，再加上这些自然环境并非一成不变，会随着时间、温度、季节的变化而变化，施加人力干预的作用极其有限，因此，学校以及体育教师在开展体育教学活动的过程当中必须坚持因地制宜的重要原则，科学的开发和利用当前校园周边的自然环境，保证体育教学的顺利进行，比如东北地区开展冰上项目，南方地区开展水上项目等。

3. 体育教学信息

体育教学是体育教师将自身掌握的各种信息经过加工后传递给学生，学生接收信息后将相应的信息反馈给教师的过程。体育教师和学生作为体育教学的重要主体，都在活动开展过程中扮演着输出者和接收者的角色。一般情况下，体育教师向学生输出的信息主要为与体育相关的理论知识和实践技能，学生接受这些信息不仅能不断地充实自身，还能达到强身健体的效果，形成健康的情感。此外，学生在学习过程中接受的所有信息，会用恰当的手段将相关信息反馈给教师或者其他学生，保证教师在接收到学生提供的反馈信息后及时调整教学安排，保证学生得到最优的培养。

在体育教学的所有环节当中都充斥着各种各样的信息。对这些信息的内容进行深入研究后发现，体育学科的理论知识信息始终占据主导地位，维持和管理教学秩序的信息也发挥着重要的主导作用。对体育教学信息的传递过程进行深入研究后发现，最常见的内容为本体信息和反馈信息。所谓本体信息指的是体育教师在开展体育教学活动中向学生传递的教学内容；所谓反馈信息指的是体育教师在向学生传递本体信息的过程中能够发挥控制和调节作用的控制性信息。对体育教学信息的本质进行深入研究后发现，体育教学信息的主要内容包含两部分，一部分是有效信息，即对实现教学目标的信息产生积极影响的信息，另一部分是无效信息，即对实现教学目标的信息产生消极影响或直接干扰实现教学目标过程的信息。

4.班级规模

所谓的班级规模就是一个班级的学生人数。班级规模在一定程度上会对体育教学产生影响，特别是在学生的学习主动性、人际关系、同学情感以及综合成绩等方面影响更大。一般情况下，学校以及体育教师必须合理安排每个班级的人数，既不能太多，也不能太少，只有班级规模合理，才能保证获得良好的教学质量和教学效果。如果班级规模过大，教师就需要面对更多的学生，需要更多的精力，教学难度呈倍数增长，甚至无法贯彻因材施教这一重要原则，教学质量和教学效果都会降低。

一般情况下，一个班级的学生数量在20人到40人之内最佳，但在现实社会中，除了一些经济相对发达，师资力量雄厚的地区外，这一要求根本不可能满足，大部分学校的班级人数都在60人到80人之间。在体育教学活动当中，为了尽可能地降低班级规模对教学效果的影响，可以选用分组教学。

（二）心理环境

所谓体育教学心理环境指的是在体育教学活动当中融合了动态特征以及无形特征的软环境部分，具体内容如下：

1. 校风与班风

学校内部产生并形成的社会氛围，即所谓的校风。校风、教风、学风、班风、领导作风之间存在十分紧密的关系，是学校集体行为风尚的类型之一。班风是指班级全体成员在交往过程中逐步产生的具有共同性的心理倾向。班级一旦形成班风，就会在潜移默化中约束全体班级成员，使全体班级成员受到直接影响。

从本质上来说，校风和班风都是具有无形性特征的环境因素，两者都能够通过包括舆论和内聚力在内的多项无形因素来作用于学生的学习态度、价值观以及具体的学习行为。由此不难得出，学校和体育教师应当高度重视校风和班风对学生产生的教育作用，全面发挥校风和班风在体育教学活动方面的积极影响。

2. 学校体育传统与风气

学校体育传统与风气具体是指学校在体育层面形成并盛行的集普遍性特征、反复性特征、稳定性特征于一体的集体行为风尚。

良好的学校体育传统和风气会在潜移默化中影响学生，常见影响是推动学生逐步产生积极向上的体育态度、学习兴趣以及良好的体育锻炼习惯，由此使学生的体育文化素质得到大幅度提升。建设学校体育传统和风气的心理过程往往会涉及很多方面的因素且有很大难度，不但要求教师选用的方式方法达到多元化要求，而且要求教育者分配很多时间和精力完成设计工作与管理工作。

大学体育教学的众多实践活动都表明，学校体育传统和风气的形成过程由孕育阶段、整合阶段、内化阶段、成熟阶段组成。一般来说，整个形成过程也是多数成员被动接受或者半被动接受体育行为规范逐步过渡到所有成员积极接受体育意识和行为的变化过程。学校体育传统和风气一旦形成之后，就会对学生的体育行为产生无形约束，对学生群体产生正面的心理控制作用。

3. 体育课堂心理气氛

班集体形成的发挥主导性作用的态度和情感的综合状态，即体育课堂心理气氛。教师和学生的心境、态度、情绪波动等均为体育课堂心理气氛，积极的、消极的、对抗的心理气氛是体育课堂心理气氛的主要类型。在时间持续向前的状况下，体育课堂心理气氛也会随着时间的推移逐步发展和形成，以后会逐步过渡到稳定状态。

多数学生对教学目标与教学任务的认同，对体育教师提出的详细要求，对工作作风和工作状态的满意状态、师生之间以及学生之间的实际关系，都会对体育课堂心理气氛产生很大作用。积极向上的体育课堂心理气氛能够大大增加教师和学生之间的信息交流以及情感交流，能够在很大程度上刺激并调动学生的学习动力，对学生逐步具备挑战自我的勇气和智慧产生积极影响。

4. 体育教学中的人际关系

人际关系就是人们在社会交往中产生的心理关系。具体到体育教学实践中比较常见的人际关系是师生关系、学生与学生的关系，这两类关系共同构建出了体育教学过程中人际互动的整个过程，不但会直接作用于教学氛围、体育教学反馈以及学生参与体育教学的积极性和热情，而且会作用于体育教学的实际成效。

与一般教学中的人际关系相比，体育教学实践中的人际关系表现得更复杂和直接，具有显著的实践性特征。产生这些差异的原因是教师环节的限制已经被体育教学突破，这极大地拉近了师生之间的距离以及学生之间的距离，使得这两种关系朝着更加紧密、更加自由的方向发展。除此之外，体育活动中的团队协作发挥着至关重要的作用，将教师和学生之间以及学生和学生之间的相互协作摆在了尤为重要的位置上，不仅能促使体育教学人际关系更加和谐，还能使学生的社会交往能力大大增强。

5. 体育课堂常规

体育课堂常规是指体育教学实践中为完成课堂任务向教师和学生提出两者都需要达到的要求。例如，体育课对教师服装与学生服装提出的要求，学生考勤的检查，体育课开始时师生相互问好等。虽然从表面上看体育课堂常规的作用很小，但其却能够产生深远的教育意义，能够对教师和学生的课堂行为产生很大的约束力。

第二章　大学体育课程与教学资源的开发利用

第一节　体育课程与教学资源开发利用概述

一、体育课程与教学资源开发概述

(一) 课程资源的概念

在学校教育领域当中，体育课程其实和其他学科课程一样都是由课程目标、课程内容、课程实施以及课程评价四个部分组成。所谓的课程资源其实就是课程要素的来源以及开展课程必备的所有条件。根据资源的空间结构不同可以将课程资源分为两大类，第一类是校内课程资源。这类资源其实就是校园内所有与课程相关的资源，如教材资源，教师与学生的生活经历、个人经验，教师的教学方式、教学策略，学生的学习方式以及学校配备的专业教室以及相关的活动等；第二类是校外课程资源。这类资源是校外的对课程有帮助的资源，如家庭资源、乡土资源、网络资源、博物馆、科技馆、图书馆等。就课程资源的概念而言，也有学者根据课程资源的功能特点，将其分为素材性课程资源与条件性课程资源，并进一步把课程资源的概念分为广义和狭义两个层面。吴刚平认为，广义的课程资源是指有利于实现课程目标的各种因素，狭义的课程资源仅指教学内容的直接来源；按空间分布和支配权限分为校内课程资源与校外课程资源，凡是学校范围内的课程资源就是校内课程资源，超出学校范围的就是校外课程资源；还可以根据其他的角度划分为社会资源与自然资源，人力资源、物力资源与财力资源，纸质资源与电子声像资源等。由于划分标准多样性，定义也就不同。校内课程资源可以包括素材性课程资源和条件性课程资源，校外课程资源也同样包括素材性课程资源和条件性课程资源。

（二）体育课程资源的概念

关于体育课程与教学资源的概念，目前并未达成一致的认识，不同的学者有着各自不同的理解。谢静月认为，体育的教学资源是指有体育学科意义的教学信息的来源，或者指一切对体育教学有用的物质和人力与信息。根据其使用范围，体育的教学资源大致可以分为人力资源、体育设施资源、运动项目资源、媒体资源、校外资源、自然环境资源六种。徐继承等认为，课程资源是课程设计、实施和评价等整个课程编制过程中可资利用的一切人力，物力以及自然资源的总和，包括教材以及学校、家庭和社会中所有有助于提高学生素质的各种资源。课程资源既是知识，信息和经验的载体，也是课程实施的媒介。

体育课程资源是一切能够支持和拓展体育课程功能的事物的总称。广义的体育课程资源指有利于实现体育课程目标的各种因素，狭义的体育课程资源仅指形成体育学习内容的直接来源。具体来说，体育课程资源是体育课程设计、实施和评价等整个体育课程与教学过程中可资利用的一切人力，物力以及自然资源的总和，包括教材、教师、学生、家长以及学校、家庭和社区中所有利于实现体育课程目标，促进体育教师专业成长和学生有个性的全面发展的各种资源。

（三）体育教学资源的开发利用

教学资源分为：教学环境资源、教学物质资源、教学对象资源等。体育教学资源可界定为：在体育教学准备、实施和教学反思等过程中所能运用到的各种环境、物质和人力资源，包括体育场地及设施，体育学科的专业理论、专业技术与专业技能；体育教学中能运用到的各种信息传播的资源，以及学生和体育教师等人力资源。体育教学环境资源，主要指在体育教学过程中，体育场地设施、教学信息等等；教学物质资源主要指体育教学的专业理论知识、技术、技能，各种教

学材料、教学文献等等；教学对象资源即是体育教学中的学生、教师、教学辅助
人员的知识、技能、能力、情感等对体育教学过程、教学效果的影响等等。

体育教学资源的开发与利用不仅能使师生的知识、技能、生活经验、情感、
价值观等融入体育课堂教学过程中，而且使师生在交流互动的过程中，彼此促进，
从而激发学生学习的主动性，促进学生创造性思维的发展，促进体育教师的专业
发展，实现体育课堂教学的目标。

二、体育课程与教学资源的特征

体育课程作为学校教育的一门重要课程，不仅具有作为一个学科课程的基本
特征，更具有同其他学科课程资源截然不同的特征。

（一）客观性

从历史唯物主义的角度分析，资源本身就是一种客观存在。体育课程教学资
源就是指客观存在的各种事物作用于体育教学本身。体育课程教学资源根据不同
的条件有不同的表现，这未必是规范的、系统的、专门化的，而是根据人的能动
作用使之彰显出来。但不能一味地夸大人的主观能动性，让体育课程教学资源无
中生有，这有违其客观性。

（二）潜在性

体育课程资源同其他一切功能性资源一样都具有潜在性。例如，美国男子职
业篮球联赛（NBA）大量的篮球信息和互联网上大量的职业足球信息，这些不是
现实的课程要素和条件，必须经过体育课程实施主体自觉能动地加以赋值、开发
和利用，才能转化成现实的体育课程成分和相关条件，发挥其在体育课程中的作
用和教育价值。相对于现实的体育课程和体育课程实施条件来说，体育课程资源
是一种"自然"因素，必须经过主体的积极实践活动，将其服务于教育目标，才
能进一步开发和利用。需要指出的是，体育课程资源的潜在性是以含有课程潜能
为前提的，即体育课程资源是"可以开发的"。

（三）多样性

体育课程资源的"客观状态"具有多样性。例如，在新课程标准实施中，游戏作为一种思路和服务于教学目标的手段，大量地被一线教师接受。又如，民间游戏"跳房子"作为地方文化的一种，其在不同地域、不同时代，构成形式和表现形态也各异；由于学校层次、规模、传统以及教师素质和办学水平不同，"跳房子"可供开发和利用的体育课程资源亦不同。

在教育活动中，不管是教育者还是受教育者，不同的主体，各自存在不同的人生经历、学识水平及教育观、课程观等，势必导致对体育课程资源筛选和评价的不同，从而形成体育课程资源开发利用形态的多样性。

体育课程资源的功能具有多样性。体育课程资源是为实现广泛的课程目标服务的，因而体育课程资源实现的课程目标也是多样的。

（四）动态性

一个地区的体育课程资源在一定时间内总有一定的限度，但这个限度又具有很大的伸缩性。例如，对于田径模块来讲，体育教师在教学过程中如何选择教学内容就必须充分考虑学生的兴趣因素、自然环境、经济水平、民族文化和社会条件等。又如，任何一个运动项目竞赛规则的变化，都影响着体育课程资源的客观存在和动态发展。在不同的历史阶段，体育课程资源的内涵、外延及内容不同，其本身有一个与时俱进的发展过程。

可见，体育课程资源是一个与社会资源系统、人的主观价值系统和开发条件等动态适应的子系统，因而不同主体在不同情境下面可能开发利用的体育课程资源是不同的。

（五）多质性

同一资源对于不同课程有不同的用途和价值。同理，同一体育课程资源对于不同的体育课程实施的具体要求，可以具有不同的用途和价值。同样一张篮球赛光盘既可用来观赏，又可以用来讲解篮球战术，也可以用来进行团队精神的教育。这种多质性要求教师要善于发掘体育课程资源的多种利用价值，使体育课程资源的潜在价值得以充分发挥和体现。

在体育经费紧张，一些硬件配套设施不充足的情况下，可以通过提高教师的课程资源意识充分挖掘和利用一个体育课程资源的多重教育功能，实现现有体育课程资源的最大价值。

三、体育教师运用和开发体育教学资源的条件

（一）体育教师的职业素质和专业素养

1. 体育教师良好的职业道德素养

体育教学资源的开发，首先要求教师有热爱教育事业的情感，有坚定的教育信念和教育理想，有执着的追求精神；将课程与社会、课程与生活、课程与实践联系起来，使课程的价值不断延伸，使教材内容不断丰富，使体育教学不断完善，使教师和学生不断发展。

2. 体育教师的专业知识、专业技能

教学资源的合理运用，不仅要恰如其分地用"对"，还要不失时机地用"好"。这就需要体育教师有较强的专业知识、专业技能和专业水平，通过教学用具合理的使用，使课堂教学"严而不散""活而不乱"，使学生既掌握了运用技能，又拓展了思维的空间，同时促进学生身心全面而健康的发展。

3. 体育教师对体育教材深刻的理解

创造性地开发体育教学资源，需要体育教师对课程、教学、体育教材有深刻的理解和领悟；以体育与健康课程标准为依据，以学生的发展为重点，以体育教学内容为切入点，把握教材的精髓，吸取其价值，经过加工、改造，把能丰富教学内容、拓展学生思维的资源用于体育课堂教学，并通过课堂教学实践这个创造性、动态性、开放性的舞台，开启学生思维的空间、思想的源泉，使师生在这个大舞台共同发展。

4. 体育教师敏锐观察能力和不断反思的能力

体育教学资源的开发，需要体育教师具备敏锐的观察能力、提炼与升华教学经验的能力，善于发现、思考、总结、提炼、不断反思，将提炼的经验用于教学

实践，通过实践后不断地修改、完善，形成可推广的教学资源。

（二）体育教师对学生身心特点的了解

学生的身心特点包括知识、技能、生活文化背景及学习能力等方面。体育教师们针对不同年龄特点的学生，根据其认知特点、知识水平、技能掌握的情况及学生的学习能力，并结合教学资源的特点、教学条件及自然环境条件等，创造性地运用和开发体育教学资源，拓展教学的视野、丰富了课程资源。这些体育教学资源的运用与开发凝聚了体育教师和学生们的思想、智慧、经验、情感，丰富了体育教学内容，通过课堂教学使学生和教师共同发展。

（三）体育教师的生活经验、文化修养以及广博的知识

体育教师的生活经验、文化修养等对教学资源的开发、运用有积极的作用。生活中蕴藏着巨大的教育和教学资源，充分、合理的运用教学资源，挖掘其内涵非常重要。如何从现实生活中提炼、选取、升华合适的、有助于学生们学习的素材，如何使学生的课堂生活与实际生活相联系，如何将教师资源、学生资源、社区资源、生活资源等创造性地、合理地融入体育教学中等，需要体育教师不仅具有丰富的生活体验，还需要有广博的知识，使体育课程走向开放，使体育课堂教学焕发生命活力，使师生在交流与互动中共同发展。

四、体育课程与教学资源开发与利用的原则

体育课程教学资源的开发与利用不是随意而行的，同样需要一定的原则来规范。基于体育课程资源的基本特征及类型的多样性，其开发与利用应该遵循如下原则。

（一）优先性原则

由于社会需要学生掌握的技能与知识非常多，学校在时间与教学资源的分配上必然按照教学目标进行优先运用。例如，学校体育教育的主要目的是首先让学生得到身体的锻炼，其次是通过体育锻炼让学生心理得到健康的发展，那么，体育课程教学资源的开发与利用就必须以提高学生身体素质和运动能力为优先，发

展学生其他素质为次要。

（二）因地制宜原则

在体育课程资源的开发与利用中，应该考虑本地区的文化组成，风俗习惯、人群思维方式以及当地教育局方针，学校实际条件等因素，力求做到有关体育课程资源的开发与利用可与其他教学资源相互作用，相互补充，也应该注意各方面资源的合理，高效运用。例如，在民族传统体育的教学过程中，可以借用地区已有的大众体育健身场地和器材进行教学，或邀请资深民间民族传统体育专家进校教学等方式进行学校体育教学。

（三）个性原则

体育课程资源在具有不同的地方文化，政府政策，学校，学科和教师的情况下，供给开发与利用的资源是多种多样的，也是具有极大差异的。因此，体育课程资源的开发与利用必须遵循个性原则，应从各校的实际情况出发，扬长避短，积极对校本体育课程资源的开发与利用进行广泛、深入的研究。体育课程资源"校本化"开发与利用本身就是一项创造性、探究性的教学研究活动，不遵循其个性原则就会陷于经验主义，形式主义的泥潭。体育课程资源的开发和利用的"校本化"是其个性原则的充分体现。

（四）开放性原则

体育课程资源属于人类历史文明的产物，从历史性和世界性的角度来看，不但具有继承性，更具有开放性。在信息万变的现代社会，开放性成为社会蓬勃发展的必要因素。因此，体育课程资源的开发与利用要以开放的心态对待人类的一切文明成果，以开放的态度对其进行研究和实践。体育课程资源开发与利用的开放性主要表现为空间，类型和途径三个方面。空间的开放性是指各学校，城乡、国内外等范畴，只要有利于提高教育教学质量的教学资源都应该加以开发与利用；类型的开放性是指不论以何种类型，形式存在的课程资源，只要有利于提高体育课程教学的质量，都应加以开发与利用；途径的开放性是指体育课程资源的开发与利用应该以多种形式进行，并且应该对新形式进行科学探究，而不能局限于某一形式。

（五）经济性原则

在相对于其他文化学科课程资源较少的情况下，体育课程资源的开发与利用更要突出其经济性。体育课程资源的开发与利用的经济性意味着校方以最少的人力、物力投入，而要达到最好的效果，其经济性主要表现于开支，时间、空间和学习等方面。开支的经济性是指以最少的经费开支达到理想的效果，或者是用最实效的方法达到教学资源开发与利用的目的。时间的经济性是指按照课程开展的先后顺序合理安排课程资源开发与利用的时间。因为教学工作的时间是紧凑的，也是相对紧缺的，所以合理利用时间以及课程资源项目开发与利用的先后顺序显得尤为重要。空间的经济性是指体育课程教学资源的开发与利用应该根据体育课程重要性合理开展，原则上不应舍近求远，但若遇技术含量较高的项目也不乏远距离操作实施。学习的经济性是指尽可能开发与利用能激发学生学习兴趣的体育课程资源。假设开发应用的资源不适合学生使用，对学生技术掌握要求过高或过低都不利于学生学习兴趣的提高，体育课程资源的开发与利用就只能事倍功半。

（六）针对性原则

体育课程资源的开发与利用是专门为体育课程而设定，而且必须根据学校的条件、学生人数、性别、年龄阶段，教学目标而定，决不能漫无目的地广泛实施。由于体育课程资源本身的特殊性，决定了该种资源难以供给其他课程所用，因此，体育课程资源内部管理就必须十分严谨，否则体育课程资源的开发与利用就成为一种教学资源的浪费。

（七）普适性原则

体育课程资源的开发与利用要在遵循其针对性原则的基础上兼顾其普适性。一方面，体育课程资源的开发与利用要体现出针对不同教育阶段的学生；另一方面，在体育课程中学校往往要兼顾多个年级甚至一些学校还包含小学，初中和高中"三段一校"等办学模式。在这种复合办校的情况下，遵循体育课程资源开发与利用的适普性原则是学校体育管理的必然选择。

第二节 校本体育课程开发的意义与程序

一、校本体育课程开发的意义

(一) 有助于大学生素质的全面发展及其特长的形成

知识经济时代的一个显著特征是以人为本，特别需要突显人的创造性和个性化发展。教育的最终目的是培养人，全面提升大学生的素质是普通高校教育教学工作的立足点和归宿，普通高校工作就必须围绕着促进大学生全面发展这一目标而展开。大学生作为高校的"产品"，其特色的展示也就代表了各个高校的自身特色。大学生同样首先是具有独立个性的人，他们也有不同的情感经历和体验，有自己的兴趣和爱好，有他们的闪光点。普通高校在体育课程建设上，应当充分考虑在校学生的特点和需求，重视学生个体的经历和体验的价值，把握学生个性潜能的独特领域和生长点，为展示、尊重和发展学生的个性提供广阔的空间，为使他们的长处更优，优势更加突出，闪光点更亮而创造条件。普通高校体育校本课程开发顺应时代潮流并吻合高等教育的最终目标，有助于大学生素质的全面发展和个性、特长的形成。

普通高校体育校本课程的开发是针对大学生的不同需要及其发展的可能性来开发不同的课程，它充分尊重和满足学生的差异性特点和多样化需求，为大学生提供更多的课程选择权力。由于人的体育基础、体质健康状况、兴趣爱好、生活环境等不同，对体育的需求千差万别，体育校本课程开发为适应这些差别奠定了基础。大学生可以参照校方提供的体育校本课程清单，从中圈点自己感兴趣的课程，并坚持学习下去，形成特长。在此环境下，学生拥有一个自由发展的空间，既可以明确告诉体育教师自己想学什么，不想学什么，让体育教师去取舍，也可以不选某些课程而让它自动消失。也就是说，把大学生的个性发展作为体育校本课程开发的终极追求。从而真正确立"使每个学生都能得到充分的发展"的理念。

(二) 有助于体育教师专业发展水平的提高

近些年来，随着 21 世纪全球对教育，尤其是对课程改革的关注，教师的专业化得到蓬勃发展，教师专业化已经成为时代发展的必然趋势。体育教师的专业化意味着体育教师职业具有不可替代性，更为重要的是体育教师专业化是体育教师综合素质的全面提升。

目前，我国普通高校虽然有一大批热爱教育事业，具备丰富和精深的专业知识的体育教师队伍，但是仍然有部分体育教师在专业知识，技能方面存在许多问题，成为制约新课程开展，校本课程开发的"瓶颈"。而在教师高度专业化的加拿大、澳大利亚、美国等地，校本课程如火如荼，已经建立了自己的"校本模式"，利用"校本"，促进教师专业化。当然，这与这些国家的国家体制、教育传统、意识形态等有密切联系。但是，教师的专业化是一个很重要的因素。部分高校体育教师缺乏先进的教育观念和现代教育理论，知识结构单一陈旧，体育基本技能疏浅，综合能力偏低；在参与体育校本课程开发过程中，缺乏必要的教育科学研究能力，不会简单的体育统计、体育测量与评价、体育心理学、体育管理学等知识，往往无法进行课题研究。

普通高校体育校本课程开发使体育教师成为普通高校体育校本课程开发的主体，确立了体育教师的专业自主地位，赋予体育教师课程开发的权力和责任，因而体育校本课程开发对体育教师的课程意识和专业素养提出了更高的要求，同时也为体育教师专业发展提供了广阔的空间，进而有助于体育教师专业发展水平和能力的不断提高。

一方面，普通高校体育教师通过体育校本课程开发的实践，可以使自己的专业得到一定程度的发展。由于体育教师自己参与了课程开发，掌握了课程开发的一般原理与技巧，因此必然会对体育的知识与技能、知识结构、呈现方式等有一个新的认识和理解，能够运用新的教学组织形式，尝试新的教学方式和课堂管理艺术等等，体育教师的教学能力也就能自然地得到提高。另一方面，体育校本课程开发要求体育教师对教学行为和教学过程进行批判的、有意识的分析与总结，形成适合于自己的教学方式和教学风格，同时，体育校本课程开发还要求体育教师关注理论的构建和实践的反思。久而久之，体育教师就能养成在实践中发现问题，并努力借助相关的理论解决问题的习惯，实现从"经验型"向"专家型"的转变。

(三) 有助于普通高校的发展及其办学特色的形成

未来社会的发展对人才的要求越来越高，未来社会的人才不仅需要具有广博的知识面，综合的素质和能力，同时由于社会分工越来越细，越来越专业化，这就更加要求在某一领域具有独创性和开拓性的人才的大量涌现。而独创性和开拓性归根结底是人的良好个性的充分展示，个性的培养又多是靠普通高校的良好教育而来的，因此从一定意义上讲，普通高校具有特色，也将意味着其培养出来的大学生的个性的鲜明性。开发校本课程，创办特色学校就在于着力体现这一时代主题，其最终目标就是充分发掘学生的个性潜能优势，促进其个性全面和谐地发展。

普通高校体育校本课程开发，创办特色学校，对于开发体育人力资源，繁荣体育教育事业，推行素质教育，推动校园文化建设等都具有积极意义。普通高校是造就人才的重要基地，而特色学校更是培养具有创新人才的摇篮。普通高校特色一旦形成，其办学理念、办学策略、办学风格等也就自然成为一种潜移默化的力量而长期影响着该校体育教师的教学风格、学生学习风气等个性化了的文化环境，对大学生的教育也起到"随风潜入夜，润物细无声"的作用，大学生良好的个性品质也就在不知不觉中逐渐形成。普通高校体育校本课程开发，充分重视了各地区、各高校的差异和特点，在一定程度上克服了"千校一貌，千生一面"的弊端，加快了由"应试教育"向素质教育转变的步伐，带动了整个体育教育改革的深入开展。普通高校体育校本课程开发在我国势在必行，创办特色学校也就成了重点之一。

普通高校所处区域不同，经济发展状况不同，在创办特色学校的方式上就应区别对待，体现个性，突出特点。上海的高校与西藏的高校在特色上肯定是很明显的，内蒙古的大学生与云南的大学生个性也应是有差异的，各地区如何扬长避短，在未来竞争中始终立于不败之地，在很大意义上就看普通高校是否拿出了自己的特色，展现了自己的优势。每所普通高校都有自己独特的文化历史背景、外部条件和内部条件，我们应该充分认识到自己学校的优势和风格，进而通过体育校本课程开发在体育方面形成一定特色。

　　学生全面发展、教师专业发展、学校特色形成，是普通高校体育校本课程开发的价值追求。这三者并不是孤立的，而是相互联系、互为依存的，是一个问题的不同方面。学生的充分自由发展离不开体育教师的引导和学校的熏陶；同样，教师的专业发展也以学生的发展和学校的发展为依托；学校办学特色的形成更离不开教师和学生的共同努力。换个角度说，学生的发展水平越高，教师的专业发展也就越快，学校特色也更易形成；教师的专业化程度越高，学生的发展的可能性就越大，学校的声望也更好；而一个学校有特色，学生相应地也有特长，教师专业发展的机会也就越多。概言之，在普通高校体育校本课程开发过程中，大学生的个性发展是目标，体育教师的专业发展是条件，普通高校的办学特色形成是结果。

二、校本体育课程开发的程序

　　普通高校体育教师小组肩负着学习体育课程理论、设计体育校本课程、进行体育校本课程试验等重大任务。能否认真学习和运用课程理论，是决定教师小组能否正确进行体育校本课程设计与试验的关键。理论学习应贯穿于他们的体育校本课程设计与试验的始终，体育校本课程设计与试验应是他们学习和运用课程理论的表现和结果。体育校本课程开发通常采取下列工作程序。

（一）研究大学生对体育课程的特别需要

　　大学生对体育课程的特别需要是指大学生在国家体育课程、地方体育课程中没有得到充分满足的有关他们身心发展的那些合理需求。例如，一些学生对某一体育知识领域的浓厚兴趣，或对某些实践问题的特别关注以及对国家体育课程中某一内容的广度、深度不满足等等，都属于学生身心发展的特别需要。体育教师小组须对大学生和大学生家长以及有关社会人士进行深入的调查和研究。调研时，不能只注意大学生的眼前需要，更要重视大学生成才的长远需要，即终身体育的需要；也不能只考虑大学生对某一体育项目的特别兴趣，更要关注大学生身心全面发展对综合性体育学习的需要。此外，对大学生家长和社会人士的要求也须采取辩证的态度，择其正确意见而从之。

（二）设计体育校本课程纲要

《普通高校体育校本课程纲要》是由高校体育教师小组设计的关于体育校本课程的基本标准。它是编写教学指导书、师生进行体育教学和有关方面进行教学评价的依据。《普通高校体育校本课程纲要》一般由"说明部分"和"正文部分"组成。"说明部分"主要说明体育校本课程的名称、开发的目的、课程类型（是限选课，还是任选课）、适用年级和教学时数。"正文部分"规定体育校本课程的具体目标、具体内容、学习方式和实施建议。

第一，确定体育校本课程目标。具体体育校本课程目标的确定，要反映学生对该体育校本课程的特别需要，要体现体育校本课程特有的育人功能。具体体育校本课程目标的陈述，要符合课程论的规范化要求，用词要明确具体，具有可操作性。

第二，拟定体育校本课程内容的纲和目。这是体育校本课程内容的粗纲，是体育校本课程目标的具体体现。课程内容的"纲"，是指体育校本课程内容所包含的一系列的主题或课题，这些主题或课题来源于学生生活、社会生活和自然界。这些主题或课题的确定要以学生的愿望与兴趣、学生的认知特点、学生的知识经验以及学校和社区的体育课程资源为依据。课程内容的"目"，就是各个主题或课题所包含的要点。

第三，采取恰当的学习方式。"在活动中学"是普通高校体育校本课程中学生"学"的本质特征。当代大学生整体上具备这种"在活动中学"的能力，同时，这种"在活动中学"的"学"基本上不是接受性的，而是发现式的。所以体育校本课程所要求的学习方式是学生自主的体验式和探究式的学习活动。设计学习方式的主要依据，一要适合大学生的年龄特征；二要体现普通高校体育校本课程的目标和特点；三要符合所属活动主题或课题的要求。

第四，提出普通高校体育校本课程实施的建议。包括编写教学指导书的要求、学生学与教师教的基本原则和方法以及体育教学评价的建议等。

（三）编写教学指导书

《普通高校体育校本课程教学指导书》由"导言部分"和"正文部分"组成。"导言部分"，简要阐述普通高校体育校本课程的特点、体育校本课程开发的目的、活动方案设计的方法、指导工作的要求和方式方法。要强调满足学生的特别需要，防止和反对按照普通高校学校领导人及体育教师的需要来进行"设计"。同时，要强调让学生在活动中进行学习的思路，防止和反对"学科化"。"正文部分"，根据《普通高校体育校本课程纲要》所列本课程的一个个主题或课题，设计一个个富有弹性的框架式学习活动方案。每一个框架式学习活动方案主要包括活动目标、活动内容、学习方式、教学过程和实施建议五项内容。具体说来，活动目标包括对大学生的体育知识和技能的获得，过程与方法的认知，良好情感态度和正确价值观的形成；活动内容就是根据活动目标的要求，确定具体的综合性信息和有关的直接经验；学习方式是指根据活动目标与活动内容的要求，确定在活动中进行体验和探究的具体学习方式；教学过程包括活动准备、活动指导人、活动实施、总结评价四大步骤或四个阶段，以活动实施为主。在从活动指导人到总结评价的学习活动过程中，要精心设计或师生共同安排六大活动要素，即情境、问题、信息、思考、操作、总结六要素，要使这六个活动要素有机结合起来；实施建议就是对学习活动的灵活组织、学生的主动性和创造性的充分发挥以及体育教师的恰当指导，提出参考性意见和建议，以期普通高校体育校本课程日趋丰富、完善。

（四）进行课程试验

普通高校体育校本课程试验的主要任务，就是在体育校本课程开发的正确理念指导下，围绕《普通高校体育校本课程纲要》提出的课程目标、课程内容、学习方式以及课程实施的建议，进行试验。通过试验，检验和修订体育课程纲要及教学指导书，探索体育校本课程教与学的基本原则、方式方法和组织形式，充分发挥大学生的主动性、创造性和体育教师的指导作用。为了完成体育校本课程试验的任务，普通高校体育校本课程开发指导组要制定课程试验方案，培训试验教师，组织一系列精心设计的研究课，有步骤地进行小结和研讨。最后，按照课程试验任务的要求，提交研究报告和其他成果。

总之，普通高校体育教师小组的体育校本课程设计与试验，研究大学生对体育课程的特别需要是基础，编写普通高校体育校本课程纲要和教学指导书是途径，体育校本课程试验是方法，它们的最终目的是为了开发出能够满足普通高校大学生特别需要的体育校本课程。

第三节　体育课程与教学资源开发利用的方法

一、拓展运动项目

引进新兴体育项目、增加生活体育、民族传统体育和民间体育内容，加强运动项目的改造等。增加乐舞、街舞、民族舞、瑜伽、摔跤、柔道、跆拳道、攀岩、手球、沙地排球、雪地足球、放风筝、掷飞盘，南方的舞龙舞狮、北方的扭秧歌等。对竞技体育项目进行改造，五人足球、三人篮球、四人排球比赛，把速度滑冰改为冰球刀滑冰，田径中投沙瓶等。

二、拓宽教学环境

利用学校周边环境、郊区地形和野外地貌等自然条件，进行慢跑、散步、远足、郊游、登山、涉水、自行车越野、定向越野、滑雪等。

三、加强开展课外活动

举办体育节，倡导课外、假日、假期体育活动，成立体育健身俱乐部，开展多种竞技、健身、娱乐、休闲体育活动和体育夏令营、冬令营等。请有体育特长的教师、学生辅导员、学生骨干、家长、校医等，帮助开展、参与管理和监督体育活动。

四、扩大对外交流

通过访问和进行友谊比赛、邀请赛等形式，广泛建立校际、校社、校企之间的联系。全民健身和体育的社会化，为体育课程教学资源开发创造了有利条件。

加强校际交往，互通有无，实现师资和设施的资源共享。发挥高校人才和知识优势，帮助社会、社区、企事业单位开展体育活动，通过组织、编排、裁判等工作，使学生得到教学实践的锻炼。高校体育场馆可以在业余时间对社会开放，同时也可以利用社会、社区、企事业单位体育设施闲置时间进行体育教学。

五、扩展信息渠道

通过广播、电视、网络、书刊，及时了解新兴时尚体育，把握学科发展动态，获取最新研究理论，指导学生体育实践和进行体育文化教育。比如，砂壶球运动的介绍、三门球运动的推广等；体育时事、运动比赛集锦与欣赏，体育与现代生活方式、休闲体育与健康等；以北京奥运会、冬奥会为契机，收集奥林匹克运动素材，通过多媒体教学和讲座，利用校园广播、板报宣传奥林匹克文化，并通过知识竞赛进行强化，使大学生懂得和了解奥林匹克运动的思想基础、文化内涵及表现形式等。

六、打造高校校园体育文化建设

校园体育文化，在特殊时期赋予它特殊任务、目的、意义而衍生的文化形态。将体育文化元素融入体育竞赛的组织形式之中，不仅为群众打造出喜闻乐见的参与体育运动的良好平台，同时也是以寓教于乐的方式诠释社会主义核心价值观、进行革命传统教育的有效载体。如红运会项目设置都是源自真实的历史事件，红色运动会的举办既推动了全民健身运动的开展，又传承了红色文化理念，增强了爱国主义集体主义教育，增强了民族凝聚力。将运动会的体育项目引入高校校园，或是将复杂项目进行简单改编都可以在高校推广和普及，体育文化项目的开展及普及在丰富高校大学体育选学内容的同时，既对体育文化起到宣传作用，又对强化大学生社会主义核心价值观具有重要意义。

七、培养教师创新思维方式

体育教师的创新思维方式与创新思维意识需要加强。有些教师把"叫号跑"

这种形式发展成为几十种教学手段，不仅用来提高身体素质，还用来提高和改善运动技术和发展运动技能。

中华民族具有璀璨的民间体育文化。胡小明主编的《体育人类学》中收集了几百种民族传统体育活动的名称。如果能够把这些教学资源加以借鉴，势必拓展体育课堂的人文空间，也必将影响学生人文素质的提高。

加强体育教师队伍建设，是加强体育教学基础资源建设与开发的根本。体育教师的创新思维方式的培养则是根本中的根本。

第四节　协同创新视角下的大学体育课程教学资源共享

一、相关概念界定

（一）大学协同创新

所谓协同创新的协同，就是指协调两个或者两个以上的不同资源，团结统一，互相配合地完成某一目标的过程或能力。创新是指人们为了发展的需要，不断突破旧的规律，创造出新的东西。协同创新通常意义上是指产学研的协同创新，即大学、企业、科研机构以及其他创新组织等为了实现利益最大化，大学和企业投入自己的优势资源，科研机构与创新组织提供技术支持，在相关主体的协同支持下，共同进行的协同创新活动，如图 2-1 所示。协同创新是指通过一种富有创造力的新方式将优势资源结合在一起，突破创新主体间的壁垒限制，充分利用各自的优势资源和技术来进行深度合作，从而优化资源配置，实现共同的创新目标。协同创新就是一个沟通协调合作共享的过程。大学协同创新，就是促进各参与协同创新的大学之间优质师资资源、场地设施资源、信息资源、传统优势资源等的有效整合，大力提升大学的创新能力，为资源的有效协同和共享奠定基础，如图 2-2 所示。

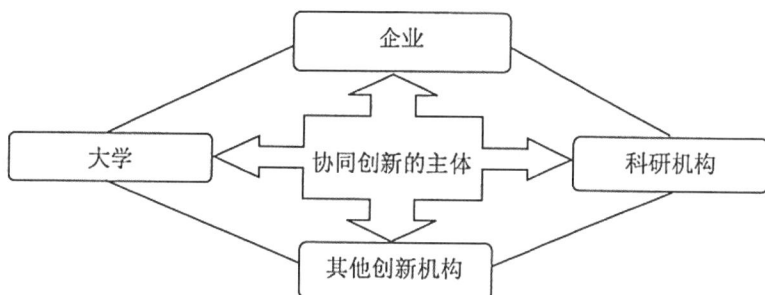

图 2-1 协同创新的主体图

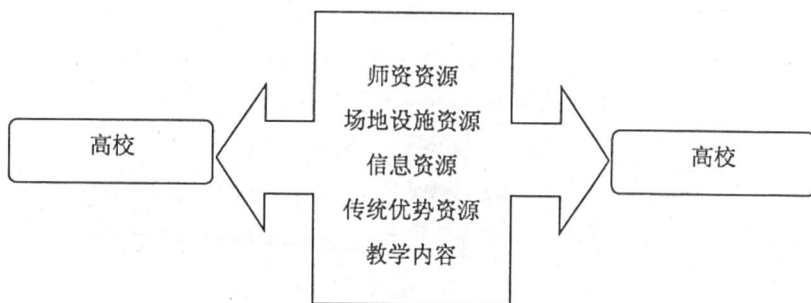

图 2-2 大学协同创新的主体图

（二）共享

共享即分享，是将优势资源进行整合并与其他人共同拥有，实现优势互补、协调发展的过程。大学体育课程教学资源共享则是指将大学校园内的体育场地设施资源、体育师资资源、体育信息资源等方面相互交流、彼此融合、共同发展的过程。大学体育课程教学资源共享的核心理念是资源的交融和整合：所谓"交融"就是大学与大学之间、大学与企业之间、大学与科研机构之间应真正做到优势互补、强强联合，并在体育场地设施、师资资源以及教学功能等方面实现大范围的融合和共享；所谓"整合"就是大学与大学之间、大学与企业之间、大学与科研机构之间应奉行集中与分散相结合的整合原则——总体上联合共享、统筹管理，避免各自为政和重复建设，以实现资源的最大化利用。

二、大学体育课程教学资源协同创新战略实施的意义

(一) 协同创新是大学体育课程教学资源校际共享的重要战略选择

大学生要树立健康的理念、塑造强健的体魄，就必须进行体育教育和体育锻炼，这是大学学生共同学习的必修课程——"大学体育"，对于从事大学体育教学的教师来说，要想取得良好的教学效果，吸引学生专注于体育教学与体育锻炼，就必须营造积极活泼、大学生喜闻乐见的教学组织手段，这就要求教师积极创新。

大学体育课程在协同创新的过程中，各个学校把优秀的教学资源，利用现代的载体——互联网进行共享，可以有效地实现大学体育课程教学资源的共享。

(二) 协同创新是实现大学体育课程教学资源优势互补、强强联合的路径选择

当今世界，合作共赢是全球高等教育发展的大趋势，也是我国大学实现大发展所面临的共同机遇。我国研究型大学与世界一流名校相比还有较大的差距，要迎头赶超、实现跨越式发展，就要在大学之间实现优势互补、强强联合，从而带动整体崛起，这是现阶段建设具有中国特色的高等教育强国的必由之路。有效实现大学体育课程功能是大学体育教育发展最核心的任务，为了实现这一任务，就要积极推动协同创新，推动大学之间的深度合作，建立协同创新的战略联盟，实现大学之间强强联合，努力为实现大学体育功能做出积极贡献。

三、大学体育课程教学资源协同创新战略实施的基本条件

(一) 前提：观念更新

观念是人们对事物的认识，观念更新就是人们在对事物原有认识的基础上进行的补充和完善，是人类对事物更深度的认识，是社会发展的必然趋势。随着时代的发展，许多大学已经实现了观念的更新，逐步认识到大学间实施协同创新战略的重要性。如何做到观念的更新？首先要树立全局观念，高等教育在教育事业发展进程中占据着至关重要的地位，大学作为高层次人才的重要输出地，他的发

展密切关系着我国教育事业的发展，大学要从我国教育业事业的发展出发，树立全局观念，支持国家教育事业的发展，使我国教育更快地跻身到世界先进水平。其次，要树立相互合作的观念。只有加强大学之间的相互合作，才能更好地实现大学协同创新。合作就是大学之间打破门户之见，相互合作，大力倡导合作科研、合作教学的新观念。最后，还需树立创新的观念，协同创新不仅需要大学之间相互合作，更重要的是创新，创新是时代的主题，是高等教育发展的必然要求。各大学之间要不断突破旧的规律，来创造出新的东西。这样才更符合协同创新的需求。

（二）关键：机制创新

在过去大学之间由于门户之见，长期处于各自为政的，相互之间沟通、联系甚少，严重阻碍了教育事业的发展。大学之间的协同创新可以有效缓解这种局面，大学之间要充分利用各自优势的基础上，彼此沟通交流，对优势资源进行重组，实现在资源方面的有效共享。大学协同创新的关键就是要进行机制的创新。首先需要解决的是在组织管理机构方面的机制创新，其次是资源协同机制的创新，最后就是效果监测机制的创新。有效的组织管理机构是大学协同创新有序进行的有力保障，资源是进行协同创新的基础，对协同创新的监测管理能够及时发现问题进行评价反馈，更好地促进大学间的协同创新。否则会在很大程度上对大学间的协同创新造成影响。

（三）途径：跨院校研究

大学协同创新就是说在大学与大学之间进行协同创新，顾名思义，跨院校研究则是大学协同创新的重要途径。跨院校进行协同创新，首先要打破大学各自办学的传统，突破各大学间的壁垒限制，然后对各主体的资源进行整合并优化，这样大学间的协同创新才具有实质性意义。大学通过跨院校研究推进协同创新时，在打破门户之见的同时，既要充分挖掘自己的优势，并提供给其他大学实现共享，又要利用他校的优势来弥补自身的不足。

（四）基础：平台建设

大学协同创新平台是指大学间为了实现利益最大化，各自投入自己的优势资源，在相关主体的协同支持下，形成的一个组织系统。大学协同创新的基础就是要构建协同创新共享平台，并加强平台建设，突破各大学间的壁垒限制，实现资源的优化配置，实现共同的协同创新目标。在对大学协同创新共享平台的构建中，建立的平台应贴合实际需求，平台面对各个协同创新主体开放汇集并有效利用各个大学的优势资源，以创新为目的，通过协同创新，实现大学之间的深度合作，着重解决困扰大学快速发展的迫切性问题。

（五）保障：配套政策

政策是为了完成某种任务或是达到某种目标，国家或者相关机构所采取的具有强制性和权威性的措施，使其顺利进行的保障。大学间的协同创新要想顺利进行，也需要一定的政策做保障，来支持其发展，例如：政府通过资金投入为创新团队注入活力、资金奖励体育资源共享效果突出的院校、层次较低院校的学生通过共享获得层次较高院校的学分（互认学分与打造第二学位）。配套政策的颁布是大学协同创新的有力保障，但是光有政策还不行，还要将政策积极落实，这样才能使大学真正地感受到政策的保障作用，体现出政策的权威性。大学之间的协同创新涉及了多个院校，他们都隶属于不同的机构，不同的机构不论是在教学、科研管理上还是在人事管理上都存在很大的差异，如果将他们统一起来，很难做到协调一致，因此就需要国家来建立相关的配套政策来为其做保障。大学也应该积极响应国家的相关政策，在实践中积极探索总结更好的推进协同创新的制度政策，来支持我国教育事业和谐有序地进行下去。

四、大学体育课程教学资源协同创新的程序

（一）大学体育课程教学资源协同创新协议的签订

协同创新协议是指大学与大学之间，为了整合有效资源，搞好协同创新，本着"优势互补、资源共享、共同发展"的原则，经过协商后，参与协同创新合作的

各大学之间签订协同创新协议，并订立的共同遵守和执行的政策制度，必须明确各个协同创新主体的权利、义务、责任等事项，达到共享资源的最优化。协议签订的宗旨就是要汇集各大学的优势资源，开展协同创新研究，争取取得重大突破，实现资源的最优化。

（二）建立大学体育课程教学资源协同创新团队

协同创新团队是大学实施大学体育课程教学资源协同创新、培养创新型人才、提升大学体育课程竞争力、为资源共享提供基础保障的核心源泉。大学只有拥有了高水平的协同创新的团队，才能培养高水平的创新人才，才能更好地产生共享的创新资源，从而促进大学的发展。大学要发展就应该联合其他大学建立一支高水平的创新团队，来促进彼此的交流与合作，实现人才强校战略。

对于协同创新团队的建设，首先要明确其团队组成。协同创新团队从上到下应该包括教育部门、大体协、各校主管体育的领导、各校体育骨干教师等，教育部门是协同创新团队组建的组织者和监督者，各校体育骨干教师是协同创新团队的核心，是协同创新团队建设成败的关键，要充分发挥各大学体育骨干教师的作用，努力创造协同创新资源。其次是要明确协同创新团队的主要职责。教育部门、大体协主要负责团队的组建和监督工作各校主管体育的领导以及体育骨干教师主要负责进行资源的整合与协同，不断地创新资源，并督促各大学拿出自己的优势资源进行协同创新与共享。最后，协同创新团队要积极倡导文化建设，强化团队合作意识，采取措施促进协同创新团队的交流与沟通，努力营造浓厚的合作氛围，促进彼此的团结协作，不断对协同创新团队成员要进行考核与调整，保证团队的创新力以及组成人员数量、职称、年龄和学历结构合理，从而为深入推进协同创新奠定人才基础和物质条件，以保障创新团队高效运转。

（三）建立大学体育课程教学资源协同创新机制

纵观国内外协同创新经验，协同创新的根本在于利益协调。通过对国内外其他组织对于协同创新成功经验的学习，最大的收获就是要想有效实现协同创新就要打破大学之间的壁垒，建立协同创新机制，构建完整的创新体系，集中大学的优势资源进行整合，提高协同创新的效率，实现大学之间资源协同创新有效进行。各个参与协同创新的大学要想在协同创新中起到链条的核心作用，就需要不断地探索协同创新的体制和机制。各大学可以根据"整合、共享、完善、提高"的原则，借鉴国内外先进经验，联合其他大学，以实质性协同为基础，探索大学体育课程教学资源高效共享机制。

在大学进行协同创新的过程中，会受到很多因素的制约，这些因素有大有小，大到国家相关政策的支持，小到协同创新机制的限制。对于协同创新机制的构建，各大学都要在发展中进行积极的探索。充分利用国家相关政策的支持，打破各大学之间的体制限制，合理开放各自大学的师资、场地设施等创新要素，共同探索建立协同创新模式。在师资培养方面，各大学之间要建立合作培养高层次人才和应用型创新人才的机制，在教师互聘、学生跨校选修课、共同进行科研等领域建立开放的模式。在场地设施资源方面，建立场地设施资源共享机制，提高场地设施资源的使用效率，节约资源，避免浪费。

大学之间的体育教学资源协同创新的实现，能为学生提供更优质的体育资源，奠定共享的资源基础。各参与协同创新的大学可通过机制创新，组建大学之间的体育教育资源协同创新研究小组，通过协同创新平台，组织不同大学的体育教师一起突破校际壁垒，进行体育师资资源、场地设施、信息资源、教学内容等的协同创新。并鼓励学生根据自己的兴趣进行跨院校选择学习，为学生带来丰富多彩的体育课程。各大学要发挥大学体育课程教学资源的特色与优势，联合各大学、相关研究机构，就相关问题、困境，共同商讨，共同解决，力争突破壁垒，改变"分散、封闭、低效"的现状，释放人才、资源等创新要素的活力，不断加强融合。

五、协同创新视角下大学体育课程教学资源共享的原则

（一）置换对等原则

大学体育课程教学资源共享应遵循的一个最重要的原则是置换对等原则。置换对等原则在我们的日常生活中无处不在，主要是指日常行为的对等，它所包含的最重要的内涵是平衡，在经济学中的就相当于等价交换原则。置换对等原则在大

学体育课程教学资源共享中一般发生在资源和实力都比较对等的大学之间，实现强强联合，强校和弱校的联合则相对少见，就算强校与弱校之间进行了联合，用于共享的资源往往都是一些普通资源，很少有学校单独把自己的优势资源拿出来与其他大学进行共享。

置换对等就是指各参与大学体育课程教学资源共享的大学在某些方面寻求相等或者平衡，通过置换对等来满足各共享大学的需求，使他们觉得获得了某种平衡，促使不同的大学充分发挥和利用各自的特色或优势，有效地促进资源的共享，为不同实力的大学之间实现大学体育课程教学资源共享提供了依据。

（二）投入互补原则

大学体育课程教学资源共享应遵循的另外一个重要的原则是投入互补原则。投入互补原则就是指不同大学所拥有的大学体育课程教学资源在数量以及质量上能够互相弥补对方的不足。由于不同的大学在大学体育课程教学资源占有数量和质量上都会存在一定的差异，投入互补一般发生在大学体育课程教学资源具有互补性的高校之间，任何大学都只会在某些资源方面拥有优势，而不可能拥有全部的优势，每一所学校在拥有各自的资源优势同时也会有不如其他大学的劣势资源，这就使得寻求资源互补几乎成为每所大学都要做的事情。比如一所大学所拥有的优势资源是另外一所大学的劣势资源，而拥有劣势资源的大学同时又拥有对方所需要的优势资源，这样的大学之间就比较容易实现资源的共享。当大学向外寻求优势资源的时候，应当把自己的优势资源共享给其他大学，注意体现投入互补性。通过投入互补原则，一方面可以有效解决大学体育课程教学资源单一大学面临的资源缺失问题；另一方面，可以有效解决大学体育课程教学资源劣势大学面临的资源质量问题。

（三）邻近共用原则

邻近共用原则是大学体育课程教学资源共享应遵循的又一原则。邻近共用原则是指在地理位置上比较相近的大学之间更容易实现大学体育课程教学资源的共享，如果在相邻大学能够获得的资源就尽量不要选择较远的大学来获取，这样不仅可以节约成本，而且可以有效地促进共享。在实践中我们也发现，地理位置的限制也是制约大学体育课程教学资源共享实现的主要障碍之一，主要是由于如果学校之间的空间距离太远，会增加许多成本的消耗，就会限制资源的共享。邻近共用原则带给我们的启示就是当前我国大学体育课程教学资源的校际共享首先以大学城共享为主，充分挖掘大学城内的大学体育课程教学资源的潜力，构建大学城内大学体育课程教学资源共享管理机构和网络共享平台，当大学城内无法满足对资源的需求时，或者大学城内大学大学体育课程教学资源共享已经发展到一定水平了，这时就可以把目光转向大学城外去寻求资源，实现大学体育课程教学资源更大范围的共享。

（四）弱势补偿原则

弱势补偿原则是指不同的大学在共享时一所大学通过给予另一所大学一定的补偿从而促成共享的实现。这里所说的弱势补偿与当前大家普遍谈论的教育补偿不是一个概念，后者主要是为了实现教育公平而对那些处于教育不利地位的群体施加的补偿，而在大学体育课程教学资源共享中的弱势补偿则主要包含了两种含义，既包括针对共享过程中因为各种原因所造成的场地设施的损耗等进行的补偿，也包括为了平衡、匹配对方付出的资源而进行的补偿，如对兼职教师等的工资、职称待遇等方面的补偿。弱势补偿原则既可以发生在实力相差较为悬殊的大学之间，比如"重点学校"提供优质大学体育课程教学资源共享，而"普通学校"则为对方提供一定的经济补偿等，也可以发生在对等大学之间的不同资源的共享。因此，弱势补偿原则的运用也为不同层次、不同类别、不同性质大学之间实现大学体育课程教学资源的共享提供了理论依据。

（五）以生为本原则

以生为本原则是指大学体育课程教学资源的共享要以学生为本，其出发点以及落脚点都是为了培养学生。大学的一切活动都是为了促进学生的德、智、体、美、劳全面发展，实现大学体育课程教学资源的共享也是如此。共享的目的是让广大的学生能够享受到更多的、更优质的大学体育课程教学资源，从而使学生获得更好的学习机会。大学作为高等教育的主要载体，最重要的任务就是要培养出满足时代需求的人才。以生为本原则需要注意以下两点：第一，充分地了解学生的兴趣，尽一切可能满足学生对大学体育课程教学资源的需求，真正从学生的角度出发去共享资源。第二，让学生充分享受共享到的资源，使资源真正落到实处。

六、协同创新视角下大学体育课程教学资源共享的路径

为了最大限度地发挥大学体育课程教学资源的优势，稳固发展大学体育课程教学资源，提高体育硬件的利用率。必须改变传统的体育教育观念确立大学体育课程教学资源共享的指导思想；建立大学体育课程教学资源共享管理机构，并完善管理机制；构建大学体育课程教学资源共享网络平台，实现资源的网络共享；整合体育资源进行优化配置；实现大学体育课程教学资源的多元化共享，这样才能达到体育资源合理共享。

（一）确立大学体育课程教学资源优势共享指导思想

我们在大学体育资源共享中，只有认真抓好思想观念的改革，才能在思想上就能达成共识，明确总体目标，就能自觉地服从安排，遵照规律办事，这样共享工作才能顺利展开。反之，如果不重视思想观念的改革，就会脱离现实，从而影响到共享的效果。因此，各大学要更好地实现资源共享必须先转变思想观念，从打破校际的门户之见开始，积极地把各自的优质资源拿出来协同创新并共享，把协同创新当作是对各校资源的大整合，把共享当作是利用他校优质资源实现与本校资源的互补，同时提高本校的知名度、扩大本校影响力，加强与其他大学之间的协同创新，为合作共享提供优质的资源。

对于我国大学体育课程教学资源共享工作来说，要充分利用本省大学的现有条件和优势资源，加强校际体育教学资源的协同创新，把大学之间优质的体育教学资源融合在一起，提高资源共享率。只有这样才能做到对大学优质资源的有效利用，才能实现大学体育教学资源共享的最优化。根据本省大学特点，加强大学体育教学资源的协同创新，还需要确立共享的指导思想为："协同创新、合作办学、资源共享、协同发展。""协同创新"是指参加协同创新的主体投入各自的优势资

源和能力，在相关主体的协同支持下，共同进行的协同创新活动，实现资源优化配置和彼此深度合作，从而实现共同的目标，为资源的共享打下坚实的基础；"合作办学"是指各校之间消除门户之见，拿出本校的优势资源，享受他校的优势资源，相互交流，合作办学；"资源共享"是指将各高校的优秀的师资资源、完善的场地设施、优质的信息资源和传统资源通过相互沟通、合作，对资源进行整合，然后进行协同创新，使学生和教师能够共享到更好的资源；"协同发展"是指各大学在资源共享的过程中实现体育教学资源的互补，建立共享的组织协调机构来为其做支撑，实现各大学共同发展。

（二）建立大学体育课程教学资源共享管理机构

我国大学数量众多，并且都拥有自己的特色。各大学无论在师资资源、场地设施、信息资源，还是在传统资源和教学内容上都独具特色。在实现我国大学之间大学体育课程教学资源有效共享的进程中，不仅会碰到各种各样的难题，而且在具体操作上面也会比较难以进行。为了确保资源共享顺利进行，建立一个资源共享的管理组织机构便成为当务之急，管理组织机构负责规划与协调共享中出现的相关问题，指导体育资源共享的具体操作，并建立相关的资源共享的制度来作为指导思想，从而促进资源共享合理有序地进行。

我们可以借鉴实现有效共享地区的成功经验，结合本省大学体育课程教学资源的特色。在省教育厅组织下，建立本校大学体育课程教学资源共享管理委员会（以下简称省管理委员会）。省管理委员会内部再设立若干个支部管理委员会，支部管理委员会成员由各高校主管体育工作的校长组成，并在支部委员中通过选举产生管理委员会主任。在支部管理委员会下面一级级设置各校教务处负责人、体育部负责人和教研室负责人。省管理委员会成员和各支部管理委员会委员通过相互协商沟通，共同规划和制定出大学体育课程教学资源共享的实施办法和管理办法，建立严格的管理委员会制度，做到奖罚分明，指导大学体育课程教学资源共享工作。各校教务处负责人负责将省管理委员会和支部管理委员会下达的各种任务传达到下级部门，并监督下级部门实施。各校体育部负责人负责传达上级部门下达的任务，并监督下级部门完成。各校教研室负责人主要是收集各教研室的优质资源进行整合，并上传给上级部门。各部门之间要相互沟通，并严格遵守并执行资源共享的相关制度，实现大学体育课程教学资源有效共享的规范化，从而保证资源有效共享，实现彼此之间的互惠互利。

（三）构建大学体育课程教学资源共享网络平台

当前以网络为核心的现代科学技术的开发与运用，已经渗透了整个社会，对当今的教育事业也起着非同凡响的影响。网络在大学校园中的运用越来越广泛，资源的共享可以抓住这一形势，大力推进资源的网络化管理，加强各校之间资源的网络共享进程，是实现大学体育课程教学资源有效共享的必要措施。实现大学体育课程教学资源网络化，构建共享网络平台，不仅方便学生对网络体育资源的查阅，又可以有效地减少各校大学体育课程教学资源的重复配置。

网络平台的建立，在一定程度上可以降低资源共享管理工作的难度，方便各大学有效地进行共享，使学生能够方便快捷地查询有关信息，同时也使管理工作可以更加规范、科学、严密。因此，要想大学之间的资源能够合理有效共享，构建共享网络平台就尤为重要。根据本省大学的特点，可以成立大学体育课程教学资源共享网络平台，实现大学体育课程教学资源的网络共享。该网络平台主要分为后台管理平台和个人用户平台，后台管理平台主要涉及用户注册、考试管理和对平台的维护。在个人用户平台中应该设置各大学参与共享的师资、场地设施、课程安排等的相关资源的简介，并及时更新信息公告，满足教师和学生对网络资源的浏览需求。建立网络选课系统，使学生能够方便快捷地对感兴趣的课程和授课教师进行选择。除此之外，在该网络平台还可以进行在线交流和成绩查询，让教师和学生能够更方便的交流和更快捷的查询成绩，同时在个人用户平台还设置在线发布，把好的资源可以发布到该平台进行共享。

（四）大学体育课程教学资源的优化配置

1.实现体育师资资源的优势互补

把本省大学的体育师资资源进行统一的分析，并按年龄、职称、学历合理地划分类别后，并确定各个大学的优质的体育教学资源和优势体育项目，然后进行协同创新，优化整合之后建立优秀师资资源库。一方面，各大学可以根据自己教与学的需求到优秀师资资源库来选择适合自己老师，各校要放开门户之见，在享受他校优秀师资资源的同时，放松对本校优秀师资资源的限制，并鼓励本校优秀的教师在完成本校工作任务的同时，在个人时间允许的范围内加入优秀师资资源库中，供其他大学进行共享选择，实现教师的跨校授课。这可以有效激发教师的潜力，实现师资资源的优势互补，既可以提高学生学习的积极性，同时也可以提高了各校的教学效果。另一方面，学生可以进入到优秀师资资源库中根据自己的兴趣爱好，选择喜欢的教师和感兴趣的体育项目进行选修。这种通过建立优秀师资资源库，实现教师跨校授课，学生跨校进行体育选修课的学习的共享形式能够充分地激发优秀教师的能量和学生的学习兴趣。

2. 推动体育场地设施资源的优化配置

体育场地设施资源是开展体育教学和体育活动的根本场所，配置的好坏将直接影响体育教学的效果。目前，在高校中对于体育选修课的学习，主要还是根据学生的选择来进行，其中也会存在个别由于场地设施资源和能够满足选修人数的有限而不得不改选其他课程。这样虽然使学生拥有了选择的主动权，但是由于场地设施资源的局限性而影响了学习的积极性。要改变这一现象，最好的办法就是充分利用场地设施，实现场地设施资源的优化配置，同时充分分配和利用体育场地设施资源尽可能开设更多的选修课程。实现场地设施资源优化配置的前提条件就是各大学做到将本校的体育场地设施资源充分开放。各大学根据自己学校的师资力量、场地设施的实际情况，来充分进行体育课程的设置和安排，并将课程安排信息公告在本省大学体育课程教学资源共享网络上，方便其他学校的学生根据自己的实际情况来更好地选择课程。这样既能满足不同学生的兴趣，扩大他们对体育选修课的选择范围，在一定程度上又实现了场地设施资源的优化配置，达到缓解部分大学因为体育场地设施紧张而造成的影响，更可以避免体育场地设施的重复建设，减少不必要的资源浪费。

（五）实现大学体育课程教学资源共享的多元化发展

1.实现体育资源的有序共享

高校之间需要协同创新来促进与社会发展的相适应，只有这样才能充分发展大学的创新能力，促进大学之间优质体育教学资源的有机结合，集中大学的这些创新能力建立起大学间的战略联盟，由此来促进大学丰富资源的有效共享。另外，高校之间还可以充分利用的其他课程资源，通过协同创新，多校联合合作共建新的体育课程，如可以依托财经、政法类大学（如中南财经政法大学）的经济学和法学的相关资源，合作共建体育产业经济学、体育法等课程；可以依托开设有计算机技术的工科院校（如华中科技大学），合作进行体育游戏软件开发、体育网络平台构建等课程的开发；可以依托开设有医学类专业的大学（如武汉体育学院），开设推拿学、中医保健、体育营养学等课程；可以依托艺术类大学（如武汉音乐学院）的专业水平，开设芭蕾、爵士舞、体育舞蹈等课程；可以依托民族类大学（如湖北民族学院），开设毽球、陀螺等民族传统项目课程。集合不同大学不同的特色课程，实现大学之间特色课程的互补，这样本省体育教学就可以集合优势资源，并形成丰富的资源宝库。使学生可以根据自己的兴趣爱好选择自己喜欢的体育课程，使大学体育课程更加丰富多彩。

2.进行高水平运动队联合组建

近年来，很多大学都具有招收高水平运动员的资格，但是在拥有这种资格的同时也应该考虑，怎样才能更有效地进行运动训练，提高高水平运动员的竞技水平。大学高水平运动员的竞技水平以及成绩不仅会影响好的运动苗子对大学的选择，同时也会影响现有运动员训练的积极性。高水平运动队为提高学生对体育学习的积极性树立了榜样，为学生对体育课程的学习奠定了思想基础。各大学之间经常进行一些友谊赛和训练赛，通过比赛来带动运动队的训练激情，不仅可以提高运动队的运动水平，还可以增进大学之间的友谊，同时带动校园体育文化的发展。本省各大学可以根据本校实际情况，并结合其他大学优势体育教育资源，充分利用现有资源，共同合作来打造一流的高水平运动队。

3.合作科研，增强科研水平

对于大学的体育科研事业，仅凭某所大学的一己之力有时是很难取得较大的发展的，对于一所大学，不管是科研人力还是科研资源都存在一定的局限性，都会制约科研的进行。促进大学体育科研事业的发展，是每个大学义不容辞的责任，同时也是各大学进行体育科研的共同目标，只有集合各大学的优秀科研人员和优质的科研资源，才可以创造出更大的价值。

资源共享之前，和科研有关的一切资源都封锁在各个大学内部，不为人知但是每个大学的科研水平和能力都是有限的，很多时候在面对一些难度比较大的科研项时，由于缺乏一定的科研水平和能力作支撑，而错过一些良机，但通过资源共享，对于那些难度比较大的科研项目可以进行校际合作，集中各校的优秀科研人员、科研资源，成立体育科研联盟，一起申请，合作科研，并在合作中提升科研能力。

（六）建立大学体育课程教学资源协同创新共享监测体系

建立大学体育课程教学资源"协同创新—共享"监测体系是全面保证和提高大学之间资源的协同创新，并进一步进行协同创新资源共享的有效保障。监测体系的不完善会直接影响大学之间对资源的协同创新，继而影响资源的有效共享，最终影响教学的效果。当今大学都是以稳定和提高教学质量为核心，因此构建一个职责分明，目标明确的监测体系就显得尤为紧迫和重要。为了确保"协同创新—共享"的有序进行，根据"目标、组织、制度、监督、反馈、评价"建立一个完善的监测系统，如图 2-3 所示。

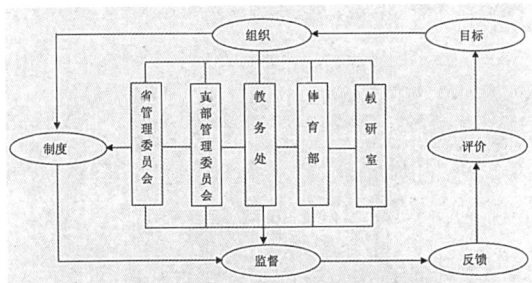

图 2-3 "协同创新—共享"监测体系

目标是对实施"协同创新—共享"的管理和监测，继而达到监测希望的结果。在对"协同创新—共享"目标体系的构建中，首先应该要结合各大学的总体发展目标制定相应的工作计划，并设立相应的目标，进而朝着目标的方向进行奋斗，其中需要对过程和结果进行跟踪，并不断完善目标计划。这是一个不断循环的过程，建立目标体系，将会有效地保证"协同创新—共享"的有序进行。

组织是监测体系运行的重要环节，是监测体系得以运行的有效保证，组织体系应该包括从省管理委员会、支部管理委员会、学校教务处、体育部、教研室的参与。教研室作为实施监测的最直接最关键的组织，重在对"协同创新—共享"后学生学习积极性、教师教学效果的收集和反馈，然后进行层层上报，最终形成纵向组织体系。

建立健全的监测规章制度，构建完整、科学、严密的制度系统，是明确体系内部各系统职能、规范监测工作程序、实现"协同创新—共享"目标和构建"协同创新—共享"监测体系的保障机制，是监测工作走向制度化、规范化的关键。因此，要实现监测体系的有章可循，建立起一套科学完整的监测制度体系就显得尤为重要，为了确保教学工作正常运行，监测制度的建立要符合体育教学规律。

监督是实施"协同创新—共享"监测体系的主要环节，在监测过程中起着重要的作用，是实现目标、落实制度的重要手段。完善监督体系可以及时发现问题，防止小错变成大错。监督人员的专业素质及思想品德是做好监控工作的基础，监督人员要认真履行监督职责，真实反映实际情况、提出合理化的建议，承担起监督的责任，提高监督的整体效能。

反馈包括对信息的收集和反馈主要通过监督体系来进行反馈。反馈体系是目标体系实现、组织体系获取信息、评价体系有效评价，从而提高"协同创新—共享"效果的重要环节。组织体系要不断拓宽信息来源渠道，多途径收集信息，通过收集、整理、分析信息，并及时反馈给反馈体系，使其做出准确的调整，完善目标体系。

确立了科学的目标、组织、制度、监督体系后，如何让他们有序运行，是监测工作的重中之重，也是监测成败的重要因素。评价是判断和衡量"协同创新—共享"质量的有效手段。这里的评价主要包括：对监测管理效果的评价、学生对"协同创新—共享"后体育课程的评价，学生学习的效果评价、教师对"协同创新—共享"后体育课程设置的评价。在对评价的实施过程中，要制定科学可行的评价指标，形成一个权责分明的评价体系，使"协同创新—共享"管理更加规范和科学化，有效保证"协同创新—共享"的有序进行。

七、协同创新视角下大学体育课程教学资源共享的建议

（一）转变思想观念，加强大学体育课程教学资源共享意识的培养

我们在高校体育资源共享中，只有认真抓好思想观念的改革，才能在思想上就能达成共识，明确总体目标，就能自觉地服从安排，遵照规律办事，这样共享工作才能顺利展开。反之，如果不重视思想观念的改革，就会脱离现实，从而影响到共享的效果。因此，各高校要更好地实现资源共享必须先转变思想观念，从打破校际的门户之见开始，积极地把各自的优质资源拿出来协同创新并共享，把协同创新当作是对各校资源的大整合，把共享当作是利用他校优质资源实现与本校资源的互补，同时提高本校的知名度、扩大本校影响力，加强与其他高校之间的协同创新，为合作共享提供优质的资源。

（二）发挥政府调控职能，构建高校大学体育课程共享平台

推动我国高校大学体育课程教学资源共享实现的一个前提条件就是尽快建立政府宏观调控下的大学体育课程教学资源市场化配置机制，以市场机制来推动大学体育课程教学资源在高等教育领域的自由流动，并建立大学体育课程教学资源共享平台，大力推进资源的网络化管理，加强各校之间资源的网络共享进程，实现高校大学体育课程教学资源有效共享。实现大学体育课程教学资源网络化，构建共享网络平台，在一定程度上可以降低资源共享管理工作的难度，方便各高校有效地进行共享，不仅方便学生对网络体育资源的查阅，还可以有效地减少各校大学体育课程教学资源的重复配置。同时也使管理工作可以更加规范、科学、严密。

（三）进一步完善监控体系建设，保障教学资源共享的顺利进行

建立大学体育课程教学资源监控体系是全面保证和提高高校之间进行协同创新，保障教学资源共享顺利进行的有效保障。监控体系的不完善会直接影响高校之间对资源的协同创新，继而影响资源的有效共享，最终影响教学的效果。当今高校都是以稳定和提高教学质量为核心，因此构建一个职责分明，目标明确的监控体系就显得尤为紧迫和重要。

（四）完善高等教育评价体系，将大学体育课程教学资源共享纳入高等教育评价指标之中

建立健全科学的教育评价体系，将为教学资源的共享创设适宜的土壤。为了推动高校大学体育课程教学资源的共享，我们应当将大学体育课程教学资源的共享情况作为评价一所高校教学的重要指标，区分高校向外校提供了哪些共享资源，这些共享资源的质量和数量如何，以及高校有哪些资源又是利用共享外校资源来实现的，利用的质量和数量如何，并以此作为政府对于该校投入的衡量标准，资源利用率高、利用效果好的高校理应得到更多的投入和支持。学校为了提高大学体育课程教学资源的利用率，自然而然地就会积极、主动地去寻求资源的共享了。

（五）加强区域统筹，率先实现区域高校大学体育课程教学资源共享

由于部分地区高校的分布不是很集中，在进行资源共享时会受到一定的约束和限制，因此，在当前高校共享意识和共享程度都还不是很高的情况下，可以加强区域统筹，在同一区域内部推行大学体育课程教学资源的共享，即：率先实现大学城内部的大学体育课程教学资源的共享，然后以此为立足点，推动大学体育课程教学资源在更大范围内的共享。加强区域统筹，可以从以下几点进行：第一，推进大学城内各高校体育师资资源的共享；第二，促进大学城内各高校学生之间的交流；第三，实现大学城内各高校体育场地设施资源的共享；第四，推动大学城内各高校之间大学体育课程互选、学分互认；第五，实现大学城内各高校体育信息资源的共享。

第三章　大学体育多元化教学的改革创新

第一节　微课在大学体育教学中的应用研究

一、微课应用于大学体育教学的背景

在当今的信息化背景下，知识呈"爆炸"之势，对知识的学习也越来越"碎片化"，"微学习"的方式也越来越遍及全国。在近几年的时间里，各种以"微"字开头的词语不断出现，人们也越来越寻求高效快捷的生活方式。"微课"因为短小、精悍的特点，在教育领域里获得越来越多的应用与研究，一个教育的微时代正悄悄到来。在这样的背景下，将微课应用于大学体育教学将是体育教学的创新之举。

二、微课的概念与特点

（一）微课的概念

如今随着微博、微信、微新闻、微电影的大量应用，我们认识到了越来越多的微事物。同样教育领域的微事物也不断出现，比如微课件、微视频、微课等，而且，现在微课学习已经成为信息时代一种重要的学习方式。那么，关于微课的概念是怎样的呢？

本书分析了相关的文献，并对其进行归纳总结，概括了以下一些研究者关于"微课"概念的描述：

（1）顾小清：微课在美国早期被称为"短期课程"或"课程组件"，它是指在学校资源、教师能力与学生兴趣的基础上，通过主题模块建立起来的小规模课程。[①]

（2）魏亮：微课可以是一种由幻灯片转化而成的教学视频文件，它主要包括文字、画面和音乐，时间长度控制在几分钟之内，有时可短至一分钟左右。[②]

（3）姚正东：微课其实并不是指为微型教学而开发的微内容或微型课程，而是指基于在线学习或者移动学习的实际教学内容。[③]

从以上表述分析发现，不同学者对微课概念虽有不同的表述，但都有共同点：都是以视频为主，且都具有短小精悍的特点。本书认为：微课是指主要以网络流媒体视频的形式呈现的关键而短小的学习内容，视频学习时间应该控制在十分钟以内，是一种便于移动学习和在线学习，能提高课堂教学效益的信息化优质学习资源。

（二）微课的特点

1. 主题明确

微课主题突出是因为它是为了解决某一知识点中的重难点或疑点内容，而且目标单一，所涉及的点小，但另一方面它又是内容完整的。所以微课的主题要更加明确，才能更准确地表达所要学习的内容，才能利于学习者把握主题，系统地学习知识，才不会使学到的知识分散零乱。

2. 短小精悍

微课以微著称，短小精悍这一特点最能体现微课的"微"。首先短是指微课的时间较短，时间最好控制在十分钟内。这是因为有研究指出学生的视觉驻留时间一般在五至八分钟之内，也就是说学生不能长时间集中在某一事物上，如果要一直保持注意力集中，就会产生疲劳感，那样就达不到预期的教学效果。其次，"精"

①　顾小清，顾凤佳.微型学习策略：设计移动学习 [J].中国电化教育，2008(3):17-21.

②　魏亮.走近微课程 [J].基础教育课程，2013（2）:92-93.

③　姚正东.微课程设计初探 [J].中小学信息技术教育，2012（6）.

指的是内容精简，微课时间的长度同时也局限了课程的内容。我们以往接触到的网络课程或精品课程等都是录制了整个教学过程，时间较长，内容较多，针对性不强，因此在实际应用中并没有广泛传播开来。但一节课的精华一般是围绕某个知识点或教学重难点展开的，有时候并不一定要观看教学的全过程。微课就是充分利用了这一特点，它通过选择教师授课中最重要的片段来进行设计和录制，然后再发布到网上供大家学习。这种学习内容较少，时间适宜，重点突出的微课很适合学习者进行碎片化的知识学习。

3.资源类型多样且以视频为主

由于制作方法的不同，微课资源类型也多种多样，有用录屏软件录制下来的视频或音频，也有利用课件的录屏功能直接转化而成的视频等等，这些视频文件也可以与音乐、图片、文字等资源形式进行整合，这样就更加能吸引学习者的兴趣。另一方面，微课的教学内容有时候是某个知识点或小故事，也可能是某个练习题等，这样就使微课的资源类型呈现不同的形式。

4.资源存储量小

微课的资源存储量小，因为它的时间短，而且内容精简。它的视频格式一般是流媒体格式（如 MP4、RM、FLV、AVI 等），它们都可以支持网上在线播放，在移动设备上也能直接在线观看或下载。另外，信息技术的发展和无线网络的普及，也使我们可以方便地使用智能手机、平板电脑等移动设备进行在线学习或移动学习。我们既可以直接在线播放这些学习资源，也可以把它们下载下来保存到电脑或移动设备中随时随地进行学习。

5.微课内容选择灵活

微课的灵活性主要是指课程内容的选择灵活，由于微课的主题单一，时间较短，所以课程内容只是围绕某一个知识点去进行。另外，学生对微课内容的选择也具有灵活性，学生可以根据自己的学习需求和学习进度来自主选择微课学习内容，对于其中的重难点内容也可以自由选择来反复学习。

微课的特点还在于学生可以反复学习难懂、一时不能理解的知识点或概念，这样不仅减轻了老师的负担，也使学生的学习更高效和快捷。如果在课堂上没有听懂，学生课后可以自己再学习一遍，反复学习直至弄清概念为止，学生也可以自己选择需要反复学习的内容，自己确定学习内容和学习时间，从而最大限度地实现学生的个性化学习，也便于老师的因材施教。

另外，微课虽然只是某一知识点或重难点内容的呈现，但它也是互相独立的教学内容。每一个微课的内容之间都是相互独立的。微课之间的相对独立性可以让学习者节约时间，当在学习中遇到某个概念不理解的时候，学习者可以直接观看某一个内容，而不需要把全部教学内容观看一遍，这样既节省时间，也提高学习效率。他们还可以根据自己的学习需要和进度来进行有针对性的学习。

三、微课应用于大学体育教学的可行性

（一）大学体育微课教学的需求分析

随着信息技术的发展及移动终端运用的普及，以微视频为主要载体的微课渐渐进入人们的视野，并越来越受到了大家的重视。随着新课程的改革以及学校和教师对于微课的重视，微课的需求将会越来越大。大学体育课程也在呼吁进行教学改革，体育课程操作类的内容更加需要形象化的学习资源来呈现才能便于学生理解。

对于大学生来说，他们的自由时间较多，因此非常适合采用学生自学这样一种学习方式。另外微课的实施需要有与之配套的网络服务平台，这样学生才可以登录平台进行学习。而现在绝大部分大学生都有了自己的电脑和手机，并且都能够上网，这就充分满足了微课实施的基本条件需求。

（二）大学体育微课教学的优势分析

1. 多种移动设备可支持

微课短小精悍，资源容量小，通过独特的视频形式呈现学习的内容，而且容易存储和传播，可以在多种移动设备上进行在线播放，还可以下载到多种移动设备上方便使用，大学生一般都有智能手机，随时随地可以学习自己感兴趣的内容。

2.便于对教学重点知识的掌握

微课的学习内容比较少，学习者可以在短时间内获取知识。这就有利于学生对教学重点知识的掌握，教师可以把教学中的重难点内容设计成微课，这样学生可以重点学习重难点内容。大学体育课程的教学内容可以划分成一个个小的知识点，特别是运动操作性的内容较多且是重点，利用微课的视频课件，大学体育课便可以根据个人需要选择性地自学，从而弥补学生间的差异。另外，教师还可以将需要反复讲解的知识点做成微课，提供给学生们，不仅减轻自己的工作量，也可以提高学习者的自主学习能力。

3.能即时进行反馈评价

根据大学体育的教学特点，大学体育微课配套的有微练习、微评价，教师使用微课教学、学生使用微课学习后，师生虽然难以经常面对面交流，但仍可以即时进行练习，更好地巩固所学的知识，教师仍可以在网络上根据学生的反馈，对其学习的掌握程度和学习效果进行及时的反馈评价。

4.能强化学生的自主学习能力

信息技术的迅速发展和网络的进一步普及，使大学生们可以轻松地在网上搜索到各种所需要的学习资源，微课内容精简，时间较短，学生愿意去进行这种碎片化的学习。而且学习的自由性和微课学习资源的移动性更加加强了学生的自主学习。虽然大学体育课一周仅有两个课时，但他们可以根据自己的需求随时随地进行自主学习。所以微课能极大地促进大学体育教学内容的自主学习。

5.有利于"翻转课堂"的实施

微课是一种新型的学习资源，它可以很好地支持学生的自主学习，因此它也可以和翻转课堂很好地进行结合，促进翻转课堂的有效实施，而在大学体育教学中，更多地需要学生在课堂外进行动作技能的演练，课堂上有限的时间才能提出问题与教师探讨答疑，所以微课就是一种比较适用于大学体育教学的教学资源。

（三）大学体育微课教学的实施需求分析

1. 硬件

硬件是指关于大学体育微课设计、制作与实施需要满足的设备要求。首先在微课设计制作阶段需要微课录制的设备，然后实施阶段需要学生有上网的硬件设备和微课应用的平台要求。当今大学生几乎人手一部手机，并且大多学生都有自己的微信号，因此微课资源也可以发布在微信公众平台上，学生可以登录微信，通过添加微信公众号便可以查看微课资源。这些条件目前都可以满足。

2. 软件

软件需要学生安装微信软件并申请微信账号，如果把资源下载下来保存观看，则需要安装视频播放器，有些手机本身就能支持视频播放，这些目前也都很容易实现。

四、大学体育微课教学设计的原则

（一）以"微为首"原则

"微"是微课的最突出的特征，所以在设计微课的过程中，要首先考虑以"微为首"原则。以"微为首"原则主要表现在以下三个方面，首先是选题范围要小，也就是说选择的微课内容要精简，范围要小但必须能够完整地表达某一个学习内容，这就要求我们对知识点进行细化，将内容模块进行分割，在细化知识的同时还要保证内容的完整性。其次是微课时间要短，能够符合人类视觉暂留时间较短的特性，能使学习者在注意力集中的时间内完成学习。最后是资源存储量要小，这样才能够满足移动设备上的在线播放的要求，并且可以方便下载和存储。

（二）以"交互为重"原则

在学习过程中，不仅有老师与学生的交互，还有学生与学习资源的交互。在微课设计中，强调学生的自主学习要求，学生与学习资源的交互就显得尤为重要。因此在微课设计时要注重学生与学习环境的互相促进，学生与学习资源的互动。建构主义理论中强调"情境""协作""会话"的构建，是因为"情境"可以促使学生产生有意义的学习，让学习者从知识的被动接受者转变成获取知识的主动者。"协作"和"会话"可以促进学习者的互动，通过与学习者的互动，学习者的学习方式就转向了探究式学习和启发式学习，从而极大地激发了学习者的学习兴趣。在大学微课的设计中，学习对象是大学生，他们的思想较为成熟，学习方式也渐渐转变成了探究式、讨论式、启发式的学习，因此他们能与学习资源进行较好的交互，并能自主地进行意义建构。因此，在进行大学微课设计时，需要遵循以"交互为重"原则，注重交互性的设计。

（三）创新性原则

创新能力在新时代教学理念中占据了越来越多的分量。随着信息技术的飞速发展，技术革新的速度也越来越快，这就要求我们在跟上时代潮流的同时要时刻培养创新意识与创新能力，积极开发具有创新性的教学资源与方法，培养学生的创新意识。大胆利用新兴的网络技术结合已有的教学经验与教学资源制作出更加科学、更加合适的微课教学资源。当代大学生是信息时代新技术与新媒体的重要传播者，他们更加善于发现与掌握最前沿的信息技术，同时也具备一定的应用能力，可见，不断创新是新时代下教学活动非常重要的评价标准。

（四）适时分解原则

在体育微课教学中，其核心的特点表示是能让学习的人高效率地不受时间地点限制地学习，因此在制作时要尽可能短小精悍，时间和知识都不宜过长过多。虽然短小但是没有失去完整的特性，更没有因为尽可能简短而随意拆分内容。所以，制作微型课程的时候其流程中要把学习的知识、学习的方法、学习的环境以及微型课程的表现方法为依据对微型课程作合理的拆分。

（五）聚集性原则

微课一般为8—15分钟，要在这么短的一段时间里把握微课的重点，且在这么短的时间内做到全面的讲述教学内容，需要教师掌握聚集性原则。在内容的选取部分，通常为知识点的重点、难点、疑点做出充足的盘算，聚集通过教师的介绍可以更加适合主动学习的知识。对于高等院校的体育教育的微型视频来说，聚集性指的是运动技巧能力方面困难地方的拆分、运动技巧能力中容易出问题的部分、体育理解论述教学里的有难度知识点内涵、另外就是高等院校公体课中不存在的运动名目，课学生需要比较多的名目，能依据名目的特征，有目的性、有选择的设计合适的微型课程帮助学生自学。

（六）简洁性原则

微型课程视频通常比较简短，这样设计是根据人的注意力集中时间做出的，正常人的注意力通常可以维持八到十五分钟，因此八到十五分钟这个时间是注意力最好的时段，在这段时间里学生在掌握知识技能方面比其他时间段有着绝对的优势。在掌握知识后，也能在应用过程中更好地去运用它。所以微课在制作设计之初一定要以最短的时间把知识点的关键之处表达出来；而且在表达上也得清楚，学术上的名词要标准，确保微型课程的高品质展示。依据高等院校学生的特征：其利用网络学习的能力比较强，同时期已经具有相当的运动技巧能力和根基，比较简单基础的内容动作基本上都已掌握。因此设计公体课要简洁明晰，重点表现关键内容，让学生能运用网站快速找准位置，如此才可以让学生更好地使用微型课程。

五、大学教学中微课的模型设计

在贯彻基本设计原则的前提下，可构建如图 3-1 所示的大学微课设计模型：

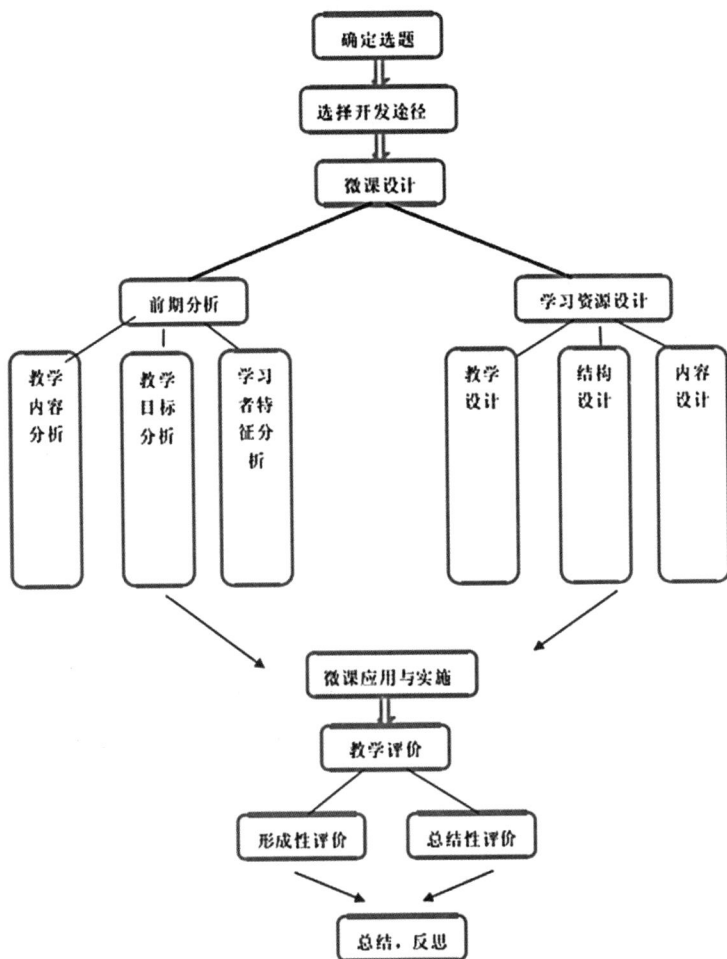

图 3-1 大学微课设计模型

（一）确定选题

确定选题，首先要明确教学内容，抓准教学重难点。要求主题明确、目标具有一定可行性。选题时尽量具体，将知识点进行细分，能够突出、准确地表达主题内容。

（二）选择开发途径

根据选题和已有的硬件设备要选择出适合的微课制作方法，当下，微课的制作经过不断的发展已经出现了多种简单易用的途径，比如拍摄类微课、PPT 录制类微课、录屏类微课、组合型开发途径等。

（三）前期分析

1. 学习者特征分析

根据以学生为主的教学原则，在微课设计之初就要充分考虑所教授对象的特征分析，只有充分了解学生，才能在之后的微课设计过程中有的放矢，找准该学段学生的身心特征，因材施教。

2. 教学内容分析

教学内容设计是教师对教材进行认真分析，然后合理组织教学内容并合理安排教学内容的完整表达过程。根据对教学内容的分析进一步选择微课的应用形式，或是用于学生自主学习，或是用于对常规课堂的辅助拓展。

3. 教学目标分析

教学目标根据新课标的要求通常分为知识与技能目标、过程与方法目标、情感态度与价值观目标。在微课的设计过程中同样要时刻牢记三维教学目标，在设计时充分考虑到学生实际与学习内容。

（四）学习资源设计

在微课的教学设计中，学习资源的设计为主要部分，是教师教学思想和教学内容在学生面前最直接的呈现。在进行教学资源设计时，要充分结合前面做的研究，全程贯彻以"微"为首原则、创新性原则等一系列原则，运用合适的开发途径将微课资源科学合理地组织在一起，制作出一节实效性高的微课学习资源。

（五）微课应用与实施

在微课的应用与实施过程中要首先分析本次课的特点，结合学生学习特点，选择合适的方式应用于教学中，与传统课堂科学地结合在一起，方能发挥其最大作用，体现其最大优势，呈现出最好的教学效果。

（六）教学评价设计

在微课教学评价设计中，我们采用了同传统课堂教学评价相同的方式，包括形成性评价及总结性评价。形成性评价主要包括微课在设计及应用过程中进行的评价，总结性评价则主要采用在微课应用完成后对学生进行的后置测验及对学生进行的访谈和问卷调查等方式进行。

六、提高大学体育微课教学设计的对策

（一）教学行政部门的重视

微课与其他教育资源有一定程度的差别，微课这种教学方式在线上和线下都可以使用；这就使得对其整体实施具体的规划，整理分类较为分散，片面的微课，使其成为一个知识体系，变得完整、条理；对于同一类型的微课，要筛选整理，留下精炼有营养的课程。因此，为了方便管理，应该建立一个完整的平台。与此同时，大学体育微课教学是一门综合性很强的学科，经过新课程改革后，需要大量的相关的知识，这就要求教师不断地去搜集，整理，补充这些知识；所以微课优点就逐渐体现出来了，它可以将较为零碎的知识点很好地连接起来，形成一个完整的体系。虽然现在的体育微课在部分大学逐步实行，但教学视频大都是"一家之言"；这导致了微课的质量参差不齐，得不到保证，同时使得各家的资源没有得到充分的利用。这不仅会对大学体育的教学品质得到限制，更是从本质上违背了微课的目的。要想改变这种状况，就要从教育部下手，把各地方的教育部联合起来，建立一个专业化，系统化的网络微课平台，可以对平台上的账号进行实名认证，方便相关组织的监督管理。与此同时，各地区自己的微课都可以分享到这个平台上来，实现资源共享。致使我们的教育部门将更多更好的高质量的微课资源实现共享，从而创造更多的可以学习的微视频教学平台。同时增加像微课类似的教学方式的权威性。

学校是与学生直接接触的机构，也是最终具体实施新的教学方法的地方。因此要想学生获得知识更系统，更具体，就需要学校设计一个教学平台，这个平台

不仅要方便还要系统。因此，以教育部为首的领导机构不仅要加强这类平台的建设，与教育部口建立的平台完成无缝对接，还要加强不同学校之间联系，加强他们的交流；整理分析各大学的微课视频，整理合并较为困难不容易理解的视频，然后针对这些视频进行细致的研究，用以增加微课教学的质量，提升教学效果。学校可以整理分析学生不理解的知识点、不会的问题，然后共同探讨商讨并解决这些问题。这样不仅可以帮助教师设计微课视频，使其质量提升，还可以提高教师自身的教学研究水平。教育部可以整理区分各个地区的微视频，挑选出质量较高，品质优秀的微课。然后将其制作成一个完整的知识体系，上传到覆盖范围较广的平台上，同时对评价最高的微课给予一定的鼓励，并宣传学习。

（二）激励大学教师参与微课教学积极性

大家都知道，微课是信息化时代的产物，随着信息时代的发展，微课的运用也越来越广泛；因此，微课需要的技术也越来越高。我们的微课设计效果如何，是否可以激发学习者学习的兴趣，这与制造者的技术水平有直接的关系。如今，教育工作者的专业限制和所需技术的限制已经成为微课发展的较大限制；同时，随着越来越多种类的微课得到开发，教师的教学任务变得越来越重，所需的知识也变得更多；搜集任务增加，导致教学的负担变得非常重，压缩不出更多的时间来精心地制作和准备。因此，这就需要教学职能部门大力支持，相关的教学团队积极开发更多方便、简洁、高效的微课，进一步减轻老师的负担，增加老师录制微课的积极性。老师的创造力对微课有很大的影响，这决定着所制作的微课是否更有吸引力、更加的实用，而这种创造力一般与教师在教学实践过程中获得的灵感息息相关。老师们参加这种能够获得灵感的教学活动的积极性，与学校的支持程度有很大的关系，这就要求学校要加大对教师的培养力度。

（三）扩宽微课学习的渠道

当代大学生正处在青春期的发育阶段，其思想活跃，精力充沛，追求新意是他们的共同特性，特别是在学习方面也有着求新的愿望和诉求。对于现如今的大学课堂中的那种传统的填鸭式的教学方式，有部分学生就不屑一顾，他们对学习方式都有着更高的要求。所以我们要结合当代大学生的这类特点，在教学中注重他们对新鲜感的要求，培养学生的自主学习能力。

教师要创新情境，激发学生使用微课学习兴趣；自然生动导入新课，抓住学生注意力；同时还要关注学生需求，总结教学资源，利用教材进行设计，制定简约的教学目标和教学内容；争取在制作过程中不要产生一句废话，在了解学生学习的知识基础、情感兴趣、心理状态等情况下，来确定设计制作的内容，从而提高学生学习的主动性。

(四) 完善大学微课教学设计的评价体系

评价是评定一节课是否有效的重要途径。微课这种全新的教学方式，要想促进它的发展，建立实用高效的评价体系是非常有必要的。评价体系可以由两个方面组成：学生自身学习的评价和他人对微课的评价。前者可以在微平台上对知识点进行进一步的精分细化，形成更加完整的知识，从而让学生更加了解学习体系，进一步提升自己。对于课堂练习和测试，可以建立提示区，并对作答的学生给出不同程度的提示，激励学生向更高一级的区域发展。最重要的是，对学生的学习时间、行为、态度和成果方面进行统计整理，形成一个较为完整的评价体系，以此为基础进一步了解学生的学习方法、遇到的疑点难点，为学生提供更好的帮助。后者主要是学生、教师和学者专家等人对相关微课使用并表达自己的感想，对此课程的设计是否合理人性化等方面做出评价。在微课上传之后，可以对其设置满意度评价：设置满意、不满意和修改建议几个选项，并对不同使用人群选择的结果进行分类，比如对学生，教师，学者专家及其他用户进行具体的分类。最后，把这些满意度进行整理分析，选出修改的建议最多的几项，把学生的建议作为重点，老师的意见次之，其他人的建议为辅，对其进行修改。实现大学体育微课实用性的提升。

第二节　分层教学在大学体育教学中的应用研究

一、分层教学概述

（一）分层教学的含义

分层教学是指教师在尊重学生学习主体性及认知规律的基础上，结合学生实际知识水平（知识水平、学习态度等）、具体的学习目标以及学习的可能性，根据学生在学习中存在的差异性，而把一个班级或几个班级中的学生按其原有的知识水平和学习能力，分成若干层次，提出相应的教学要求，设计不同的教学内容和方法，并采取相应的激励机制，促进不同层次的学生都能得到最优的发展，感受到成功的愉悦，实现利用个体差异，促进全体发展的目的。

（二）分层教学的指导思想

教师的教要适应学生的学。学生是有差异的，教也要有差异，教育要促进全体学生的发展。教育要以人为本，包括学习困难学生在内的每一个学生都是有充分的发展潜能的，在教育中特别是在课堂教学中要促使全体学生在原有的基础上有所收获，有所提高。不能以牺牲一部分人的发展为代价而求得另一部分人的发展。学生之间的差异是一种可供开发、利用的教育资源，为了开发利用这种差异资源，要在课堂上努力创设一种合作学习的氛围。在这一思想指导下分层教学应做到以下几个方面：一是符合学生的学习心理。分层教学的立足点是面向全体学生，因而必须使教学要求适合每一个层次学生学习的"最近发展区"，使学生在学习中获得成功与自信。二是符合学生在发展中客观存在的需要。每个人都受到不同的遗传因素、家庭因素及社会环境等方面的影响，这必然使学生的发展存在着客观差异，分层教学必须针对学生的"个体差异"，做到有的放矢，区别对待。三是符合课堂的教学原则。在教学过程中，针对不同层次的学生，教学目标分层、教学环节分层等应符合"因材施教"原则。四是符合有利于发挥教师主导作用的要求。因为检验教师发挥主导作用如何的重要标准就是能否使学生积极主动地参与教学。所以分层教学必须使教师的"教"适应各个层次学生的"学"，学生才能真正地发挥主体作用，促使"教"与"学"呼应。

二、分层教学的理论依据

（一）孔子的因材施教理论

孔子是我国古代伟大的教育家，他之所以有教出三千弟子、七十二贤才这样令人称羡的业绩，除了他本人具备良好的素质外，主要得益于他因材施教的教学思想。因材施教的核心是在发现其兴趣、优势后正确引导，扬长避短。俗话说，尺寸所长，各有所短。顺着这个"长"发展下去，其能力就会得到很好的展示。但可以肯定的一点是，让他在自己所"短"的方向上做出成绩，是非常困难的。由于每个人的"长""短"不一，因此，他们绝对不可能成为同一类型的人才。分层优化这种做法，远比"一刀切"的"大锅饭"的教育更适于学生的发展和提高。对不同的受教育者施以不同的教育，这是孔子因材施教思想的精髓，也是这一思想得以实施的保障。它既应成为我们实施教育的指导思想，也应是学生才能有效培养的捷径。

（二）巴班斯基教学过程的最优化理论

教学过程最优化是巴班斯基教育思想的核心。他在《教学教育过程最优化》中指出："教学过程最优化是在全面考虑教学规律、原则、现代教学的形式和方法、该教学系统的特征以及内外部条件的基础上，了使过程从既定标准看来发挥最有效的（即最优的）作用而组织的控制。"分层教学要体现素质教育的精神，使全体学生既要学得好，又不感到负担过重，就要探索教学过程最优化的方法，以使学生在有限的教学时间里获得最大的发展。

1.评价最优化的基本标准

可以把教学过程最优化的评价标准规定为：（1）在形成知识、技能和技巧的过程中，在形成某种个性特征、提高每个学生的教育和发展水平方面可能取得的最大成果；（2）师生用最少的必要时间取得一定的成果；（3）师生在一定的时间内花费最少的精力取得一定的成果；（4）为在一定时间内取得一定的成绩而消耗最少的物资和经费。

2. 教学过程最优化的方法体系

教学过程最优化的方法体系是指相互联系的、导致教学最优化的方法的总和。这一方法体系强调教学双方最优化方法的有机统一，它既包括教学过程的五个基本成分（教学任务、教学内容、教学方法、教学形式、教学效果），又包括教学过程的三个阶段（准备、进行、分析结果）；既包括教师活动，又包括学生活动，强调师生力量的协调一致，从而找到在不加重师生负担的前提下提高教学质量的捷径。

教学要研究学生实际的学习可能性。包括个人接受教学的能力、思维、记忆等基本过程和属性的发展程度；学科的知识、技能和技巧；个人的学习态度等内部条件；包括家庭、教师、学生集体等影响的外部条件。根据具体情况选择最合理的教学方法。每种教学形式和方法都有自己的优点和不足，有自己的适用范围，实施教学过程最优化必须根据具体情况选择合理方法。而且教学方法具有辩证统一性，各种方法互相渗透，师生从各方面相互作用，因此教师应该根据相应教学阶段的任务、教材内容的特点、学生的可能性以及教师运用各种方法的可能性来选择教学方法，并对教学方法进行最优组合，配合运用。采取合理形式，实行区别教学，对学生进行区别教学是教学过程最优化的一个重要途径，为此，必须把全班的、小组的和个别的教学形式最优地结合起来。区别教学绝不是简化教学内容，而是对学生进行有区别的帮助。

巴班斯基的教学过程最优化理论，具有兼收并蓄的特点。巴班斯基从辩证的系统结构论出发，使发展性教学的所有研究成果都在教学过程最优化理论体系中占据恰当的位置，通过教学过程最优化体现出发展性教学的最优效果。

3. 教学过程的最优化理论与分层教学

教学过程的最优化理论，在教学目标上强调使全体学生得到最大可能的全面发展，这对全面实施素质教育有极大的启示作用。分层教学正是按照教学过程最优化的理论对教学的各个环节、要素进行优化，本着"照顾差异，分层提高"的原则，使得目标确定、内容安排、教法选定，反馈评价等都有所区别，使之适合不同层次学生的"实际学习可能性"，根据教学过程最优化理论的方法体系，优化最基本的教育活动，并把全班的、小组的和个别的教学组织形式最优地结合起来，推动教学过程的整体优化，谋求全体学生的最优发展。

（三）加德纳的多元智能理论

1983 年美国哈佛大学霍化德·加德纳教授提出了"多元智能理论"，他认为智力不是一种能力而是多元的能力，不是以"语言—表达能力"和"数理—推理"能力为核心的、以整合方式存在的一种能力，而是"在某种社会或文化环境的价值标准下，个体用以解决自己遇到的真正难题或生产及创造出有效产品所需要的能力"。[①] 这些智力包括"言语—语言"智力、"音乐—节奏"智力、"逻辑—数理"智力、"视觉—空间"智力、"身体—动觉"智力、"自知—自省"智力和交流智力，它们错综复杂，以不同的方式、不同程度地结合在一起，形成有机的整体。这个整体在个体身上由于智力成分的独特组合而表现出每种优势智力或主导智力，使每个人的智力各有特点，各不相同。这一理论给我们看待"成功"问题与"聪明"问题提出了新的视角，同时也给我们的课程观、教学观、评价观带来一些新的变化。教师要改变传统的观念，要以学生为中心，充分了解学生的智能结构和特点，正视学生的差异，尊重差异，善待差异。改变教学的方式，调整课堂教学设计思路，把"多元智能"理论与教学相结合，突出学生的个性发展，使学生较好地运用发展自己的每一种智能。

（四）建构主义学习理论

建构主义是学习理论中行为主义发展到认知主义以后的进一步发展，是当代教育心理学的一场革命。建构主义理论的内容非常丰富，但其核心用一句话就可以概括为："以学生为中心，强调学生对知识的主动探索，主动发现和对所学知识意义的主动建构。"建构主义认为，学习是获取知识的过程，学习是在一定的情境下，借助于他人的帮助，如人与人之间的协作活动、交流、利用必要的信息等等，通过意义的建构而获得的。建构主义学习理论认为"情境""会话""协作"和"意

---

① 　霍化德·加德纳. 多元智能 [M]. 沈致隆，译. 北京：新华出版社，1999：223.

义建构"是学习环境中的四大要素或四大属性。学习环境中的情境必须有利于学生对所学内容的意义建构。这就对教学设计提出了新的要求，也就是说，在建构主义学习环境下，教学设计不仅要考虑教学目标分析，还要考虑有利于学生建构意义的情境的创设问题，并把情境创设看作是教学设计的最重要内容之一。在学习过程中帮助学生建构意义就是要帮助学生对当前学习内容所反映的事物的性质、规律以及该事物与其他事物之间的内在联系达到较深刻的理解。这种理解在大脑中的长期存储形式就是关于当前所学内容的认知结构。教师的教学活动围绕着意义建构这个最终目标来进行。建构主义提倡在教师指导下的、以学习者为中心的学习，也就是说，既强调学习者的认知主体作用，又不忽视教师的指导作用，教师是意义建构的帮助者、促进者，而不是知识的传授者与灌输者。学生是信息加工的主体、是意义的主动建构者，而不是外部刺激的被动接受者和被灌输的对象。建构主义理论为教学改革提供了一种全新的指导思想，在将其付诸实践的过程中，我们应当注意到，学生在对知识的探索、发现和意义建构上存在很大差异，并且这种差异体现在各自的能力、方法、过程和所需条件等等的各个方面。因此，动态分层教学模式必须要以学生为本，尊重差异，培养个性、能力和综合素质为指导思想，针对不同层次学生的实际情况，因材施教，发挥每个学生的主体性、自主性、能动性和创造性，实现其最大限度地全面发展。

三、大学体育教学实行分层教学的优越性和必要性

（一）分层教学进入普通大学体育课堂的优越性

21 世纪学校体育的目标应该更加注重开发学生智力，完善学生的人格。"分层教学"的体育教学模式在实施过程中依据以下目标进行。即：促进学生的生长发育，增强学生体质；传授知识，掌握一些基本的运动技能；培养运动兴趣和爱好，发展学生的基本身体活动能力；体育教学中渗透思想品德教育，培养良好心理品质；养成良好的体育锻炼习惯，形成健康的生活方式。"分层教学"的体育教学模式是基于"快乐教育""终身教育""成功教育"这三大理论产生的。它在教学上重视学生的个性发展，可以打破过去的"一刀切、一锅煮"的格局，一切从实际出

发，满足不同层次的需要，体现区别对待的原则，让学生在自己的学习领域里，享受成功的喜悦，充分发挥长效性。

（二）科学的体育课程体系的要求

《面向 21 世纪教育振兴行动计划》明确提出，要全面推进素质教育体育是实施素质教育的重要组成部分。在实施面向 21 世纪教育振兴行动计划的进程中，要努力构建适应素质教育需要的大中小学相衔接的、较为科学的体育课程体系。据调查，目前我国新入学的大学生，受应试教育的影响，其体育素质很不理想，他们在进入大学以前，已经接受了十二年的体育学习，但已经掌握了一项运动项目的基本技术的人却占不到总人数 10%。甚至有一小部分学生很少上过正规的体育课，大部分时间都是放羊式的自由活动。传统的教学方式很难完成这些参差不齐的中小学体育教育与大学教育的接轨。

（三）分层体育教学有利于面向全体学生

素质教育的一个重要特点是面向全体学生。分层教学较好地解决了统一施教与学生水平参差不齐的矛盾，有针对性地使优秀生"吃饱"、落后生"消化"、中等生"解渴"。由于在教学中实施了"低起点、多层次"教学，每一位学生都自信地参与教学活动，感受教学带来的快乐，因而中向优靠拢、落向中迈进则十分自然。随着教学活动层次化由低到高的发展，学生学习和探究能力也得到了相应的提高，使各层次的学生都在自己的邻近发展区"跳一跳，摘果子"。分层教学适应学生多极化的差异，并使处于不同水平或者类别的学生能得到充分的发展。

（四）分层体育教学有利于发挥学生课堂教学中的主体作用

教学活动是师生的双边的活动，学生是教学活动的主体，因此考虑教学过程一定要符合学生认识事物的规律，分层教学的特点之一是尊重学生的需求和重视学生的情感体验。注意教师在教学活动中的主导作用的同时强调体现学生的主体地位，以充分发挥学生的学习潜能，提高学生的体育能力。分层教学改革了传统的教学手段和授课形式，促进教学过程的"个别化""个性化"，以学生独立的、自主的活动来代替班级呆板、统一的活动，给学生更多的适应个性的机会。尊重学生在知识、技能、兴趣、个性等方面客观存在的差异，努力实现"个别化"与"集体化"的最优组合以弥补传统教学单一的缺陷。这是主体性教育思想对当前体育教育的迫切要求，也是体育课实施分层教学的优势。

（五）分层体育教学有利于提高学生的兴趣树立终身体育的观念

学校体育是终身体育的基础，大学体育是学校体育的最后阶段，大学时期的体育教育对终身体育观念的树立有着重要的意义。在学校实施终身体育关键是要培养学生锻炼身体的兴趣，养成习惯，持之以恒。学生对参加学校体育的兴趣、爱好和习惯的形成，是奠定终生体育基础的重要标志之一。因此，在学校体育教学中应该培养学生对体育的兴趣、爱好，要求和促使学生养成体育锻炼习惯的观念。实施分层教学，就是根据学生原有的知识和技术水平，把学生分成相应的组别为其设定相应的学习目标，这些目标对每个学生来说都不是可望而不可即的，也不是不努力就可以达到那么简单，而是经过一定的努力过程才会得到的收获。这种方式使学生感受到成功的快乐，从而提高学习兴趣，对能力较强的学生而言，难度可以设置得更大一些让他们享受到挑战的快乐。在每一个学生心中种下自信的种子，促使他们发挥积极性、主动性。

分层教学使每位同学可在教师的引导下，根据自己的水平和能力从低层次目标开始逐步升级，这样每一个学生的水平和能力都将得到提高，做到真正意义上的因材施教、循序渐进，由浅入深、有一定的梯度，学生根据自己的程度，通过自己的努力，实现在自己最近发展区的运动能力，从而不断地有所进步和发展。分层教学是以"问题探索—问题解决"为主线，以学生自主探索活动为主体，以教师点拨为主导，以培养学生学习兴趣和能力为中心，以优化课堂教学、培养学生学科素质和大面积提高教学质量为目标的课堂教学模式作为学习的主体，学生虽然处于不同的认知和能力发展阶段，但是他们作为教育对象从本质上来讲没有优劣之分，只有不同层次之分，不同层次的学生所获得的相同甚至不相同程度的进步，对于教师来说本质上是相同的。分层教学注重发展每一个学生的潜能，为不同的学生创造各种尝试、探索、发现和发展的条件和机会。在分层教学过程中，不同层次的学生通过努力，能在各自学习的"最近发展区"获得最佳发展，人格受到尊重，个性得以发展，素质得到提高。分层教学符合教学规律和学生实际，对学生发展有利，符合学生愿望，实施分层教学是必要而又可行的。

四、分层教学法在大学体育教学中应用的原则

（一）多元性原则

体育课分层教学的层次划分不能简单地通过身体素质水平测试高低、运动技能掌握情况，而应该提倡尊重学生的自我意识、兴趣、爱好、个性、特长等方面的区别等因素。分层体育教学的形式也应该是多元化的，不应该拘泥于班级内分层、年级内分层、运动项目分层等单纯某一个形式。坚持多形式包容贯穿。

（二）层次性和整体性原则

教师要充分考虑各层次学生的实际，包括其基础知识、学习方法、学习能力等多方面的实际情况，分层设计教学目标、教学内容、课外锻炼、测试与评价、"矫正—调节—提高"几部分形成的完整体系，虽然对学生进行分层教学，但学生的发展应该是完整的，让全体学生通过自己的努力都能得到最佳发展才是整体的目标。

（三）递进性原则

层次的划分要公正、客观，充分考虑学生的实际情况，同时要用发展的观点看待问题。经过学习，学生的学习情况是不断变化的，所以层次和目标也应是动态的。教师通过各种渠道，及时调整层次及教学计划，加强个别指导，使低层学生能大步跟上，少数优生能脱颖而出。对学生的分层划块是非固定的，教师要根据学生的学习和发展情况进行阶段性调节，做到"有进有出""有上有下"。其目的是如何始终把学生置于最有利他们发展的环境中。

（四）隐蔽性原则

教学中应从各层次学生的实际出发，尊重学生的人格和创新精神，在分层次教学的过程中不断增强他们的内驱力，使有着差异的学生都能自觉地、积极地、

主动地参与到整个教学活动之中，参与实现教学目标的全过程。学生分层的具体情况教师应清楚地掌握，做到心中有数。但又不能将某个层次定义为差、中、优、良等内容，不将其作为评价学生的依据。这是因为：分层不是一种针对学生学习成绩的终结性评价。其目的也不是一种对学生能力的测验，而是为了学生的发展。具体操作时应注意保护学生的自尊心，尽量减少由于分层对学生造成的心理负担。

（五）反馈性原则

无论采取何种形式的分层，都要注意保护学生的自尊心。在实施教学策略的过程中，要加强反馈，及时补救。对中下层学生的一点一滴的进步也给予充分的肯定，激励他们努力向上，挑战自我，享受成功的喜悦。分层教学过程中，对教学内容和学生的掌握程度要评估准确，对项内容分层效果评价要细致、科学并设计或调整下一步教学。

五、分层教学在大学体育教学中的模式构建

（一）模式的内涵

如图 3-2 所示，本节所构建大学体育分层教学模式可以这样描述：在掌握学习理论、人本主义学习理论、多元智能理论、激励理论和互动理论的指导下，通过师生之间的交流与互动分别进行学习者基础特征分析、学习任务分析、学习目标分析、学习内容分析；综合考虑学生个性差异，对学生实行异质分层，将学生分成若干层次，确定每个层次的学习任务、目标和内容，教师创设不同层次的学习情境，设计不同层次的学习策略，针对学生的学习情况给予适时的分层指导，分层练习、分层评价；学生通过自主学习和协作学习互动交流，完成对知识的意义建构。同时，也要根据学生的学习反馈情况对学生的分层进行调整，也就是说对学生的分层并不是固定不变的，教师要根据学生的学习和发展情况进行阶段性调节，做到"有进有出""有上有下"。其目的是如何始终把学生置于最有利于他们发展的环境中，最后使各层次的学生都能通过努力得到最大发展。简言之大学体育分层教学模式就是教师根据学生生理、心理机能的不同情况，指导学生动态选择不同

层次的教学班进行学习，真正做到"以人为本，因材施教"，保证学生在原来基础上得到全面发展的一种教学方法。

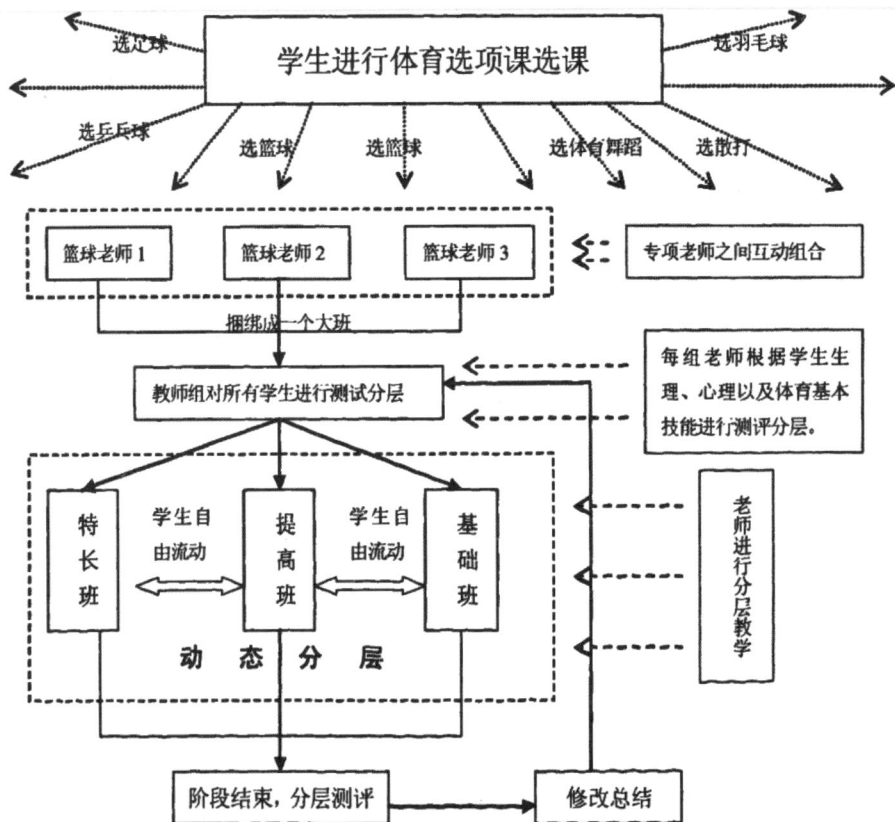

图 3-2 大学体育分层教学模式图

（二）教学目标

利用该模式进行教学，为的是让学生参与到更加符合自己学习需要、优势及特征的学习活动中去，从而促进他们更好的学习。教学目标从总体上来说：为每个层次的学生设计有挑战性的、吸引他们参与的学习任务；制定适合各层次的学生需要的教学活动；以弹性教学方式来呈现教学内容、过程和结果；能够回应学生的学习准备、学习需要、兴趣和学习风格；让每个学生都达到课程标准的要求，得到更大的发展。

（三）教师的角色

在模式中，教师起到的作用是学生学习的推动者和帮助者，对于分层教学的开展具有重要意义。主要体现在以下几个方面：

1. 科学合理分层并指导

根据大学体育分层教学模式，每个单元的教师组要根据学生初始选项技能、身体素质、兴趣态度的差异情况对学生进行分层，为不同的层次设计不同的学习目标，安排不同的具有挑战性的学习任务，但是不能过高，否则学生总是失败，容易变得沮丧而失去学习的信心；同时也不能过低，否则学生不会付出最大的努力。而且，在整个的学习过程中，教师要注意分层引导和启发，按照不同层次学生的需要进行适当的指导。

2. 组织学生学习

教师在整个教学过程中，可以采取多种方式对学生的学习进行组织。根据学生的基本技能、身体素质、学习兴趣以及学习任务的需要，引导其采取独立学习方式、小组合作学习方式、集体学习方式等。总之，教师要对学生的兴趣、需要、学习准备程度等做到心中有数，最大限度地帮助学生完成学习任务。

3. 分层互动，弹性使用时间

在分层教学中，要根据学生的需要、对知识和技能的掌握程度等，动态调整学生的分层情况，也就是说，学生的分组情况要不断地调整，这样也可以避免学生心中产生疑虑。而且，在分层教学中，同一层次上的学生学习进度也是不同的，所以要根据学习情况进行分层调整。对于那些需要更多解释、帮助、练习的基础比较差的学生来说，要用到的时间就要长一些；对于那些基础比较好的学生，就没有必要一直重复基础性的技能，而是让他们更深入地学习。时间是弹性的，要有效地安排。才能满足学生的需要。

4. 营造适合开展分层教学的学习氛围

在大学体育教学中，利用该模式要注意的首要问题是营造一个适合开展分层教学的班级学习氛围。首先，教师要从心理上让学生们接受分层教学，消除他们的顾虑，让学生了解人与人之间的学习是不一样的，分层教学是为照顾所有学生的需要，让每个学生得到更大发展的一种教学方式；其次，要使学生树立自信心，充分肯定每个学生都学有专长，极大激发学生的学习积极性和兴趣。鼓励学生充分发挥自己的优势，使自己的能力得到最大程度的发挥；第三，培养学生的创新精神，支持并鼓励学生接受具有挑战性的学习任务，并鼓励学生按照自己的兴趣、专长和偏好进行练习，充分发挥自己的才能。

第三节　俱乐部教学模式在大学体育教学中的应用研究

一、体育教学俱乐部的定义

刘志敏等提出："体育教学俱乐部是指学生以自身的兴趣、生理需要、心理需要、社会需求为基础，追求完善的自我为目的，在素质教育理念的引导下，将体育学习、体育锻炼、体育竞赛结合在一起，并将这种群体教学融入体育课当中的一种教育形式。[①]"

学者周威等认为："体育教学俱乐部的课堂组织形式就是俱乐部模式，也就是说学生完全是按照兴趣和需要进行课程学习的，不受班级、水平、内容的限制，学习过程遵循体育技能学习规律，并以提高学生运动技能和身体素质为教学目标，在课余时间里还可以举办各种体育竞赛活动，作为体育课堂学习的延伸和补充，充分发挥学生的主体参与能力。[②]"

田忠等认为："体育教学俱乐部是以素质教育培养为目标，以学生需求为基础进行体育教学的一种课堂组织形式。[③]"王洪提出："在俱乐部教学模式中，不同俱乐部的教师都有自己固定和擅长的专业技能，学生根据自己的兴趣选择自己愿意参

---

① 刘志敏等. 小康社会的高校体育——我国普通高校体育教学俱乐部探讨 [J]. 体育与科学，2003(4)：69-72.

② 周威. 对高校公共体育课实施体育俱乐部教学的研究 [J]. 广州体育学院学报，2003(3)：81-85

③ 田忠. 普通高校"大学生体育俱乐部"的阐释 [J]. 浙江体育科学，1994(5)：54

加的俱乐部，是一种真正体现学生学习主动性的教学形式。"①

而闫慧君认为："在俱乐部教学模式中，教师仍然在教学中起着主导作用，但更重要的是突出学生学习的主体地位，强调以学生的体育学习兴趣为依托，利用课上和课下时间进行专项学习的教学形式，教学的目的是培养学生体育兴趣，使学生掌握体育技能，增强体质。"②

张华君等认为："体育俱乐部教学的基本原则应当与大学人才培养的目的相一致，体育理论与学生的实际情况相结合，以素质教育为教学指导思想，充分尊重学生不同的学习兴趣和个体需求，侧重培养学生良好的体育锻炼习惯和意识，注重在教学中培养学生的体育兴趣和爱好，营造轻松自由的教学氛围，让学生充分享受体育带来的乐趣，为增强体质健康奠定基础。"③

综上学者们对体育俱乐部教学的定义可以得知，体育俱乐部教学主要包含以下几个要素：第一，体育学习的基础是学生的体育兴趣；第二，学生在学习过程中享有充分的自由，教师的作用是组织和指导，学生的学习是课程的主体；第三，体育教学的指导思想是素质教育；第四，体育教学的目的是挖掘和培养学生良好的参与体育锻炼爱好，掌握良好的体育技能，锻炼强健的体魄，树立其终身参与体育锻炼的习惯和意识。

二、体育教学俱乐部的主要特点

（一）明确的培养目标和指导思想

大学体育教学俱乐部以终身教育为目标，要求每一个学生要学会进行自我锻炼、自我诊断、自我评价。体育教学俱乐部模式结合大学体育教学实用性、多样性、社会性、娱乐性的特点，以终身体育为指导，把增强学生体育锻炼意识，掌握体育锻炼技能、方法，养成锻炼习惯，提高身心健康水平及社会适应能力作为

---

① 王洪，刘永．浅谈俱乐部式体育教学形式的可行性与优越性 [J]．安徽体育科技，1997，(3)：40-3.

② 闫慧君．浅析高校实施体育教学俱乐部 [J]．辽宁高职学报，2001(2)：92-93.

③ 张华君．我国高校俱乐部型体育教学模式剖析 [J]．浙江体育科技，2001(3)：19-21.

教学的出发点和归宿。立足"课内增知，课外强身"的指导思想，体现"以人为本"的教育思想，围绕运动参与目标、运动技能目标、身心健康目标、心理健康目标和社会适应目标开展体育活动。

(二) 新颖的教学组织形式

体育教学俱乐部打破了年级、专业限制，按学生需求和水平分层教学，教师按项目分三个级别进行教学，这样既发挥了教师的专项特长，又有利于学生最佳情感的体验，符合因材施教的原则，是对学生最适宜的教学组织形式。

(三) 会员制度

会员制要求学生在缴纳一定的会费的情况下才能加入俱乐部，享受会员待遇，并以此来维持俱乐部日常的正常运转，这在一定程度上也引导了大学生的体育消费价值观的转变，使学生逐步形成"花钱买健康、花钱买娱乐"的习惯。通过会员制度更有利于教学和管理，提高教学质量。

(四) 体育教师的专业特长得到了充分发挥

在传统的体育课中，体育教师要根据教学大纲中的内容里不同类型、不同项目的体育课进行教学，在实际教学中有些教师感觉到难以胜任，既保证不了教学质量，也影响了体育教师在教学中的主导地位的发挥。而通过俱乐部进行教学，体育教师能充分发挥自身专项特长，在学生中建立了良好的形象，发挥了教师在教学中的主导地位，提高了教学质量。而体育俱乐部或一些体育协会的指导教师都是各个专项中最具说服力的老师，如某老师曾经获得过全国赛的冠军，这些教师在学生的心目中具有较高的威信，教师的人格魅力也在吸引着学生参加俱乐部的活动。另外，教师之间也充满竞争性。从选课、择师到择教的机制看，学生的选课，择师完全是动态的，学生对教师的择教也是随机的，学生对教师的满意度是作为教师考核的主要依据，这样教师不仅要成为某一项目的专家和权威，而且还要掌握几种体育运动技能。

（五）学生参与教学与组织管理

体育教学俱乐部把学生的兴趣爱好放在第一位，在强调教师主导地位的同时，更加注重学生主体地位的发挥。把组织、管理、活动等权力交给学生手中，这样提高了学生学习的积极性、增加了学生学习的主动性。在进行体育教学时让学生参与其中，不仅培养了部分体育骨干，更重要的是让学生掌握了体育锻炼的方法，养成了体育锻炼的习惯，让他们的能力得到锻炼。他们用课堂上所掌握的体育锻炼的手段、方法去进行课外体育锻炼，在体育教学中实现了有形效果和无形效果的统一，教育的短期效应和长期效应的统一。

（六）课内外一体化，拓展体育时空

体育教学俱乐部模式是以传授理论知识，培养兴趣，增强体育意识，掌握运动技能为主，是实现体育课程目标的有效方式。对学生而言，课内学习运动和技能，课外通过课内所学知识去指导课外实践，并在老师、体育专业高年级学生或体育骨干的帮助下，通过参与俱乐部组织的各种锻炼以及形式多样的校内外群体竞赛活动，获得体育运动的乐趣，提高运动技能，养成锻炼习惯，实现课内外一体化，拓展体育时空。形成以"热爱体育，参与体育，享受体育"为主旋律的校园体育文化。

三、大学体育应用俱乐部教学模式的课程思想观

（一）"四自模式"为主的学生主体观

学生主体观是每个师生都十分关心的问题。当今教学有一个显著的特点，它特别注重使学生乐意参加到教师和学生共同的教学过程中来。在教与学的这对矛盾中，形式上教师的教是主体，但实际上学生的学才是真正的主体。有关研究也认为，教学过程应该被视为师生互动的交流平台，教师与学生之间不是"手段—目的"的关系或者"主体—客体"的关系，不是"人与物"的关系，而是互相交流、互相对话的平等主体之间的交互关系。那么，怎样理解人与人之间的交往呢? 研究交往问题，在哲学层面，必须从相互关系入手。由于这种相互关系是指不同的主

体之间的相互关系，因此必须求助于未受干扰的主体之间的经验，通过考察不同的有语言和行为能力的主体间的相互理解的过程，包括相互理解所需的媒介和背景。因为主体间的关系是互动的、双向的，只有主体之间的关系才能算得上相互关系。传统单向教学模式体现的是教师教育学生，教师设计活动，学生被动接受过程状态。明显不是一种共同的、互动的、双向的活动。大量研究证明，单向被动的教学信息流通不可能获得好的教学效果。现代课程理念强调"教师与学生都是教育主体，教师和学生都以平等的、开放的、真正的人出现在教育活动中"。因此，有人提出在教育过程中，教师和学生都应是主体，互为教育者和受教育者，相互影响，共同成长。

自己选择、自主练习、自我评价、自我发展的"四自模式"，充分体现体育教学以学生为主体的课程观。从课程形态角度来说，现代课程教学应体现多元化和个性化原则。自己选择是指让学生自主选择学习内容、学习时间、学习指导者教师和考试项目等，自主练习是指自由完成各种动作技能的练习。自主选择对学生体育兴趣的培养和保持、体育态度的转变、体育习惯的养成，都有着十分重要的意义。从心理学角度来看，个体选择行为取决于其对客体感知，特别是对行为结果的预期，同时，个体的需要是推动其从事某项活动的动力源泉，也是激发从事活动动机的关键因素。因而，大学体育教育必须考虑学生体育活动动机的激发。由于大学生在长期的参与体育活动中，不断地进行主体建构，其体育能力得到不同程度和个体差异化明显的发展，内在需要已经成为主体从事体育活动的动力，而不是依靠外在压力维持活动。那种只见"内容"不见"人"，完全单向选择的体育活动，不可能满足千差万别喜好倾向的学生需要，强行实施的体育内容对运动学习参与者而言，容易产生逆反心理，更谈不上有助于运动和锻炼动机的激发。科学的体育教学组织形式，应反映课程教学"民主化"价值趋向，学生作为教育的主体，理应具有自主选择的权利。

学习者如果在教育过程体验和感知到自我决定自己行为和评价的权利，能强化学习者自我主体意识，有助于学习兴趣激发、学习态度的内化和良好学习习惯的养成。同时，更有利于促进学生自我发展的理性定位与自觉努力。"自主评价、自我发展"符合现代教育和心理科学规律，充分体现了当代课程社会化、个性化、生活化的理念。课程理论研究表明，课程教学评价与课程目标的关系是"手段—目的"关系，突出以学生为主体的体育课程学习理念，就必须给予学生参与评价的机会和权利。在体育课程教学中，评价内容一般包括两个方面：一是学生所掌握的理论知识、技术、技能和身体素质等方面；二是学生在课堂上表现出来的态度、兴趣、动机、情感、意志等非智力因素方面。教师公正、准确、及时、灵活的评价，有利于学生正确认识自己和课堂内容，合理地给自己定位，从而激励自己不断进取、并获得这种不断进取的能力。传统体育教学的评价往往把学生置于评价客体的地位，由体育教师对体育教学进行总结性的结果性评价，而忽视学生的评价主体地位。同时，这种单纯的教师评价，对学生的评价主体地位是一种忽视，而且不利于调动学生的学习积极性。自我评价并不是完全脱离教育系统、剥削教师主导作用的评价方式，而是以学生任务定向为主，关注自我提高程度、忽视社会性比较评价对学生自我能力感知的负面影响。自我评价为主的评价也是过程性评价与结果性评价相结合、学生自评和他评相结合的多元化科学评价体系。

首先，结果性评价是体育教学过程中不可或缺的环节，但单纯的结果性评价对整个体育教学过程的调控性与指导性效果相对不是很强，这就需要过程性评价作为补充，实行过程性评价与结果性评价的相辅相成。通过过程性评价，随时调控整个体育教学过程，使教学效果向最佳态势发展。

其次，实行学生自评，有利于学生对自己学练行为价值标准的深入掌握和判断，进而采取控制与调节。动机心理学认为，个体有了正确的自我评价，就会产生自我批评的态度，产生一种积极向上、勤奋进取的自我调节机制。因而学生就会表现出自我控制的倾向，善于正确地对待自己和对待别人，善于正确估计自己的学练成绩以及个体在集体中的地位。

第三，自评为主也提倡相互他评，老师和同班同学对某一学生的动作及表现的评价，特别是同学间互相评价，不但可使其他同学学会怎样评价，而且从别人的动作中想象到自己的动作，从而对自己的动作也有一个正确的评价。这样，自评与他评、过程与结果相结合的评价方法，构成一个完整的自我评价系统，有助于学生自我体育观念的形成，促进个体发展和完善。

当然，突出学生学习活动过程的主体地位，不能仅仅停留于对课程教学观念的转变，更为重要的是要在此基础上，将改革逐步从理论层次推向实践操作层面。因此，探索适应学生主体课程观的教学模式成为贯彻"四自模式"理念的必由之路。新型的体育俱乐部型教学组织形式应运而生，它符合我们提出的"四自模式"为主体的学生主体课程观。在教学地位上，充分调动学生的主观能动性，突出学生教学主体性，教师由原来的授课者变为组织者和辅导者，学生变被动学习为主动参与。在课程教学主题上，注重培养学生的体育兴趣，提高学生的体育能力以及自我学习和锻炼能力。在教学目标上，注重学生的个性发展，掌握一技之长，养成锻炼身体的习惯，终身受益。在组织程序上，采用教师授课专业固定、学生自由选择的专项课教学形式，做到知识、健康、娱乐、竞技、兴趣一体的多元化体育教学形式。

(二)"终身体育"为目标的体育教育观

为了理解终身体育教育的意义、方法和要求，我们必须以现代社会中体育活动的多样性为研究基础，主要考察、分析体育在整个社会中的存在方式及其作用，并从教育的角度认识体育的作用，最后确定终身体育在体育教育中的地位，并将其作为一门基础研究课题加以重视。

现代社会体育活动的多样性主要表现为：①大众体育包括休闲体育、保健体育；②特殊体育包括竞技体育专业队、专业俱乐部队、冒险体育、残疾人体育、作为传统文化而存在的民族体育；③学校体育包括幼、小、中、大学的教育；④观赏体育包括现场观摩、录像、电视电影、广播、体育杂志、话题交流等。从众多的社会体育现象中，我们可以清楚地了解体育的整个社会概况，还可以清楚地了解到，唯有学校体育贯穿了人的整个发育成长期和受教育期。

人类生存需求和生活方式，及参加体育的个体条件，与人生各个时期的体育结构是相适应的。终身教育观认为，教育是在人的生长过程中，培养个人与社会所希望的生活方式。终身教育是与人发展阶段相适应的一贯性教育。体育教育是体育知识、理论、实践的教育。终身体育教育则是与人生发展阶段相适应的，通过体育而进行的一贯性教育。其目标是培养个人及社会所希望的健康、乐观的体育观念和健康的生活方式，提高文明程度，改变生活观念，认识并追求良好的人生价值，培养个人生活的设计能力，培养人一贯参加体育活动的能力，接受社会环境变化带来的新体育思想，培养不断修正自己的体育实践能力。

从教育学的角度分析，一个人的生活方式、行为的形成，无不和所受的教育有着密切的联系。尤其在大学时代，学生的智力、身体、思想发育都趋于成熟，在大学时期不失时机地向学生灌输终身体育的思想对一个人今后形成终身体育的生活方式具有很大的影响。只有形成健康、乐观的体育观念，体育才能融进一个人的生活方式，才能达到学校终身体育教育的目的。终身体育应划分为生长发育期体育、成年期体育和高龄期体育。其中，生长发育期体育应该有效地为学习服务，并丰富业余生活，以德、智、体全面发展为重点。成年期体育则应以提高工作效率，提高生活质量和身体健美、健康为重点。而高龄期的体育则以延年益寿、丰富精神文化生活为重点。大学体育介于生长发育期和成年期体育中间，也是学校体育的最后阶段，是终身体育的中间环节，具有承上启下的重要作用。同时，也是学生由学校步入社会的转折点，学生学与用的衔接点。终身体育能够把人生各个阶段，以不同形式的体育方式、体育内容和谐地衔接起来。

鉴于大学体育与终身体育具有密切的关系，大学体育教学改革应紧紧围绕素质教育的要求，树立"健康第一"和"终身体育"思想，加快大学体育课程建设和改革。大学实施终身教育的关键在于：其一，培养学生锻炼的习惯，让学生根据自己的意愿，选择喜欢的运动项目，激发兴趣潜能，以极大的热情投入到健身活动中，使大学实施终身体育教育的过程成为培养体育兴趣，发展爱好，养成科学锻炼、科学健身的习惯过程。其二，培养学生终身体育意识，终身体育意识对学生步入社会后能科学地从事健身锻炼起到重要作用，它能使学生有一技之长，在以后的工作学习之余，产生锻炼身体的兴趣，对一生的身体健康有着不可估量的作用。其三，培养学生的健身能力，终身体育教育能使学生具有较全面的体育文化素养和科学健身的指导知识，养成自觉独立的锻炼习惯。

多年的实践证明，大学体育教育的缺陷在于学生走出校门后即对体育意识和行为慢慢淡化了。这说明，当前大学体育教育对培养学生适应社会环境能力和终身体育能力方面是较薄弱的。这反映了当前我国大学体育与终身体育的脱节。我们认为，大学体育俱乐部教学组织形式的改革理应树立终身体育教育观。为此，体育俱乐部教学应该以终身体育为指导思想，才能发挥它在终身体育教育中的桥梁作用。一方面，通过丰富多彩的体育手段，培养大学生的体育意识、兴趣、习惯和身体锻炼能力，在大学体育中加强学生终身体育能力和习惯的培养，有助于学生成为主动进行锻炼的实践者，成为根植于社会之中的社会体育辐射源。另一方面，大学生处于身心发育较为成熟的时期，也是接受教育、完善自我、实现个体社会化的最佳阶段。由于文化层次较高，理性及自主能力较强，在此期间，结合学生的兴趣、爱好及身体状况和专业特点，学习自我锻炼身体的知识，发展自我身体锻炼的能力，培养终身体育锻炼的习惯，必能收到事半功倍的效果。因此，面对大学生的身心需要，我们的教学组织形式，必须尊重学生个性，让大学生在运动场上获得较大的自由空间和时间，选择自己喜爱的活动方式，进行以改善健康为目的的自主体育锻炼，并由此养成良好的运动习惯。应培养学生终身从事体育的能力，提高实践能力，让他们认识到大学体育不是人的体育实践与身体教育过程的终结，而只是人终身体育锻炼的基础阶段，是终身教育的一环，使学生对大学体育的认识得到提高，最终成为自我锻炼的指导者和终身体育锻炼的受益者。

四、大学体育教学模式的重构——弹性体育教学俱乐部模式

（一）体育教学俱乐部弹性化的内涵

体育教学俱乐部是大学课程改革的一大趋势，而体育教学俱乐部弹性化则是当前课程发展的新趋势，它是多种因素交互作用、协调融合的结果，是复杂的体育教育现象，需要从多个向度揭示其丰富的内涵。本书试图从体育教学俱乐部发展向度、体育教学俱乐部项目向度、体育教学俱乐部对象向度对体育教学俱乐部弹性化的内涵做出分析。

1.体育教学俱乐部的发展向度

这是从宏观上对体育教学俱乐部弹性化做出整体性的分析。体育教学俱乐部弹性化作为体育课程发展的一种运动过程，从宏观上体现了体育教学俱乐部课程模式不断完善和发展的动态过程。

2.体育教学俱乐部的项目向度

这是从体育课程编制具体项目角度对体育教学俱乐部弹性化做出局部性的分析。

（1）体育教学俱乐部管理弹性化

打破了原有由学校统一统筹规划的单一管理模式，促进体育教学俱乐部课程管理的灵活性，促进体育教学俱乐部课程决策的民主性，积极推进体育教学俱乐部课程的多级管理体制。

（2）体育教学俱乐部目标弹性化

大学公共体育课程，应充分考虑社会发展对人才需求的多样性，地区间经济文化的差异，不同办学模式学校的特点，学生的个体差异，所有这些都决定了体育教学俱乐部课程不能对所有地区、所有学校、所有学生提出完全相同的目标，而应综合考虑地区、学校和学生的具体差异，提出弹性课程目标。

（3）体育教学俱乐部内容弹性化

在学校条件允许的情况下，不同地区可根据本地的经济水平、文化背景、教育状况来选择适合本地的体育教学俱乐部课程内容；不同模式、不同层次的学校可根据本校的办学目标、教学条件、师资情况、学生身体素质来选择相应的课程内容；学生可根据自己的兴趣、爱好选择适合自己的课程内容。

（4）体育教学俱乐部实施弹性化

体育教学俱乐部实施弹性化在一定程度上可以理解为体育教学的弹性化，即教师依据学校办学方针、场地设施条件，并结合自己的专项，针对学生的具体情况，针对性地选择教学内容，创造性地设计教学活动，灵活性地处理教学过程。

（5）体育教学俱乐部评价弹性化

体育教学俱乐部弹性化主要包括以下几点：一是评价主体多元化，即评价的主体不再局限于教师的评价，学生也是评价的主体，如学生的自我评价和对他人的评价；二是评价内容多样化，即评价不再唯一指向学生运动技能的学习，也指向体育教学俱乐部课程本身和教师教学，还包括学生的出勤率、学习态度、学习能力等；三是评价方式多样化，如就评价学生的体育成绩，除掌握基本运动技能以外，学生自编动作、交流讨论等都可作为学习的评价方式。

3.体育教学俱乐部的对象向度

体育教学俱乐部模式发展是一种对象性的实践活动，对不同体育课程对象而言，体育教学俱乐部弹性化的内涵也不同。

（1）地区

对地区而言，体育教学俱乐部弹性化是指各地区在《全国普通高等学校体育课程教学指导纲要》的基本要求下，结合本地经济水平、文化背景、体育教育水平，选择具有地方特色的体育项目。形成与学校传统和文化相融合的体育教学特色。

（2）学校

对学校而言，体育教学俱乐部弹性化是指学校在《全国普通高等学校体育课程教学指导纲要》的指导下，根据学校的办学方针、师资情况、体育场地设施情况等来制定学校的体育课程整体目标和阶段目标。充分利用学校的人、财、物资源，开设尽可能多的运动项目，向学生展示出体育的丰富多彩和愉悦身心的魅力。

（3）教师

对教师而言，体育教学俱乐部弹性化在一定程度上等同于体育教师教学活动的创造性。如合分班授课、分层教学、分组教学或个别教授的形式照顾学生体育学习的差异；根据学生体育学习水平的层次差异，安排不同程度的体育活动；对学生进行课外辅导，以增强学生体育学习的兴趣。

（4）学生

对学生而言，体育教学俱乐部弹性化是指学生根据自己的能力、需求、兴趣、爱好及已有的知识基础来选择不同的体育课程项目，以适应自身发展的需要。

（二）弹性体育教学俱乐部模式的发展思路

1. 弹性体育教学俱乐部模式的管理机制

（1）外部管理

制定管理制度涉及学校的方方面面，所以仅靠学校的体育部门去管理是不能解决众多问题和矛盾的，需要学校的各部门共同支持与配合。学校应制定《大学生体育教学俱乐部管理条例》，这是最基本的管理条例，在管理条例中要明确体育教学俱乐部的管理方针，加强学校对体育教学俱乐部的宏观管理，同时要寻求校团委、体育部室、大学生体育运动委员会、学生工作部等部门参与到体育教学俱乐部的管理中，形成齐抓共管的局面。

对于经济发达地区的学校而言，其管理体制相对比较健全，各项规则制度相对也比较健全、完善。因此，要继续强化以体育教学俱乐部的管理体制，让学生能够在俱乐部活动中得到锻炼和提高。真正实现"学生积极参与，学校尽力配合"的管理功能。在管理方面真正做到走自我管理、自我发展、自主运作的发展道路。

对于相对落后和落后地区的大学，还应加强学校的管理功能，因为现行体育教学俱乐部的运作起初主要由学校来推行，今后的俱乐部管理工作应该逐步放给学生让学生进行全方位的管理，这有利于学生适应能力、管理能力、组织能力的培养，促进其综合素质的提高。

（2）内部管理

由于参加体育教学俱乐部的学生身体素质及运动水平参差不齐，所以建立健全俱乐部内部的规章制度，加强内部管理是非常必要的。但在具体的实施中不能完全依靠学校的管理，要具有一定的灵活性，真正让学生的主体地位在体育教学中得到发挥。但就目前而言，现在还没有一套健全、成熟的俱乐部模式教学的管理体制，各大学按照自己对俱乐部的理解结合学校的实际情况制定自己的管理办法。我们不能照搬国外的管理模式，因为国外的俱乐部管理都是松散的，在中国这种体制下要想完全实现则是很困难的，但若实施弹性管理，则能充分发挥教和学的积极性，提高教学质量，这绝不是加大教学的随意性，相反，对教师提出了更为严格的要求。体育教学俱乐部要建立有效的弹性内部管理机制，制定俱乐部长期有效的管理制度，在规章制度规定的范围内进行俱乐部教学、运动训练和运动竞赛。要抓好俱乐部的内部管理，可从以下三方面着手：一是制定切实可行的弹性管理目标；二是加强人力资源管理；三是完善激励和约束机制。

第一，制定切实可行的弹性管理目标。体育教学俱乐部要制定管理目标，而这个目标是由管理者和会员共同制定。俱乐部的管理目标要与本地区和本校的实际情况相符合，与学生的实际相符合，目标应具有实用性、可操作性和合理性，同时要具体化。如，学生会员的出勤率应该达到多少，如深圳大学只要学生参加体育俱乐部活动并达到以上的出勤率，即为体育课合格。

第二，加强人力资源管理。体育教学俱乐部的参与者是学生，各种措施都是围绕提高学生对体育的参与性，充分发挥学生的个性和才能，特别是学生骨干作用的发挥，给学生一个展现自我和发挥的平台，有利于俱乐部的顺利开展。如在比赛中让学生担任裁判等。

第三，完善激励和约束机制。激励的目的是培养人锐意进取，而约束则是培养人循规蹈矩。在遵循以人为本的理念下，引入竞争机制，制定科学的管理制度和措施，奖勤罚懒，奖优罚劣，可以调动学生学习的积极性。对于在不同级别的比赛中取得名次的学生，给予适当的奖励，如一定的物质奖励、课时等考核可适当放宽，只要达到学校规定的考核要求即可对于参加校队训练的学生适用，也可放松对其必修课时的限制。例如，某一俱乐部的某位学生参加大运会比赛，获得前六名的成绩，其体育课成绩的基数可为分，而对于那些参加训练的，但没有取得名次的，其体育课成绩的基数可为分。但对于在俱乐部活动中表现极差的学生会员，要及时地批评和教育，对于屡教不改的学生会员要给予相应的纪律处分，并做其思想工作。

2.弹性体育教学俱乐部模式的决策机制

（1）场地、器材

体育教学俱乐部模式是对场地、器材要求较高的一种课程模式，它的数量、规模和人均比例直接决定学生进行体育锻炼的情况。对于一些条件较好的学校，体育器材相对多而全；对体育场馆、运动器材设备不健全的大学，而且又要开展比较受学生欢迎的项目如形体、网球、羽毛球等，因为场地、器材的不足，未能满足学生学习的需要，造成"僧多粥少"的局面，影响了学生的体育兴趣及运动习惯的养成。对于以上的问题，本书认为从下面两个方面着手。

一是大学应从场地器材的循环利用及可持续发展考虑，学校领导应多考虑一下场馆、器材建设的重要意义，尽可能地新建场馆和购买器材，为体育教学俱乐部的顺利开展提供条件。

二是学校应在现有条件基础上，加强对体育教学俱乐部场地、器材的建设和管理，挖掘潜力，合理安排利用，结合自身的实际情况，因地制宜，充分发挥场地、器材作用。修建新场地需要足够的资金和一定的时间，经济比较发达的地区可以修建场地，但在经济不发达的地区只能利用现有的资源，在这微薄的资源实行"三自主"，可以采用"一馆多用""一场多用""一物多用"的办法，提高现有场地的利用率，如篮球场既可作排球场也可作羽毛球场，栏架可以用来跨栏，也可以用作射门，还可以用作钻越的障碍等。另外，在选择项目上，可以选择一些对场地要求不高的项目。如毽球只要有一块空地就可以了，羽毛球只要不是有风季节，在平地便可上课。

（2）教师队伍建设

体育教学俱乐部模式的弹性化，在一定程度上等同于教师教学的创造性。为了适应俱乐部体育教学的需要，必须有计划、有步骤搞好俱乐部教师的继续教育工作，体育教师要不断地进修学习，丰富自己的教学内容和教学方法，积极利用各种信息渠道，吸取新的知识、理论，学习与体育俱乐部有关的知识，以保证体育教学俱乐部在大学的顺利实施。为此，为更好地搞好俱乐部的教师队伍建设，体育部门可从以下方面着手加强教师对体育教学俱乐部的认识，完善师资队伍配置，强化职后教育。

第一，加强教师对体育教学俱乐部的认识。高素质的教师队伍是大学体育实施体育教学俱乐部的重要保证，这支队伍要对体育教学俱乐部有着深刻的认识与理解，还要有强烈的敬业精神和过硬的专业技术。目前部分体育教师对体育教学俱乐部了解得较少，这不利于大学体育教学的改革。这就要求通过对体育教师的职后培训，提高他们对体育教学俱乐部的了解，认识，转变其教学思想和理念，顺应时代的发展和学生的体育需求。可见，体育教学俱乐部对教师提出的要求越来越高，体育教师要一专多能，不但要对自己最擅长的运动项目颇有研究，还要对专项外两个以上的项目也应得心应手，从而满足学校体育教学和学生课外体育锻炼的需要。

第二，完善师资配置。体育教学俱乐部在引进人才的过程中一定要注意数量和质量的有效结合，在年龄结构，职称结构、学位结构、专业结构方面都要有着较为合理的结构，使俱乐部的教师在数量上能满足教学的需要，同时教师在知识和能力方面也要完全具备体育教学俱乐部的资格。从调查中发现教师的年龄、学历、职称、专业等都存在着不平衡。因此，各地区大学应根据自己学校的实际情况，不断地完善体育师资配置，特别要重视对在职人员的考核，引入竞争机制，实行动态管理。同时要满足学校各项体育工作的需要，体育教师的师资一般是呈梯次、互补、实用型的复合结构。

（三）弹性体育教学俱乐部模式的教学组织形式

教学组织形式的弹性化，在于它能够根据学生的水平、差异等特点来安排体育教学。教学组织形式运用合理，既有助于大面积提高教学质量，也有利于学生个性和情感的培养。本书认为各大学弹性化的组织形式问题从以下几个方面进行阐述：

1. 打破年级班组问题

对于体育教学俱乐部的课堂教学组织形式，学术界也是争论不一，大部分专家比较倾向于分年级上课。不同年级间学生在身体、心理方面都有一定的差别，这样教师安排教学内容和运用教学方法时有一定的困难；另外教师的能力有限，上课的时间有限，教师不可能对每个学生的指导都面面俱到，对教学质量会造成一定程度的影响。同时分年级进行教学也有很多的优越性，由于身体、心理和接受知识的能力不同，学习动作会相对快一些的同学，自然就会起到表率的作用，可以帮助低年级中学习动作相对较慢的学生，有利于教师培养体育骨干。当然，低年级同学为了弥补差距，也会努力提高自身素质，形成一种互帮互学的学习气氛。

2.男女生合分班问题

关于男女生合班还是分班上课的问题，学术界仍在争论，他们各有各的说法。本书认为男女生合班与分班各有利弊，就合班而言，从社会学角度看还是利大于弊，使得体育教学更加人性化。可根据运动项目特点分析，有些项目适合采取男女合班上课，如：体育舞蹈（本来就是男女搭配进行的项目）、野外生存等，通过男女生之间的配合，有利于调动他们的主观能动性，另外再加上教师的合理组织与安排，教学效果比较明显。有些要考虑性别差异、体质强弱的项目，应该采取男女分班上课，如球类项目、田径等。对于这些技术性、身体素质要求较高项目而言，教师不用考虑因体质强弱而必须花费更多的时间来照顾女生，这样会影响男生学习的积极性。因此，采取合班上课，还是分班上课，要根据各大学的实际情况，运动项目特点来实行。

3.分层教学问题

由于遗传、家庭及社会环境等因素的影响，学生在发展过程中存在着不同的生理、心理及个体差异，这种差异性是客观存在的。分层教学是引导学生选择适合本人特点的课程，进一步在体育课程中实现因材施教，提高课程的实际效果。所谓分层教学是指根据学生的认知能力和掌握能力，教师在安排课堂教学内容、运用教学手段、教学方法时根据学生实际学习的可能性，分层讲授、分层指导、分层评价，使每个学生都能在原有的基础上得到完善和提高。这样可以使学生在不同层次中求发展，使全体学生都能在原有"基础"上，充分发挥自己的潜能而达到最大的发展。各大学体育教学俱乐部应根据自己本校实际适时地采用分层教学。其具体操作可按以下方式进行：各教学俱乐部课程分为高级、中级、初级班三个层次。高级班目标高、要求高、内容多、进度快。这一层次主要针对有一定体育实践能力和身体素质好的学生。中级班目标适当、内容适中。这一层次主要针对有一定体育基础，身体素质较好的学生。初级班进度慢、重基础、多重复、常反馈。这一层次主要针对体育基础差的学生。每一级教学层次都有相应的教学大纲、教学要求和教师自己特定的课堂教学模式。在教学内容上，三个层次之间不应是相关知识的简单地拼凑，而是根据不同层次学生运动水平的要求，设计出不同层次的教学目标与要求。在具体的实施的过程中可采用升降级制，如果学生在该层次上已经达到了要求，可随时到更高级别的俱乐部进行学习，但如果学生在该级别上学习越来越困难，则将其退到原有的层次上，这样教师在组织教学时，就可以从内容和要求水准方面有所区分，从而引导和激励学生在原有的水平上有更大程度的提高。

4.身体异常和病、残、弱学生体育教学组织形式问题

身体异常和病、残、弱学生属于大学中的特殊群体，这些有身体练习障碍的学生他们的身体条件、心理特征及对体育的要求都不同于正常学生。因此，这些特殊群体的体育教学在大学体育教育中面临了新的问题，教师不光要讲授一些保健知识，还要针对不同情况讲授有利于身体康复的知识和他们感兴趣的体育知识，并进行一些娱乐性和健身性的运动，建议开设调适性体育课程，但由于学生的特殊身体情况，允许弹性修学。

第四节　智慧课堂教学模式在大学体育教学中的应用研究

一、智慧课堂的概念

关于智慧课堂概念，主要包括智慧的课堂与课堂的智慧性两种解读，目前国内外的研究学者给出了不同的理解与定义。

刘邦奇认为："可以从两种视角进行理解，即教育视角和信息化视角。两种视角的认识不是孤立的，是相互联系的。其根本目的均为了促进"知识课堂"向"智慧课堂"转变，提升学生的智慧能力。"[1]

庞敬文等认为："智慧课堂是在新技术环境下的支持下，以培养学生的智慧能

① 刘邦奇．"互联网＋"时代智慧课堂教学设计与实施策略研究 [J]．中国电化教育，2016，(357)：51-56.

力为目标，进而构建新型课堂教学模式。"①

黄建锋认为："智慧课堂是在建构主义学习理论的基础上，将新一代信息技术作为核心内容，以促进学生发展，培养学生的学习智慧；强调个别差异性，有针对性地发展每一位学生，重视教师对学生的启发与引导，强调师生的情智交流。强调学生学习的主动性与积极性，让学生通过体验获得知识，通过创新获得智慧，指出智慧课堂最终目的是'授人以渔'。"②

孙曙辉等认为："智慧课堂概念的提出及应用是随着信息技术的发展及其在教育教学中的不断应用与融合而逐步发展变化的。"③

综上所述，本书将"智慧课堂"定义为：以新技术为支撑，以学习理论为指导，以培养学生终生学习为理念，将新一代信息技术应用于整个教学之中，打造富有智慧的课堂教学环境，实现课前、课中和课后的智能化、数据化、高效化教学，最终实现课堂教学智慧的生成。

本节中的智慧课堂教学模式的应用强调网络教学平台与课堂的结合，将网络教学平台与智能手机应用于课堂，建立体育智慧课堂教学模式，为师生提供一种高效的教学模式。

二、体育智慧课堂的特征

（一）教学环境信息化特征

体育智慧课堂教学环境的建立主要以智能化技术为基础，包括录播系统、移动终端、运动监测系统、运动智能设备等组成一种智慧运动平台。教师在教学过程中通过信息化的教学设备及手段，用声像资源代替传统的讲解示范，甚至可以借助传感设备帮助学生接收和掌握运动技能。整个教学过程为教师和学生提供了便利、智能的教学环境，体现了体育智慧课堂的适应性和优越性。

---

① 庞敬文，王梦雪. 电子书包环境下小学英语智慧课堂构建及案例研究 [J]. 中国电化教育，2015，(344)：63-70.

② 黄建锋. 基于 SPOC 的智慧课堂构建策略研究 [J]. 教学与管理，2017：74-76.

③ 孙曙辉，刘邦奇. 智慧课堂 [M]. 北京：北京师范大学出版社，2016：41-45.

(二) 内容推送智能化特征

智慧课堂借助多样的信息化手段和多媒体资源，帮助教师优化教学。教师在制定学习任务时可通过数据采集了解学情，对学生个性化的运动能力进行评估，在给学生推送学习资料，制定运动计划时和强化策略时更具针对性。同时教学内容还可进行原装保存，便于学生复习，学习资源的利用更加高效。

(三) 运动决策数据化

教师利用运动手环或心率带，通过体育课堂的运动数据及视频记录进行教学量化分析，可以了解到学生个人或者整个班级的心率强度，调控运动负荷，预防教学事故。同时还可以结合运动密度数据，分析在不同时段学生的运动强度与教学设计是否合理，为教师完善教学设计提供科学的数据依据。学生自己也可以根据可视设备帮助选择合适的运动负荷进行科学锻炼，规避了传统课堂中运动负荷高而身心疲乏或运动负荷低而索然乏味的窘况，实现教学分层、合理调控、个性化选择的体育智慧教学。

(四) 评价反馈即时化

通过大数据、反馈系统对学生整个学习过程进行了全程实时记录，收集和了解每个学生的所处的数据化学习状态，更好地进行学习诊断和评价。包括在课前对学生的身体状态、课程预习进行评估反馈；课中的练习和自测结果进行及时反馈；课后对学生的运动状况进行跟踪反馈。对教学的评价也实现了教师、课堂、学生评价体系的重构，从真正意义上做到即时、准确、全面。

三、大学体育智慧课堂构建的可行性

(一) 信息化校园为体育智慧课堂提供了构建环境

当前，大学校园对信息技术的依赖程度较高。在校园服务方面有：图书馆系统、信息发布系统、一卡通等；在教学资源方面有：微课、在线学习、课件资源；在教学环境方面设有：多媒体报告厅、云办公、实验室；校园基础设施方面：实现了网络系统的全面覆盖、信息机房、运动场馆、数据库系统等。体育智慧课堂的构建无论是硬件设施，还是软件系统必定需要智能技术的支撑。智能手机、电脑已经成为每个大学生的基本配置，网站、浏览器、移动 App 等为信息的传递和接收提供了保障。而体育智慧课堂的构建主要以智能手机为载体，结合运动设备（运动手环、体测仪等），通过教师端、学生端和环境端完成"大学体育"课程教学，而信息化的校园大环境为体育智慧课堂的构建和应用创造了有利条件。

（二）体育智慧课堂的构建是教育革命对大学体育教学的要求

在新时代教育大变革背景下，传统的教学模式和教学方法很难满足学生对知识、技能掌握的多元化学习需求。"互联网 +"在中国迅猛发展，已经辐射到教育领域。移动终端技术、在线课堂学习已成为社会生活的"新业态"，教学方式的变革不是对传统体育教学的否定，而是继承和发展。信息技术与教育的深度融合已成为不可逆转的趋势，对新时代素质教育、智慧教育、高效教育提供了强劲的科技支撑。时代进步的同时，作为大学的教师要与时俱进，须时刻关注教育教学改革的发展动态，吸收新的教学理念，来指导探索符合时代发展的教学方法和模式。通过新颖教学路径调动学生学习动力，提升教学质量，增强学生的体育意识。国务院颁发的《关于全面深化新时代教师队伍建设改革的意见》，要求"教师应主动适应信息化、人工智能等新技术变革，积极有效开展教育教学"。因此，教师应该走出对信息技术支持下的应用变革的误区，增强教学理念的更新和融合，完成从"主导者"到"合作者"的角色转换，实现体育智慧课堂的构建。

（三）体育智慧课堂构建成为大学体育教学发展机遇

在大数据时代，信息技术的普及和智慧教育理论的出现，为大学体育教学打开了新思路，将会成为"大学体育"教学改革的一种机遇，也是一种挑战。建构主义学习理论主要目的就是寻找适合于高级学习的教学途径，这为构建体育智慧课堂提供了一定理论基础；互联网、云端等信息技术则提供了信息技术支持。二者有机结合后，通过打造信息化、智慧型的大学体育课堂，让每位学生通过实践探究来寻求掌握技能、提升体质的有效途径，相比传统的教学模式，体育智慧课堂更能促进学生自主学习和合作创新能力，更能提升学生的学习技能。体育智慧课堂的构建是在体育课堂教学的基础上深度融合信息技术，符合大学课程改革的时代趋势，也能够更好地为实现新时代大学生培养目标服务。

四、大学体育智慧课堂教学模式的设计

（一）智慧教学目标

教学目标是指通过教学活动的影响，使学生发生何种变化并达到某种学习结果的明确表述。教学目标在整个教学过程中起着重要的导向作用。教学目标可以指导教学活动，教学活动要始终围绕实现教学目标而进行。智慧课堂教学目标要与培养目标保持一致，根据学生的实际需求，有效进行教学，实现课堂教学最优化。

体育智慧课堂模式要培养学生学会学习的能力，习惯运用网络资源进行学习；促进学生进行创造性学习，培养创新能力，给予学生特定的问题，让学生查阅资料，最终结合自身知识结构，完成任务，达到实现创新的目的；养成良好的体育锻炼习惯，掌握一到两门科学锻炼的方法。最终实现启迪学生心智，促进学生智慧成长的目标。

（二）智慧教学过程

智慧课堂教学活动过程设计是本章的核心部分，活动的设计要考虑学习者的个体差异性，提高教学的多元性，让学生更好地进行学习。

本节中智慧课堂教学活动主要包括课前、课中和课后三个部分，在智慧学习环境的支持下，利用智慧学习资源实现由教师活动和学生活动共同构成的完整的教学体系，学生在教师的主导下自主完成学习活动和教学评价，养成积极思考，积极创新的意识，实现智慧教学目标。具体内容如图3-3所示。

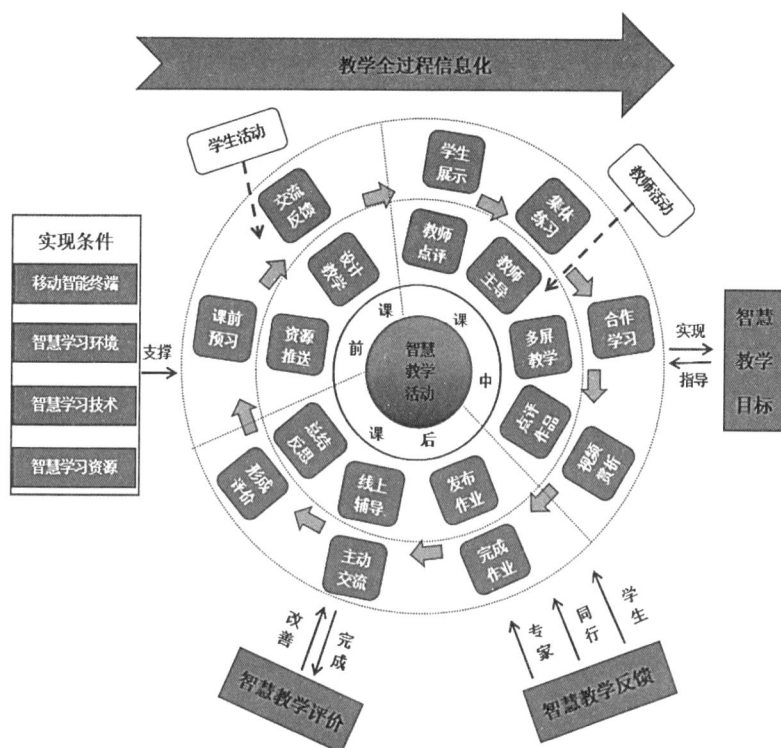

图 3-3 大学体育只会课程教学模式设计及其流程图

1.课前资源推送，数据反馈

大数据时代，教师将教学视频通过网络教学平台发布给学生，学生通过预习视频资源对所学动作进行初步模仿学习，并通过提问的方式将学习过程中遇到的问题及时反馈给教师。平台对学生学习数据进行处理，以直观图表等形式展现在教师面前，教师通过学生课前的预习情况以及反馈信息进行备课，改变以往教师按照经验进行教学的现状，做到真正的"以人为本，关注学生"。

2.课中师生互动，多屏教学

传统课堂主要是以教师讲解示范，学生模仿练习为主。教师在课堂中占据了主导地位，学生被当成了储存知识的容器，被动地进行学习。教师与学生之间，以及学生与学生之间缺乏充分的互动和交流，学生的学习积极性低，缺乏主动性。在体育课堂教学中，首先，面对的学生体育水平参差不齐，有些领悟能力强的学生很快就可以掌握，而有些身体协调性较差的同学需要很长的时间才能够掌握动作，教师在课中不能够做到关注所有学生。这样就导致了高水平学生很快学会，学不到更多的知识，而掌握较慢的同学则会慢慢觉得太难而对学习失去信心。其次，大部分学生面对教师提问都还比较害羞或者害怕回答错误。因此，每次教师在课堂中提出问题时，都只有课堂中稍微活跃一点的学生进行回答。教师很难了解是否所有学生都明白了。

为了克服这些现象，在智慧课堂教学中，教师通过智能手机向学生发送问题，学生根据自己的想法进行回答，这样教师可以全面了解每一位学生的想法，真正做到师生双向互动。同时在课中组织学生互帮互助，将学生进行分组练习，利用智能手机录制动作视频进行强化练习，以提升动作技能。教师还可以将动作较好的学生的视频作品放于平台上供全体学生进行学习参考。从而形成丰富多彩的课堂效果，师生之间形成立体互动，持续进行沟通，让每一位学生都有所收获，激发求知欲、启发创新思维，达到锻炼效果。

3.课后交流辅导，兼顾差异

如果在课中教师与学生缺乏有效的互动，那么在课后互动更无从谈起。

传统体育课结束之后，教师一般都会让学生在课下自主进行复习，但是由于以下原因他们的课后复习情况效果不明显。第一，课下缺乏教师的有效指点。他们在课下有些动作一时想不起来，缺乏与老师和同学沟通的手段，同时也没有教师提供的相关资料进行复习，所以，只能停止复习。第二，没有任务驱动的学习方式。体育课留下的作业基本都是让学生自主复习，学生是否真的进行复习了教师并不了解，这导致很多学生直接把老师说要复习的事情当作耳旁风，听完后课下根本就不进行相应的巩固。

在信息技术的支持下，学生与教师、学生与学生之间的交流互动不受限制，课下学生之间还可以互相邀约一起练习，提高学习的乐趣。同时教师布置作业需要学生通过平台进行提交，给学生以实际任务的作业，这样可以保证每一位学生进行课下复习，教师通过学生提交的作业了解学生的学习状态和能力，做到兼顾学生个体差异，同时可以给教师课中教学内容的选择提供参考，形成一个良性的智慧教学循环模式。

（三）智慧教学评价

从评价主体看，智慧教学评价包括教师评价和学生评价两个部分，是在教学目标的指导下，对课堂教学的直观表述。包括教师通过分析教学过程中所产生的相关数据和信息，对教学情况、学生学习态度、行为习惯等做出价值判断的过程，以及学生通过对教师的教学和自身学习状态的评价过程。

从评价内容看，智慧教学评价又包括两个部分的内容：一是线上直观数据评价，学生进行在线学习的过程中，在网络教学平台上所留下的学习痕迹（学习行为、学习偏好、学习习惯等数据），这些数据可以说是每个学生的信息资产，是进行在线学习评价的重要依据。二是线下实体评价，指的是对学生在实体课堂中的学习行为和教师教学等方面做出的评价。包括对教师讲授、小组交流合作解决问题情况、问题的探索、动作技能展示等一系列学习活动的评价。

（四）智慧教学反馈

1.学生反馈

在教学过程中，学生作为教学活动的对象，是有效开展教学的重要因素。虽然每个年龄段都有着特性，教师可以根据学生的整体特性去安排教学。同时，每一位学生又都是独立的个体。因此，通过获得学生的反馈，了解每一位学生的内心想法和学习需求，考虑学生的个体差异性，并对课程内容与方法进行适当的调整，能够有效地提高教学效率，达到事半功倍的效果。

2.同行反馈

课堂教学的实施离不开同行教师的信息反馈，他们通过亲身授课，能够清楚地感受整个教学过程。因此，同行教师给予的信息反馈是最直接的外部反馈。

同行教师以旁观者的角度来考虑教学过程，并进行反思。与授课教师进行思想上的交流碰撞一起发现问题、思考问题、解决问题，促进教师之间的交流互动，并以一种轻松的方式改善教学，提升教师的教学水平。

3.专家反馈

专家作为熟悉信息化教学的专业人士，他们对信息化教学有着独到的见解，通过长期进行信息化教学，他们能快速地发现教学中的问题所在，并给出相应的改进意见或建议。在体育智慧教学模式的探索阶段，专家给出的反馈信息，能够帮助教师改进教学方法，提高教学效果。

（五）教学全过程信息化

智慧教学模式是以新一代信息技术为支撑，使整个教学过程融入信息化的一种课堂教学模式。

信息化贯穿大学体育智慧教学模式设计的始终，即体育智慧教学模式的理论基础包含了信息化要素；体育智慧教学模式的实现条件包含了移动智能终端设备、网络学习环境、线上学习资源以及大数据处理等新一代信息技术。所以，在教学模式的实现条件上也全部运用了信息化手段；智慧教学目标中包含了让学生在学习过程中能够学会运用网络资源进行学习，有效实现智慧教学目标；在智慧教学过程的课前、课中、课后运用信息技术手段与方法进行教学，实现整个教学流程的信息化；智慧教学评价中教师的评价和学生的评价也是通过信息化手段来实现，网络教学平台方便了学生与教师之间的交流互动，使得教学评价信息化变成可能；学生、同行、专家的信息反馈除现场面对面交流之外，还采用信息化手段来实现教学信息反馈，进而实现教学反馈信息化。

综上所述，大学体育智慧教学模式设计与实施全过程均实现了信息化。

第五节　线上线下混合式教学模式在大学体育教学中的应用研究

一、线上线下混合式教学的概念

关于线上线下混合式教学，其本质就是现阶段在混合式教学的基础上针对教学特点进行的补充。何克抗教授指出："混合学习就是把传统学习方式的优势与网络化学习优势相结合，不仅要充分发挥教师引导、启发、监控教学过程的主导作用，还要充分体现出学生作为学习过程主体的主动性、积极性与创造性。"①

其中线上教学是基于网络教学平台与课程教学相融合；线下教学是在传统课堂的基础上，采用师生面对面实时交流与讨论的一种教学方式。线上线下混合式教学与网络远程教学有区别，也和纯粹的面授不一样，它的显著特征是线上线下两种学习途径在看似分离的时间和空间下是融为一体的，是在线远程教育与线下面对面教学的相互配合、相互连接，在课时分配、课程内容编排、师生角色、考核方式等方面都有新的要求。

线上线下混合式教学在我国发展较晚，相关理论和实践并未完善，暂时还没有形成统一的概念。但共同之处都将线上线下混合式教学看作教师和学生两大主体，通过在线教学与传统教学相结合的方式，教师发挥主导作用，充分引导学生进行主动和个性化学习。此时可以归纳理解为：①线上线下混合式教学不是单纯的线上教学或线下教学；②两者是相互融合、紧密联系的；③与传统的"灌输式"教学相比，该教学模式不受时间、地点和空间的限制，在知识获取方面更加方便快捷；④对教师的教学能力和学生的学习能力都提出了更高的要求。

为了使线上线下混合式教学更好地应用于本研究，本书将其定义为，是将线上教学与线下教学两者优势相结合，在整个教学活动中，以学生为主体，教师积极引导学生进行主动思考和创造性学习的一种教学方式。

二、线上线下混合式教学在大学体育中的必然价值

在传统的体育教学中，注重以教师为主体展开教学，从而忽视了学生的主动性、创造性，学生在学习过程中处于被动状态。随着教育信息化的深入推进，如何充分有效地整合传统教学环境和网络学习资源，从而优化教学设计、改进评价方式和提升教学质量，是当前大学教学改革的一个重要研究课题。

《教育部关于中央部门所属大学深化教育教学改革的指导意见》文件中指出："创新在线课程共享与应用模式，推动优质大规模在线开放课程共享、不同类型

---

① 何克抗.从 Blending Learning 看教育技术理论的新发展 (上)[J].电化教育研究，2004(03):1-6.

大学小规模定制在线课程应用、校内校际线上线下混合式教学，推进以学生为中心的教与学方式方法变革。"文件中提及的线上线下混合式教学，不是单纯的线上教学或线下教学，而是利用信息网络技术，通过在线网络教学和面对面教学两者相结合的一种教学方式。该教学具有丰富的教学资源、便捷的教学方式和有效的交流互动等特点，从而获得人们的青睐。它不仅有助于发挥体育专业教学技术＋理论的特点，还可以促进学生技术的学习更加科学，理论的获取更加有效。由此可以看出，教育部和各大学对线上线下混合式教学的重视程度显著提高，传统体育教学已经无法适应当前大学体育的发展，故展开线上线下混合式教学在大学体育专业课程中的调查和研究势在必行。

三、大学体育线上线下混合式教学模式的特征

（一）教学平台二元化

教学平台的二元化指的是在整体体育教学过程中会在两个场景下进行，第一个是线上的网络教学平台；第二个是线下体育课堂。传统线下的体育教学以教师作为主导，以体育课堂作为整体核心，学生对于技能、理论的学习仅局限于每学期固定的学时，这样的方式局限了学生学习的范围。而线上教学的开放使得学生提升了学生学习的广度与深度。线上线下混合式教学模式不能只是单纯挖掘、发展各自平台的教学手段，而是要探究线上线下教学如何联动，避免出现线上讲理论、线下运动实践的割裂。

（二）教学形式灵活化

混合式教学模式的特点在于在传统教学模式的基础上增添了线上学习，而线上学习的特点在于不受时间、地域等客观因素的限制，在教学过程中，教师能够根据客观条件来制定效率更高、内容更加充实的教学方案。

（三）学生学习自主化

体育混合式教学模式需要充分发挥学生的自主学习能力，同时也更加重视课外教学的延展性，学生需要根据自己的时间与空间来掌握学习的进度；在线下课

堂中更注重教师与学生、学生与学生的交流，充分利用有限的课堂时间。

四、线上线下混合式教学模式在大学体育教学中的应用

（一）线上教学平台与综合教学管理系统的建立

线上教学平台与综合教学管理平台的建设是大学体育线上线下混合式教学模式实现的技术基础。利用信息技术，为大学体育课程线上资源共享平台的建设做出贡献，是大学体育课程教学改革的必然发展方向，也是大学体育课程的创新和改革。大学体育线上教学平台和综合教学管理平台的建立，不仅是对彻底履行高等教学科学发展观和高等教学质量工程的高度解释和集中表现，而且是大学体育教师充分发挥文化地缘等优势，开拓大学信息化应用和发展模式，为整个社会服务进行新的探索和尝试。

1. 对现有线上教学平台的分析

2020 年，教育部发布的《教育部关于 2020 年春季学期延期开学的通知》，鼓励各地大学推迟开学时间，各地区大学相互交流、相互学习，建立线上教学资源平台为学生提供学习支持，以达到"停课不停教、停课不停学"的目的，在这样的大环境下，许多线上教学平台在这个时期陆续被大规模使用，其中最具代表性的有超星平台、雨课堂、中国大学 mooc、腾讯会议与钉钉直播。

现有的线上教学平台大致分为两种，一是以中国大学 mooc 为代表的线上平台，主要是在平台上上传教学资源，课堂上学生自己学习，学习结束后教师统一答疑，作业或考试上传到平台由学生自己根据自己的安排完成。这种方式的特点是重视线上异步教学和非当面同步教学。在课程中，教师与学生的交流比较少，学生对于学习的参与感比较薄弱。而对于重视学生自身实践与体验的大学体育课程，此种教学方式并不能胜任所有的教学工作；与此同时，这种教学方式对学生的自我控制能力要求较高，要求学生主动参与课程学习，课后积极参与讨论，对线上教学管理要求较高，需要完善的线上教学管理系统，对学生的学习状态进行有效监督。

另外一个是以腾讯会议为代表，以面对影像作为教学媒介的授课形式，在这

种平台上进行的教学形式与线下过程相似，与第一种平台相比，教师和学生之间的交流更加便利。其特点是重视教师和学生在线上进行一对多的同步学习，教学方法、课程内容较为灵活，但由于现已普及的信息技术功能的限制，对于学生的空间限制较大，无法使学生完成需要及时传递信息给教师的身体大幅度运动的教学内容，限制了体育技术动作与运动体验的教学。

这两种线上教学平台都有自己的优劣势，但都有个共同点，就是无法担任起完整大学体育课程的教学责任，同时这两种教学平台也有着显著的差异，主要体现在教师与学生在教学的同步与异步上，然而这两种教学平台都有着自己独特的优势。因此，在综合性线上教学平台的建设中，要兼顾这两类线上平台的特点，不仅建立线上同步的体育教学直播间，也需要建立线上课程资源库，以满足课程的不同需求。同时，这两种线上教学方式都缺乏对学生学习情况、教学评价、课程进度的管理，使得教学质量无法得到良好的保证。因此，在线上教学平台建设中，发展教学技术的同时，也要重视管理，充分发挥线上教学为教学所带来的优势。

2. 建立统一的大学体育教学平台

建立统一的大学体育在线教学平台是实施大学体育混合式教学的物质基础。其优势在于，第一，统一的线上教学平台有助于提高现任教师的混合式教学工作水平；第二，有助于教师之间的交流；第三，有助于新课程标准的顺利执行；第四，有助于提高社会人口体育文化的素养。其实现途径是：

（1）建立统一的教学平台，需要在教育主管部门牵头下，各地大学组成体育教学的全国大联盟与区域性的小联盟。由于大学体育课程的开展受地域、经济发展、文化传统、学校类型等因素的限制，不同的区域存在独特的传统民族体育项目，例如北方地区有着天然的冰上项目"教室"。所以建立全国的大学体育教学联盟可以加强不同区域的体育交流，使学生能够拓宽知识面，丰富学习内容，且异地的教学交流可以淡化教学界的"近亲繁殖"，打破地区所存在对于体育教学的刻板印象。区域性的大学体育教学联盟的建设可加强同区域不同大学的教学交流，强化体育教学品质。在此基础上吸引更多大学加入教学联盟，最终达到"全国一盘棋"的教学格局。

（2）建立线上教学平台对社会的开放学习系统。大学体育课程网络资源教学平台对社会开放有助于发展人民的总体体育素养，使所有人都可以享受优质的体育教学资源。线上教学平台不仅是供大学之间相互学习、相互借鉴，也应该对社会全方位开放，在此过程中不仅为人民提供了社会发展红利，通过社会信息的反馈可以帮助大学体育课程网络资源共享平台提高质量。

（3）建立相对合理的、统一的课程管理体系的标准。建立统一的标准是教学资源共享的前提准备，在教师在岗培训和新进教师培训时，集中一个平台进行业务技能培训，有助于提高教师的学习效率，降低学习成本，同时也避免出现同一课堂上对于不同学生的不同管理标准与评价标准而带来的教学混乱。

（4）建立教师之间的线上交流网络系统。不同大学的体育课程的开展有着不同的特点，这就导致了教师之间的差异，教师需要通过相互间不断的交流来丰富自己的教学能力，同时教师会通过教学实践不断积累教学经验，这些经验包括对于课堂内容的把握、教学方法的使用、与学生沟通的技巧等，而随着经验丰富的老教师的退休，很多优质的教学经验并没有流传下来，这无疑是对人力资源的浪费，所以建立教师线上交流网络系统既可以帮助教师的相互交流，也可以帮助老教师的教学经验能够得到有效的利用，以帮助教师教学水平的提高。

3.建立高效教学管理平台

（1）建立学生画像系统，根据不同学生群体特点，制定不同层次的体育教学计划。以人为本，在尊重、关怀、理解人的基础上，以服务的理念来制定教学管理方式和手段。大学对于人才的培养是否能满足受教育者的需求，重要的是受教学者的学习体验，教学管理只有做到"以人为本"，才能将管理目标从对学生进行控制转变为向学生服务。对于身体素质和行为习惯不同的学生和具有不同教学水平认知学生，教学管理工作应体现层次差异，需要通过线上平台技术进行学生档案的全面分析，以制定不同层次的学习制度来适应不同学生群体。同时，大学学生的学习需求也在逐渐变得复杂化、多样化，教学管理者也需要及时听取学生的建议，并站在学生的角度上出发，制定体育教学计划。

（2）建立意见反馈平台，多方共同建设良好的教学环境。以教育管理组织作为基础，充分考虑教师与学生的意见。现如今已经进入普及化阶段，大学学生对大学教学的要求也日益提高，传统的教学广泛共识会有所不同，学生的新需求与传统大学教学意识就会产生冲突。大学教学管理要尊重学生的意见，需要教学管理人员、教师、学生共同建设大学教学模式，以实现高等教学质量的共同管理，共同处理现存矛盾。

大学生作为大学教学的消费者，在接受高等教学的过程中，有权明确自己的需求，对教学管理提出建议和要求。因此，在教学计划管理方面，教学管理者应给予大学学生管理权利，综合接受学生的意见，满足学生的需求，提高教学管理的科学性和有效性。在教学运营管理方面，受到学生的监督和批评，定期进行管理满意度调查，深入了解所有学生对现有的教学运营管理体制的建议，并进行相应的规划和改善，以提高管理水平。在教学质量管理方面，应逐步建立学生参与学校教学质量保障活动的有效机制，积极接受学生的反馈和建议。另一方面，通过第三方评价机构，可以提高教学质量评价的专业水平和公信力。大学教师是主要的教学体验者之一，具有"教学、育人、管理"等多种作用，对教学相关的各种因素的理解、对大学学生特点的认识等都比远离教学的管理者更为深刻。因此，教学管理者要发挥教师的"智囊"作用，使这部分团队充分参与教学管理，才能真正提高管理能力，提高教学质量。

（3）以线上平台为基础，建立线上线下综合教学管理平台。线上教学与线下教学通过信息技术突破了时间和空间限制，在一定程度上扩大了学生的学习自由。在这样的背景下，教学管理不能只是针对线上或是线下，单一的教学管理会使线上与线下教学分裂，使一门课程分裂为两门课程，这样不仅不能提高学生的学习效率，反而会使教学质量大打折扣，所以我们需要建立一个兼顾线上教学与线下教学的综合平台，并对教师教学、学生学习进行全面管理。首先，各教学管理机构应根据自身情况提出合理的提案和对策，以此为基础，形成符合学校实际情况的政策规划，确保线上教学与线下教学相互切换的稳定性和连续性；其次，要以线上平台作为综合管理平台的载体，充分利用线上平台数据处理、传输的快捷性，实现线上、线下教学数据同步传输，并对在教学过程中所产生的教学数据进行及时反馈，对教学中所出现的问题进行及时解决；第三，要规范信息教学资源，大学要建立功能完善的教学资源中心，不仅是向学生提供优质的线上学习资源，也要为教师提供有效的线上、线下教学资源，同时，加强对国家级、省级和学校级资源共享平台的利用，实现独立研发创新；第四，加强信息技术基础设施建设，使线下课程中教师与学生在教学过程中产生的数据能够高效地向线上传输，使线下的教学与学习的成果可视化；第五，要便于教师与学生的使用，线上管理平台从本质来说是服务于教师与学生，所以在管理系统设计时一定要使界面能够简明易懂，让教师与学生能够尽可能简易地进行操作；最后，要建立教师与学生的及时反馈系统，使教师与学生参与评估，充分考虑教师与学生对于教学实践的意见，使他们也共同参与到教学管理的工作中来，以保障线上线下混合式教学的可持续发展。

（二）根据大学体育课程特点分配好教学内容

现代体育教学界提出体育核心素养的三个维度包括运动能力、健康行为与体育品德，体现了现代高校体育教学目标的多元化。其中运动能力的学习领域是体育课程内容的基础领域，同时运动能力的学习领域是实现其他两个维度目标的载体。

体育课程离开了运动能力的学习，其他领域的目标将会变得无意义，会失去体育课程本身的特性。线上教学与线下教学的结合作为混合式教学的本质特点，如果只是进行线上教理论，线下教实践的划分，必定会导致线上课程与线下课程的割裂，所以在设计教学内容时必须对所教授的课程内容进行全面评估，将课程内容放在合适的位置。于是笔者通过将线上线下混合教学分为 4 种课时（如图 3-4 所示），分别为"线上同步教学""线下同步教学""线上异步教学"与"线下异步教学"，通过分析各种课时的特点，来探究如何优化高校体育混合式教学内容的合理分配。

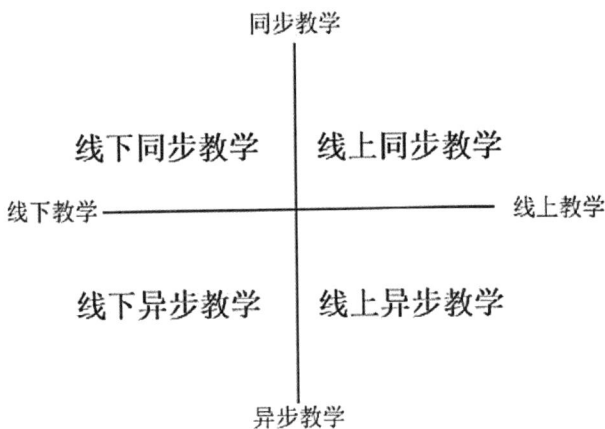

图 3-4 线上线下混合式体育教学的四种课时图

1.线上同步教学

线上同步教学采用网络视频系统的方式来进行，其优势在于便于文字信息与视图信息的传递，可以从客观角度上对运动能力、健康行为与体育品德进行学习与讨论，同时也便于学生从宏观角度上了解运动项目。其在高校体育线上线下混合式教学中发展的路径为：

第一，教师通过与学生共同鉴赏体育赛事，分享运动员事迹，来培养学生的体育品德与健康行为认知能力。例如西南交通大学在中国大学 MOOC 中发布的"奥运裁判带你鉴赏赛事"课程，该课程通过鉴赏赛事，以中国女排作为讲点，来向学生传递爱国主义精神、团队协作精神与艰苦奋斗精神，以传统民族运动——太极、龙舟为讲点向学生传递对于传统体育之美。作为让学生体验体育之美，感悟无私奉献、团结、宽容、诚实等体育精神，体味中国民族传统体育和西方体育的思想精髓，从认知上感染和影响学生，促进其心理健康，健全其人格，让其充分享受体育之乐，从而从思想上让学生树立终身锻炼的意识，进而促进学生的身体、心理和思想的素质，改变同学们对体育的认知。通过比赛的视频与教师的讲解，使学生对于体育精神的体会更加深刻，让学生明白我们为什么要参加体育活动以及体育活动能够为我们带来什么，以此来提升学生的运动兴趣，增强学生参与体育活动的积极性，塑造学生终身体育的健康观念。

第二，教师通过对于运动项目的技术动作与运动实践的讲解，来发展学生的运动能力。由于现有的、已普及的互联网技术的限制，线上视频课程对于三维空间中身体运动轨迹的信息传递效率会低于线下教学，所以在混合式教学模式中，线上同步教学在运动能力的培养中不能取代线下教学中的技术动作的培养，不能作为主要教学方式来进行，但也不能否定线上同步教学对于体育教学作用，在线下进行运动能力前，运动项目的讲解可以作为课前的初步学习，以此来提高学生的学习热情与使学生提前形成动作的视觉印象，为线下课程做好铺垫；在线下进行运动能力后，为学生讲解动作体系，促进学生固化运动能力的认知。

第三，教师通过网络视频与对于运动健康知识的讲解，向学生传授如何通过运动的方式来保持身体健康以及预防运动损伤的发生。教学内容注重于学生生活经验联结，强调教师与学生、学生与学生的线上交流，教学方法主要通过互动与反思，使学生能够自主地深度学习，从而培养学生的健康行为。这里所说的生活经验是指学生的体育课程学习经验、线下运动参与经验，这种经验是通过较长时间的学习和活动体验累积而成的。

2.线上异步教学

线上异步教学是指师生在分离的教学时空下，利用线上学习平台、互动学习工具等信息技术开展的教学活动。其在高校线上线下体育混合式教学中发展的路径为：

第一，由于线上课程中，教学信息可留存的特点，学生可以通过线上学习平台观看教师录制好的或其他的优质教学资源的视频，对于已经结束的同步课程进行查漏补缺，并且对已经学习的课程内容进行巩固，根据运动能力的发展规律，运动能力在进入自动化阶段以前，容易产生动作变形等问题，需要不断去进行训练与调整动作来避免这样的情况发生，而线上异步课程可以为运动能力的巩固提供一个良好的视频指导。

第二，通过浏览体育教学拓展资源、查阅相关资料，充分发挥学生的主观能动性，使学生能够根据自身需求进行自我学习，满足其个性的发展。例如四川师范大学在中国大学 MOOC 发布的"大众游泳"课程，课程致力于将教学覆盖内容全面，贴近日常生活课程从入门基本姿势、熟悉水性逐步深入，不仅对蛙泳、自由泳、仰泳等姿势进行了教学演示，还对社会上流行的潜水、水球、水中健身、水中康复、水下曲棍球、水上皮划艇、水上龙舟、尾波冲浪、花样游泳、铁人三项和婴儿游泳等项目进行了专业的介绍，并且对运动中怎样防护、怎样自救或者救护他人，以及营养健康都有专业介绍。教学视频中，所有拍摄的内容都是邀请专业人士进行演示示范，展示全面的细节，能够帮助学习者养成良好运动习惯。教学团队经验丰富，在合适的时间组织线上互动答疑活动。从这门课程可以看出，线上体育教学对于整体内容的把控偏重于对于体育精神的传递、体育美学的欣赏、锻炼意识的加强、体育认知的清晰、健康知识的教导等便于抽象理解的教学内容，对于运动能力分为三个部分，第一部分是对技术动作的讲解与分析，使学生能够大致建立起动作的知识体系，为线下教学起到了课前预习的作用，例如在游泳教学中爬泳换气的陆上模拟练习，可以在一定程度上提高线下课堂中水下教学的效率；第二部分是对于线下体育教学的补充，根据教育部规定，大学生高校体育课需要在 144 个课时中掌握至少两项运动技能，由于每个学生的学习速度不一致，导致部分学生"刚刚吃饱"，而有些学生"吃不饱"，线上体育教学可以作为这些"吃不饱"的学生提供拔高技术动作的途径，对"刚刚吃饱"的学生提供巩固技术动作的途径。第三部分，是加强所有学生的实地参与感，提升对体育精神的体验，提升体育对人精神上的正向干预作用。

第三，教师则可通过线上学习平台或互动学习工具完成发布资源、作业批改和错题分析等教学活动，并参与到学生之间的互动交流、提交学习成果，自主练习和分享学习感悟等学习活动。

3. 线下同步教学

线下同步教学是高校体育混合式教学模式的重要组成部分，其开展形式与传统线下教学相似，但又不能等同于线下教学，其最主要的区别就在于线下同步教学需要与线上教学接轨，分别从三个方面进行。

第一，运动能力方面，线下同步教学需要在线上同步教学的初步学习的基础上进行，所以需要缩短教师的示范、讲解时间，增加学生练习、实践时间与师生交流时间，课堂交流包括教师与学生交流的主要目的在于通过教师纠错，优化学生技术动作，让学生用身体去体验运动技术，体育与其他学科有所不同，其极大程度地需要个人的主观感受来引导学生学习，只是单纯的线上学习必定会导致学生出现"一看就会，一做就忘"的现象。

第二，运动品德方面，体育品德包括体育兴趣、健康文明的生活方式、体育道德与体育精神等因素，这些在理论学习的基础上，更需要学生通过参与、体验体育互动活动，来获得切身的体会，例如素质拓展中信任背摔在实践中可以使学生体会到我对同伴、同伴对我的信任，让学生明白，当你对他人或是对你所在的团队付出了，也会得到他们的支持，同时也促使学生明白换位思考的重要性。这些都是只有在实践中才能收获到的知识。

第三，健康行为方面，在线下同步教学过程中，教师在运动能力教学的同时，也需要对常见的运动损伤的预防进行讲授，在实践中学生能够更直接地感受到保护的重要性，树立正确的运动安全观念。例如在游泳课程中，教师会通过讲解与引导学生实践来教授心肺复苏等重要的水上急救技术，这类实操性的运动损伤预防以及应急处理技术在线下的实际操作可以提高学生的学习质量，使学生更加熟练掌握此项技能。

4.线下异步教学

线下异步教学是发展学生个性、组织学生参与运动实践的主要形式。是指课后学生的体育参与，将所学习的知识、技能运用到实践当中，它包括了课后作业、组织校园体育赛事等，其在高校线上线下体育混合式教学中发展的路径为：

第一，运动能力方面，学生根据自己的兴趣与能力，充分使用课程中学的知识与技能，积极参与到实践当中。实践包括了学生自发参加的体育活动和教学者引导的体育活动。这些活动可以使学生充分发挥个性，根据自己的兴趣与能力，选择自己想要参加的活动。活动的开展需要学校拥有完善的体育设施，为学生提供足够的场地进行活动，也需要校方加大校园体院赛事体系的构建，搭建足够的舞台给学生展示学习成果的机会。

第二，运动品德方面，要求学生在运动实践中充分体会体育的乐趣，其主要方式与培养运动能力相似，在运动实践中充分体验体育的乐趣与责任。

第三，健康行为方面，使学生能够将理论联系实际，把学习到的健康知识充分运用到生活当中，为学生养成良好的运动习惯、培育强健的体魄与保持健康的心理夯实基础。

5. 全面评估课程特性

高校体育课程有不同的种类，有以运动能力为主导的教学目标的过程。例如，三大球、三小球此类的技能主导类体育课程的教学过程中，由于其特点在于重视运动功能的学习和身体素质的训练，在教学过程中需要学生自己的体验和与实践，也需要教师对动作细节的矫正，因此这一过程对线下与同步的教学的需求更多，同时要充分发挥线上教学的预习与扩充知识的作用，使得线上学习与线下学习能够平顺地过渡；以体育文化、健康知识等作为主导的课程，在教学过程教师可以通过线上同时授课的时间播放体育比赛视频，讲授体育知识，并在线下的课程中充分利用线上所教授的内容，让学生能有更多的时间去体验体育所带来的享受。总而言之就是要充分评估课程特点，分配好线上、线下教学中所需要教学的课程内容，并做好线上与线下的衔接工作，使线上与线下课程相互补充、相互促进。

（三）加强教师与课程支持团队的培养

1. 进行全面的教师培训

当前的教师培训领域已有一些创新的培训模式，包括名师工作坊、影子校长、翻转课堂、任务驱动、"互联网+"校本研修等。教育部教师工作司特别发布的《中小学幼儿园教师在线培训实施指南》也值得高校教师借鉴，该指南强调要"在网络技术与相关教育教学实践不断发展的背景下，梳理各种线上教学的方式方法，不断优化线上培训模式，适应教师在不同教学场景、不同阶段的专业发展需求"，体现出了教师的培训工作需要顺应时代的发展，充分体现了在信息化时代中，创新型教师培训模式的重要性，在这个时代，教师的线上培训模式会有更大的利用空间。但总结来说无论采用哪种教师培训模式，都需要从以下四个关键要素出发：

（1）应用目标：在使用创新的教师培训模式时，应该从实际出发，将发展学生运动能力、健康行为与体育品德作为出发点，充分利用教学资源，从线上与线下两个方面对学生进行全面的教学干预。

（2）真实场景：发展教师的业务能力，需要从教学实践中、教研活动中学习。从各国教师专业发展模式来看，组织教师集中学习是一个大的趋势，例如美国所推行的"教师专业发展学校"，英国的"以中小学为基地的校本培训"等。在集中学习的模式下，教师可以在真实的教学场景下，进一步提高教学实践与教学管理的认识，并提高线上线下教学技能的应用能力。

（3）适合性资源：对于教师培训的教学资源需要满足教师的教学能力水平与专业学习需求，对不同的教师提供个性化的学习资源。为了满足教师的个性化要求，这些资源必须符合结构性倾向强、简单、适用、可转移、易于推进的原则。

（4）正确评价：随着大数据和分析技术的发展，对于教师的评价应当从模糊提高到精准，从片面到全面的水平。例如，以前对教师的教学进行评价时，大部分都是从整节课的角度来进行评价，而在信息化技术作为支撑的背景下，将评价细分到每一分钟甚至每一秒钟，这种方式有利于教学过程中教师处理各种教学细节能力的提升。在集中教师能力培训的过程中，也能够产生教师的各种教学信息，从而为构建教师全面的信息档案提供有效的素材。

3.建立强大的课程支持团队

课程支持团队应该包括课程开发团队与教学助理团队。优秀的线上线下混合式体育课程开发团队是创造优质、高效课程的重要保障。课程开发组的建设应该由学校统一规划，体育教研组作为主导，根据本校体育教学的实际需要，通过对国内外先进的体育线上和线下教学经验的学习，并结合学生的教学反馈，不断对高校体育线上线下混合式教学课程进行革新，使得课程始终保持活力，提高教学对学生的体育核心素养的强化效果。

教学助理团队的建设是决定混合式教学是否能良好运营的关键。教学助理团队的建设应该由学校统一规划，以教务处为主，由现代教学技术中心安排专人管理。教学助理团队的主要工作内容包括处理学生学习情况的综合反馈，并及时与课程开发团队和课程教师进行沟通；在综合教学平台中引导学生积极参与互动讨论，组织教师学生进行线上的答疑互动，为教师和学生提供良好教学环境，营造线上线下混合式教学氛围。

第四章 大学体育运动训练与体育竞赛研究

第一节 运动训练的基本原理与原则

一、运动训练的基本原理

(一)运动训练的运动学基础

运动学基础主要指的是运动技能的基础。所谓的运动技能是指人体在运动中掌握和有效地完成专门动作的能力,也就是在准确的时间和空间里大脑精确支配肌肉收缩的能力。提高运动技能依靠人们对人体机能客观规律的深刻认识和自觉运用。

1.人体运动系统的构成

(1)肌肉

肌肉组织主要由肌细胞组成,肌细胞为细长的细胞,故亦称肌纤维,是肌肉的基本结构和功能单位。每条肌纤维外面皆由一层薄的结缔组织膜包裹,称为肌内膜。数条肌纤维构成肌束,一个个的肌束表面也由肌束膜包裹。肌束再合成从外表看到的一块块肌肉,外面包以结缔组织膜,称为肌外膜。肌肉中,水分约占3/4,另外1/4为固体物质(如能量物质、蛋白质、酶等)。

人在参加运动的过程中,其动力是由骨骼肌不断地运动来提供的,骨骼肌在神经系统支配下,收缩牵动骨骼,维持人体处于某种姿势,或产生人体局部运动,最终促进机体完成运动所需的各种动作。人体内脏器官的活动也离不开相应的平滑肌和心肌的作用。

骨骼肌是指附着于骨骼上的肌肉，是肌肉的一种。骨骼肌在人体内分布广、数量多，是运动系统的主体部分。人体内约有 400 块大小不一的骨骼肌，约占体重的 36%~40%。成年男性约占 40%，成年女性约占 35%。可分为中间庞大的肌腹和两端没有收缩功能的肌腱，肌腱直接附着在骨骼上。骨骼肌收缩时通过肌腱牵动骨骼而产生运动。肌腱由排列紧密的胶原纤维束构成，肌腱内胶原纤维互相交织成辫子状的腱纤维束。肌腱的一端与肌内膜、肌束膜和肌外膜相连接；另一端与骨膜紧密结合。肌腱本身虽无收缩能力，但能承受很大的拉伸载荷，而肌腹的抗张力强度远远不及肌腱。

（2）骨骼

骨骼是由骨膜、骨质、骨髓及血管、神经所构成的，它以骨质为基础，表面被骨膜包裹，内部充满骨髓。骨是人体运动系统的重要组成部分，对运动员的运动训练起着至关重要的作用。但是骨的功能不仅仅体现在它的运动功能上，它还有支撑身体的功能、保护脏器的功能、造血的功能、运动的杠杆功能、储备微量元素的功能。

（3）关节

关节是骨与骨之间借助于结缔组织、软骨或骨的一种连接。借助它连接起全身的骨骼，从而对整个人体起到支撑和保护的作用，特别是人体的运动更加依赖关节的活动是否顺畅。

关节主要是由关节面、关节囊和关节腔所组成的，辅助以韧带、关节内软骨和关节唇等结构。根据关节运动轴的多少和关节面的形状等因素，可以将关节分为单轴关节、双轴关节和多轴关节三种形式。也可以根据两骨间连接组织的不同，将关节分为纤维性关节、软骨关节和滑膜关节。

2.运动过程中人体机能的变化

（1）比赛前后身体机能变化的基本过程

在运动训练的过程中，多重刺激源作用于运动员机体，引起各器官系统的机能发生一系列变化。依据机能表现形式，大致可分为赛前状态、进入工作状态、稳定状态、运动性疲劳和恢复过程五个阶段。

第一，赛前状态。运动员在训练前，某些器官、系统产生的一系列条件反射性变化称为赛前状态，赛前状态可出现在比赛前数天、数小时或数分钟。

第二，进入工作状态。在训练活动开始后，虽然经过了一定的准备活动适应，但是人体并不能立刻达到最高的水平，而是一个逐步提高和适应的过程，这一过程被称为进入工作状态，其实质就是人体机能的动员。

第三，稳定状态。当机体逐渐适应比赛时，则进入稳定状态，这时，人体的机能活动在一段时间内保持在一个较高的变动范围。

第四，运动性疲劳。机体在运动过程中会产生一定的运动能力暂时下降的现象，一般称之为运动性疲劳。该现象是由运动训练负荷引起的一种正常的生理现象。适度的疲劳可以刺激机能水平不断提高，但发展到一定程度时就会出现过度疲劳，可能会造成机体损伤以致损害健康。

第五，恢复过程。恢复是指人体在运动之后，人体的各项生理功能恢复、能源物质补充、代谢物排出等一系列变化。运动时体内代谢过程加强，不间断地代谢以满足运动时能源的补充需要，在运动中及运动停止后能源物质都在不断进行补充和恢复，只不过运动中的能量消耗大于补充，运动后的体内能量消耗慢而小于补充。

（2）一次训练中身体机能变化的基本过程

人在运动的过程中，运动训练负荷作为一种刺激，必然会引起各器官系统机能发生一系列应激性反应。在运动训练前后，这些反应可表现为耐受、疲劳、恢复和消退等不同阶段。

第一，耐受阶段。在运动训练开始阶段，人体的各项机能会在一定的水平上维持一段时间，并不会马上表现出衰减或降低，这一阶段称为"耐受阶段"。在这段时间内，由于机体已经从上次训练课中得到不同程度的恢复，会表现出比较稳定的工作能力，能高质量地完成各项训练任务。训练的主要任务正是在这个阶段完成的。

第二，疲劳阶段。在经过一定时间的运动训练负荷的刺激，人体会产生一定的疲劳状况，机能能力和效率都会逐渐下降。达到何种程度的疲劳深度，正是训练安排所要达到的目的。只有机体达到一定程度的疲劳，机体在恢复期才能发生结构与机能的重建，运动能力才能不断得到提高。

第三，恢复阶段。训练结束后，即进入了恢复阶段，机体开始补充所消耗的能源物质、修复和重建所受到的损伤并恢复紊乱的内环境。机体在恢复阶段恢复的速率，主要受两方面影响：一方面，身体的耐受阶段持续时间的长短，耐受阶段持续时间越长，则疲劳程度越深，恢复需要的时间就越长；另一方面，运动结束后能量的补充是否及时，能量补充越及时到位，则恢复的速度越快。运动时消耗的能源物质及各器官、系统的机能恢复超过原有的水平，称为超量恢复。运动训练本身就是在追求超量恢复。

第四，消退阶段。超量恢复不会一直持续，它会随着时间的进行而逐渐消失，而如果不及时在超量恢复的基础上施加新的刺激，已经形成的训练效果就可能会逐渐消退。

运动效果保持的时间和消退速率主要取决于超量恢复的程度，所出现的超量恢复现象越明显，保持的时间相对越长。因此，在安排运动训练的内容时，不仅应重视训练负荷安排的合理性，而且必须重视运动训练后的恢复，并在出现超量恢复后及时安排下一次训练。

3. 运动训练对人体运动系统的影响

经常参加运动训练对人体运动系统有着重要的影响，其影响主要表现在以下几个方面。

（1）运动训练对肌肉的影响

参加运动训练能够充分地发展骨骼肌，使其肌纤维增粗，肌肉的体积增大，肌肉力量增加。该项运动能够使肌纤维中线粒体数目增多，肌肉中脂肪减少，从而减少肌肉收缩时的摩擦，即肌内膜、肌束膜、肌腱和韧带中的细胞增殖、增厚、坚实、粗壮；肌肉内化学成分发生变化，如肌糖原、肌球蛋白、肌动蛋白和水分等含量都有增加，从而使 ATP 加速分解，与氧的结合能力增强，有利于肌肉收缩，表现出更大的力量；可使肌肉中毛细血管增多，改善骨骼肌的供血功能。因此，经常参加运动训练的人的肌肉会显得发达、结实、健壮、匀称有力，收缩力强，运动持续时间更长。

（2）运动训练对骨骼的影响

青少年新陈代谢旺盛，在这一时期进行合理的运动训练，对骨的生长和发育有着良好的作用。经常参加运动训练，可使骨表面的隆起更为显著，骨密质增厚，管状骨增粗。这一系列骨形态结构的改变，使骨的抗压、抗弯、抗折断和抗扭转等机械性能得到提高。骨的这种良好变化，与肌肉的牵拉作用有密切关系。肌肉力量的增加与骨量的增加有着显著相关性，且骨量增加部位与肌肉训练部位有关。当肌肉力量增大，肌肉收缩对骨骼产生的应力刺激可有效提高成骨细胞的活性。

（3）运动训练对关节的影响

定期适量的运动训练可以使骨关节面的密度增加，骨密质增厚，从而越发能够承受更大的运动训练负荷。由于运动训练项目不同，它对关节柔韧性所起到的作用也就不同。如乒乓球、羽毛球、篮球等项目，对于参与者的急转、急停能力的要求极高，这就需要参与者拥有良好的关节柔韧性。同时，关节的稳固性和灵活性又是一对矛盾，因为肌肉力量大，韧带、肌腱、关节囊就会增厚，这对关节稳固性和防止关节损伤有很大好处，但这样又势必会影响关节的灵活性。所以，在进行运动训练时，运动者要处理好关节的这对矛盾。

（二）运动训练的生理学基础

1.物质代谢

食物中包含多种营养素，人体从食物中摄取各种营养物质，经血液循环输送到各人体器官，通过相应的代谢为人体提供能量。糖、脂肪和蛋白质等营养物质经人体吸收后，人体的组织、细胞一方面通过合成、代谢构建和更新自身储存的能源物质，另一方面通过分解代谢（氧化分解）以产生能量。物质代谢又主要包括以下几种：

（1）脂肪代谢

脂肪分解代谢产生的能量是长时间中低强度运动的主要供能物质。人体的肌肉组织中储存着少量的脂肪，在运动时产生一定的能量。当脂肪的动用（氧化）增加时，血浆中的游离脂肪酸即透过肌细胞膜进入肌细胞被氧化，而脂肪组织则水解成甘油和脂肪酸进入血浆中，以补充被消耗的游离脂肪酸。因此，脂肪首先是在酶作用下水解成脂肪酸和甘油来释放能量的。

（2）糖类代谢

食物中的葡萄糖经消化吸收后，汇集于门静脉，经肝进入血液循环，其中大部分运到各组织合成为糖原和含糖化合物，其中最主要的是到肝中合成肝糖原储存，一部分转变为脂肪和氨基酸，血液中保留的一部分糖称为"血糖"，另一部分直接供组织氧化利用放出能量，同时产生 CO_2 和 H_2O 并将其排出体外。糖的氧化分解是供应人体活动所需能量的主要来源，全身各组织都能进行这一反应。糖的氧化分解包括无氧分解和有氧氧化两种主要方式，从本质上来讲，这两种形式是同一过程在两种情况下（缺氧与氧供应充足）的不同反应方式，其反应过程在前一阶段是完全相同的，差别是在丙酮酸产生以后。糖的无氧氧化产生乳酸；氧供应充足时，丙酮酸继续氧化生成 CO_2 和 H_2O，并释放出蕴藏在分子中的能量。

（3）蛋白质代谢

蛋白质是人体生命活动的重要组成部分，也是人体重要的能源物质之一，与机体运动之间存在非常紧密的联系。它在调节机体各种生理功能中起着不可替代的作用。一般来说，蛋白质不能直接提供人体运动所需的能量，为人体提供能量只是蛋白质的次要功能，只有在某些特殊情况下，如长期饥饿、疾病或体力极度消耗时，人体才会依靠蛋白质氧化供能。但蛋白质分解代谢过程中能产生许多物质，对糖和脂肪的供能有着重要的作用，同时，蛋白质的分解代谢和合成代谢平衡是维持人体生命活动的基础。蛋白质主要参与实现人体代谢更新，由于其主要由氨基酸组成，因此，其代谢过程是以氨基酸代谢为基础的。蛋白质的代谢需要很多激素参与调解，如肾上腺素和甲状腺素能促进蛋白质的分解，表现为甲亢时，甲状腺素分泌增加，人体蛋白质分解增加，人体逐渐消瘦；当生长激素分泌增加时，人体蛋白质合成增加，肌肉健壮。

2. 能量代谢

（1）人体物质能量储备

人体通过消化系统摄取必要的能量物质，这些物质在人体中通过生物氧化反应，分解成一些代谢物，同时释放出大量的能量，这些能量通常大部分以热能的形式释放于体外，还有一部分则转化为化学能，储存在一种称之为三磷酸腺苷（ATP）的高能磷酸键中，人体活动的直接能量就来源于三磷酸腺苷的分解，肌肉收缩需要 ATP 供能，消化管道的消化和吸收都需要 ATP 供能。ATP 的重新合成需要糖、脂肪和蛋白质的氧化分解供能。ATP 的再合成有多种途径，就其供能系统而言，主要有以下三种。

第一，磷酸原系统（三磷酸腺苷 - 磷酸肌酸，ATP-CP）。它是由细胞内的 ATP和 CP 这两种高能磷化物构成，具有供能绝对值不大、持续时间很短的特点。但是，它供能快速，因为 ATP 是体内唯一的直接能源，所以其能量输出功率最高。

第二，有氧氧化系统。它是指在氧供应充分的条件下，糖和脂肪完全分解生成二氧化碳和水，同时生成大量的能量，使 ADP 再合成 ATP。有氧氧化系统能生成丰富的 ATP，不生成乳酸之类导致疲劳的副产品，它是人进行长时间耐力活动的主要供能系统。

第三，乳酸能系统。乳酸能系统又称为无氧糖酵解系统。它的能量产生是靠肌糖原的无氧酵解，最后产生乳酸，而放出的能量由 ADP（二磷酸腺苷）接受，再合成 ATP，它是在机体处于缺氧的情况下的主要能量来源。乳酸能系统对人体进行能量供应，它的作用与磷酸原系统一样，能在暂时缺氧的情况下迅速供能。

在进行不同项目的训练时，运动者应根据自身的年龄、身体条件以及个人需要来选择适合的能量系统作为主导作用的运动项目，同时还要注意所选择的运动手段和项目的科学化。运动者除了选择有氧氧化系统的项目外，还可以适当选择乳酸能系统供能的项目，发展身体的无氧耐力。

（2）运动中三大供能系统活动的关系

在人体运动过程中，人体运动形式的不同，则其不同的能量代谢系统提供能量的能力和速率也会不同。磷酸原系统和乳酸能系统都供应能量，但 ATP 和磷酸肌酸的最终合成以及糖酵解产物乳酸的消除却要通过有氧氧化来实现。所以，肌肉活动所需能量的最终来源是糖和脂肪的有氧氧化。人体中磷酸原系统供能的绝对值不大，在运动中维持的时间也很短，但是能在短时间内快速作用。

总体来说，人体在运动过程中，各供能系统之间的关系与运动训练负荷的强度和持续时间密切相关。在 0~180 秒最大运动时，各供能代谢系统的基本活动主要表现为如下特点：在 1~3 秒的全力运动中，基本上由 ATP 提供能量；在完成 10 秒以内的全力运动时，磷酸原系统起主要供能作用；30~90 秒最大运动时以糖酵解供能为主；约为 2~3 分钟的运动，糖有氧氧化提供能量的比例增大；而超过 3 分钟的运动，则基本上是有氧氧化供能。

随着人体运动时间的延长，供能物质由以糖有氧氧化为主逐渐过渡到以脂肪氧化为主。总之，人体在运动中，并不是由一个供能系统完成供能的，在有一个主要的供能系统基础上，其他的供能系统也会参与其中，共同完成人体运动所需要的能量供应。每个供能系统都有其独特的特点和供能能力，供能系统不同，所需要的能源物质也不同，运动中的输出功率和供能时间也会有明显的差异。

3. 运动与呼吸

运动员在运动训练的过程中，机体与外界环境之间的气体交换称为呼吸。呼吸系统包括呼吸道和肺，而呼吸道是一系列呼吸器官的总称，这些器官包括鼻、咽喉、气管、支气管。人体的呼吸过程由外呼吸、内呼吸和气体运输三个环节构成。

呼吸系统是氧运输系统的重要组成部分，其主要机能是实现机体与外界环境的气体交换，以使血液中的氧分压、二氧化碳分压、酸碱度维持在正常生命活动所允许的范围之内。人体通过肺实现与外界气体的交换，通过血液实现气体的输送和排出。人体在运动时，机体代谢旺盛，所需氧量及二氧化碳排出量明显增加，呼吸系统加强，所以运动训练（特别是耐力训练）必将使呼吸系统的形态、机能产生适应性变化。

呼吸肌主要是膈肌和肋间外肌。当膈肌收缩时腹部随之起伏，肋间外肌收缩时胸壁随之起伏。因此，以膈肌运动为主的呼吸形式称腹式呼吸，以肋间外肌运动为主的呼吸运动称胸式呼吸。成人的呼吸一般都是混合式的。呼吸形式与年龄、生理状态、运动专项等因素有关。在进行运动训练时，要根据动作的特点灵活转变呼吸方式。

4. 运动与心率

心率是运动生理学中最常用而又简单易测的一项生理指标。在运动实践中常用心率来反映运动强度和运动训练对人体的影响，并用于运动员的自我监督或医务监督中。成年人静息时心率在 60~100 次 / 分，平均为 75 次 / 分，但随着年龄、性别、体能水平、训练水平和生理状况的不同而有所不同。

一般来说，人的心率会随着年龄的增长而有所减慢，至青春期时接近成年人的频率。在成年人中，女性心率比男性快 3~5 次 / 分。有良好训练经历或体能较好者心率较慢，尤其是优秀耐力运动员静息时心率常在 50 次 / 分以下。在运动的过程中，人的心率会逐渐加快，随着运动强度的增加，心率也会相应地增快，因此，心率也是判断运动训练负荷的一项简易的指标，能够在一定程度上反映运动员的体能水平以及运动训练的水平。

二、运动训练的原则

运动训练的原则是运动员参加运动训练需要遵循的基本准则。这些原则是在长期的运动训练实践中积累起来的具有普遍意义的概念总结和有关科学研究的成果，反映了运动训练的客观规律。运动训练中运动员如不遵循这些基本原则，盲目地进行训练，不仅不能促进身心全面发展，获得良好的训练效果，反而易引起运动损伤或者运动性疾病，损害健康。

为了科学地确立能够反映运动训练活动客观规律的训练原则，首先要正确认识和把握运动训练活动中，人体运动竞技能力的变化、提高与表现的规律。这些规律包括如下内容。

（1）人体的运动竞技能力是创造运动成绩的核心要素。

（2）人体的运动竞技能力是不断变化的。

（3）人体运动竞技能力的变化主要受着遗传、环境和运动训练三方面因素的影响，运动训练可使人体运动竞技能力产生明显的改变。

（4）外部施加的运动负荷可引起人体生理与心理系统产生积极的或消极的应激反应，人体有关系统的结构与功能相应地得到提高或者下降。

（5）在适宜的比赛环境中，运动员可高度动员其生理与心理系统，充分发挥和表现出在训练中已经获得的运动竞技能力。

（6）人体心理与生理系统在高度动员后，机体需要在必要的条件下进行调整与恢复。

依据运动训练规律确定运动训练的基本原则，用以指导我们的运动训练活动，就能够更好地对运动员的机体进行有效的改造，改进和提高运动员的竞技能力，并通过运动竞赛创造理想的运动成绩。

（一）竞技需要与区别对待训练原则

竞技需要与区别对待训练原则即指根据项目比赛的特点和提高运动员竞技能力及运动成绩的需要，从实战出发，科学安排训练的阶段划分及训练的内容、方法、手段和负荷等因素的训练原则。贯彻这一原则可使训练更好地结合专项的特点和专项竞技比赛的需要，提高运动训练的专项针对性、实战性和实效性，争取获得满意的竞技比赛成绩。贯彻竞技需要原则，需要注意以下几个方面。

第一，要围绕运动训练的基本目标，全面安排好训练和比赛。

第二，正确分析专项竞技能力的结构特点。每个运动项目由于其专项的特异性，决定了其竞技能力构成因素的差异性。对不同专项竞技特点和运动员竞技能力结构特点的分析，正是确定不同项目训练负荷内容的重要基础。

第三，科学诊断运动员个人特点，针对性地组织训练。负荷内容和手段的选择是由不同专项竞技能力的主要因素与运动员自身的具体情况决定的。要注意与运动员的个性发展相结合。

（二）动机激励原则

所谓动机激励原则，指的是促使在运动员以个体为主的运动训练过程中，更好地激励其培养具备良好的运动训练动机和行为,在完成训练任务的过程中更加积极主动的训练原则。在运动训练中,要通过各种合理的途径和方法激励运动员主动从事训练。

遵循动机激励原则就是要不断激励运动员的运动训练积极性和主动性,培养其自我调控能力、独立的思考能力以及创造能力。其有如下几个方面的具体要求。

第一,要满足运动员的基本生活需求。实践证明,人们只有在基本的物质得到一定的保障之后,才会进行更好层面的追求。所以,在运动训练中,运动员的物质生活需求要得到一定的保障,同时还要注意其人身安全等。只有这样,才能更好地引导其形成实现自我价值的更高层次的目标和追求,从而才能产生良好的运动训练动机。

第二,要对运动训练的目的性和运动员正确的价值观进行培养,使其逐步形成自觉从事运动训练的态度和动机,引导其从不同的角度和层次认识参与运动训练的意义和价值,培养其正确的价值观。

第三,在运动训练中,要以运动员为主体。这就要求教练员在对运动员进行运动训练时,必须注意以下几个方面:一是明确运动员的主体地位;二是要注意有意识地培养运动员独立思考的能力;三是要引导运动员提高和加强自我反馈的能力,培养运动员进行自我分析和评价的能力;四是在运动训练中,要选择科学的训练方式。对于过去那种简单、粗暴的"从严"训练方式,教练员要在正确认识和理解"从严"含义的同时,结合现代科学合理的方式对其进行调整和改变。

(三)适宜负荷与适时恢复训练原则

在训练过程中,要根据训练任务和运动员的现实可能,以及人体技能适应规律和提高运动员竞技能力的需要,科学合理地在各个训练环节中提高运动训练负荷量,直至达到最大负荷要求,负荷后及时消除运动员在训练中产生的疲劳,形成新的生物适应现象。这就是所谓的适宜负荷和适时恢复训练原则。因此,首先要以训练任务和对象水平及每个练习的目的、要求、负荷为主要依据来对运动训练负荷进行科学合理的安排。

运动员在训练中承受了一定的运动负荷后，必然会产生相应的训练效应。但并非只要施加了负荷，就一定会产生良好的训练效应。训练负荷的安排对训练效应的好坏有着重要的影响。机体对适宜的负荷会产生良性的适应；但如若负荷过小，则不能引起机体必要的应激反应；而在过度负荷作用下则会出现劣变反应。在运动员疲劳达到相应程度时，应依照训练的统一计划，适时安排必要的恢复性训练，采取有效的恢复措施，使运动员的机体得到充分的恢复和提高。

在运动训练过程中，疲劳的产生是必然的。适宜的运动训练负荷使得运动员机体发生相应程度的疲劳，适时地消除机体在训练负荷影响下产生的疲劳并促进机体的良性补偿使得运动员的竞技能力得到提高。负荷与调整、消耗与补充、疲劳与恢复是训练过程中无时不在的矛盾的两个方面。在加大运动训练负荷过程中要处理好负荷量和负荷强度的关系，掌握好负荷与恢复的关系。除此之外，需要注意的是，运动训练负荷的增加必须达到极限。因为只有极限负荷的刺激，才能将运动员机体的机能潜力充分挖掘出来，并且经过不断地训练形成超量恢复，才能够提高运动员的身体素质和运动水平，才能够达到参加激烈比赛、创造优异运动成绩的要求。

所以正确认识适宜负荷与适时恢复的辩证关系，充分发挥二者的协同效应，是我们应该遵循的重要训练原则。

(四) 系统持续与周期安排训练原则

系统持续与周期安排训练原则是指运动员应该系统地从事运动训练并周期性地组织运动训练过程的训练原则。依运动员机体的生物节奏变化规律，竞技状态形成与发展的周期性规律，以及运动竞赛安排的周期性特点，按一定的动态节奏，逐步提高安排训练内容和负荷量度。贯彻周期安排原则要掌握以下几点。

1. 人体运动生物适应的长期性

系统的持续训练是取得理想训练效应的必要条件，人体对训练负荷的生物适应必须通过有机体自身的各个系统、各个器官、各条肌肉乃至各个细胞的变化，一点一点地去实现。运动员的竞技能力是多种能力的综合表现，它不仅涉及生理、心理等各个方面的因素，同时又受先天、后天因素的影响。因此人体机能的适应性改造（包括中枢神经系统功能的改造），不是在短期内所能奏效的。而训练对提高运动员竞技能力的影响，必须通过人体内部的适应性改造才能实现，而不是一朝一夕所能形成的。

1. 掌握各种周期的序列结构

了解各种周期的时间构成及其应用范畴，对于教练员在训练实践中贯彻周期安排训练原则是一个必不可少的重要条件。

2. 选择适宜的周期类型

贯彻周期安排时，要考虑到选择适宜的周期类型。例如，确定年度训练的安排时是采用单周期、双周期还是多周期；第一周期的训练应该是加量周期、加强度周期还是赛前训练周期。

3. 处理好决定训练周期时间的固定因素与变异因素的关系

周期安排原则的依据是人体竞技能力变化和适宜比赛条件出现的周期性特征，其中，后者是决定训练周期时间的固定因素，而前者则是变异因素。因为重要比赛日程的安排通常与某个项目最适宜的比赛条件的出现是一致的，而且通常在上一年度即已确定。尽管人体本身受着生物节律的影响，但它并非绝对不变，人们完全可以通过训练安排使其在特定的时间里表现出最佳的竞技状态。竞技状态的发展过程是可以由人来控制的，教练员应努力做到有把握地调节这一变异因素，使之与特定的比赛日程安排相吻合。

4. 注意周期之间的衔接

把一个完整的训练过程划分成若干个较小的周期之后，人们往往会忽视各周期之间的衔接，主要表现在注重训练过程的阶段性而忽略了连续性。整个训练过程中不同时间跨度的周期组成了一个连续发展的过程，因此在具体的训练过程中应特别注意周期之间的衔接。

第二节 运动训练的要素

一、训练量

训练量是训练的主要组成部分之一，因为它是实现高水平技术、战术和身体的先决条件。训练量有时被错误地认为仅仅是指训练的持续时间，但实际上它包含以下部分：

（1）训练时间或持续训练的时间。

（2）行进的总距离或抗阻训练的总重量（即：训练负荷 = 组数 × 重复次数 × 重量）。

（3）运动员在规定时间内完成一项练习或技术动作的重复次数。

训练量的定义可以简单理解为：训练中完成活动的总量。训练量也可以被看作是一次训练课或一个训练阶段完成训练的总量。训练总量必须是量化的指标，具有可监控性。

训练量的准确计算依运动项目或活动类型而异。在耐力运动项目中（如跑步、自行车、皮划艇、越野滑雪及赛艇运动）确定训练量的单位是训练经过的距离；在举重或抗阻训练中，采用公斤或吨位制（训练负荷 = 组数 × 重复次数 × 重量）作为衡量训练量，这是因为仅考虑重复次数不能合理地评价运动员完成的训练任务。重复次数也可以用来推算运动中的训练量，如：快速伸缩复合式训练或棒球、田径等运动中的投掷动作。几乎所有的运动都会包含时间要素，但训练量的正确表达形式应该囊括时间和距离两个要素（如 60 分钟跑 12 千米）。

训练量的计算方法按照时间要素可以划分为以下两种。第一种是相对训练量，指一次训练课或训练阶段中一组运动员或运动队训练时间的总数。相对训练量不适用于计算单个运动员的训练量，因为无法得知单位时间内某一位运动员的训练量。另一种更好的衡量单个运动员训练量的方式是绝对训练量，它是指运动员个体在单位时间内完成训练任务的总量。

在运动员的职业生涯中，要不断增加训练量。随着运动员训练时间的增多，训练量的增加是运动员产生生理适应并提高运动成绩的前提。将初学者与高水平运动员进行比较后明显发现，高水平运动员能承受更大的训练量。随着时间的推移，训练量的增加对从事有氧运动、力量与功率项目、团队项目的运动员的发展具有重要的作用。同样，还需要增加技术和战术技能的训练，因为提高运动成绩需要进行大量的重复练习。

增加运动员训练量的方法有许多，以下是 3 种常见的有效方法：

（1）增加训练的密度（即训练的频率）。

（2）增加训练课中的负荷。

（3）同时增加训练的密度和负荷。

只要不引起过度训练，在训练中尽可能多地增加训练次数非常重要。另一些研究人员明确表示，训练频率越高，越能产生更大的训练适应效果。增加每天训练课的次数同样有益于运动员的生理性适应。对于优秀运动员来说，每周进行6~12 节训练课，每个训练日又包含多节训练小课是常见的。运动员的恢复能力是制定训练计划中运动量大小的主要决定因素。它决定了在训练计划中制定多少训练量。高水平运动员之所以能承受大的运动量，是因为他们能够更快地从训练负荷中恢复过来。

二、训练强度

训练强度是对运动员完成高质量训练的另一个重要训练因素。训练强度是与功率输出（即能量消耗或单位时间做的功）、对抗力量或发展速度有关的训练要素。运动员在单位时间内做功越多，训练强度则越大。强度是神经肌肉激活的函数，训练强度越大（如更大的功率输出，更大的外部负荷）需要更多的神经肌肉被激活。神经肌肉激活模式取决于以下四个要素：外部负荷、运动速度、疲劳程度及所从事的训练类型。另一个要考虑的因素是训练时的心理紧张程度。就训练的心理方面而言，哪怕是出现低水平的身体紧张，也会造成训练强度极大提高，从而导致注意力的分散和心理压力的产生。

训练强度的量化方式根据训练类型和运动项目而定。速度训练通常用米 / 秒、

次 / 分或功率输出（瓦特）来进行量化评定。在抗阻训练中，训练强度一般以公斤为单位、克服重力每米举起的重量（千克 / 米）或功率输出（瓦特）来量化。在团队项目中，训练强度通常用平均心率、无氧阈心率或最大心率的百分比来进行量化评定。

在年度训练计划的各个不同阶段中应包括不同的训练强度，特别是在小周期阶段。可以采用多种方法来量化和确定训练强度。例如，抗阻练习或高速度练习的训练强度可用最佳运动成绩的百分比来量化。这种方法认为最佳成绩意味着最大运动强度。再比如，一名运动员在 10 秒内完成 100 米冲刺，其速度则是 10 米 / 秒。如果这名运动员能以更快的速度跑完更短的距离（如 10.2 米 / 秒），其训练强度则被认为是超最大强度，因为它已经超越了 100% 的最快速度，如表 4-1 所示。

表 4-1 速度力量练习的强度等级表

训练强度等级区	最大运动能力百分比	强度
6	>100	超大
5	90~100	最大
4	80~90	大
3	70~80	中等
2	50~70	低
1	<50	非常低

在表 4-1 显示的强度分级中，用大于最大负荷的 105% 的阻力负荷完成的训练很有可能是等长运动或离心运动，因此这种训练强度被视为超最大强度。在耐力训练中（如 5000 米～ 10000 米），运动员可以用更快的速度跑完稍短的距离，因此可以使训练强度达到实际比赛中平均速度的 125%。

高强度训练虽然能取得很大的进步，但产生的适应较不稳定。稳定性越低，越容易产生过度训练和运动成绩的稳定平台现象。相反，低强度的训练负荷会使进步缓慢且生理适应的刺激较小，但整个过程却更稳定。训练计划应该系统地改变训练量及训练强度以达到最佳生理适应。

训练强度可划分为两种类型：绝对训练强度，是指完成训练所需的最大百分比；相对训练强度，是用来量化一节训练课或一个小周期的训练强度，即训练期完成的训练量总和及绝对训练强度。

三、训练密度

训练密度是单位时间内运动员接受训练课的频率。训练密度可表现出单位时间内训练与恢复的关系。因此训练密度越大，训练阶段间的恢复时间就越少。随着训练密度的增加，运动员和教练员必须建立训练与休息的平衡，从而避免引起过度疲劳或力竭，因为这些都会导致过度训练。

量化多次训练课（例如，在一个训练日或小周期）所需的最佳时间量非常困难，因为许多因素会影响运动员的恢复速度。在下一次训练课开始之前，本次训练课的训练强度和训练量对确定所需的时间量起主要作用。训练课的负荷（即训练强度和训练量）越大，所需的恢复时间就越长。此外，运动员的训练状况、实际年龄、使用的营养干预及恢复干预都会影响到运动员的恢复能力。在下一次训练开始之前，不需要从上一次中完全恢复，一般通过增加训练密度，并在训练日或小周期中运用不同负荷的训练课来促进恢复。

在耐力训练或间隔训练中，通常有两种安排"训练—休息"间隔的适宜方法：①固定的训练—恢复比率；②恢复的持续时间，能使心率恢复到预设的最大心率百分比。

（一）固定的"训练—休息"比率

通过控制"训练—休息"的间隔，教练员和运动员能够制定出发展特定生物能量适应的训练计划。用 1∶1 或 2∶1 的"训练—休息"比率来发展耐力项目的特征，而把 1∶12 或 1∶20 的"训练—休息"比率来发展力量和功率性项目的特征。

（二）预设心率

决定恢复期时间长短的另一种方法是，在下一次训练开始前确定必须达到的心率。方法一，为下一次训练的开始设定心率范围（120～130 次/分）；方法二，设定恢复时间，即运动员的心率恢复到最大值的 65% 所需的时间。可以通过量化相对训练密度来算出一次训练课的训练密度，公式如下：

$$相对密度 = \frac{绝对训练量 \times 100}{相对训练量} \quad （1）$$

绝对训练量是运动员个体的做功总量，而相对训练量是一次训练课的做功总时间（持续时间）。假设绝对训练量是 102 分钟，相对训练量是 120 分钟，训练课的相对密度为：

$$相对密度 = \frac{102 \times 100}{120} = 85\%$$

计算出的百分比表示运动员有 85% 的时间在训练。相对密度虽然对运动员与教练员有一定的价值，但训练的绝对密度更加重要。绝对密度是运动员完成的有效训练与绝对训练量的比。绝对密度或有效训练可以用绝对训练量减去休息时间量来计算。具体计算公式如下：

$$绝对密度 = \frac{（绝对训练量 - 休息时间量）\times 100}{绝对训练量} \quad （2）$$

假设休息时间量是 26 分钟，绝对训练量是 102 分钟，则绝对密度可计算如下：

$$绝对密度 = \frac{（102 - 26）\times 100}{102} = 74.5\%$$

上述计算表面训练的绝对密度是 74.5%，因为训练密度是强度的要素之一，所以这个绝对密度属于中等训练强度，如表 4-2 所示。确定训练的相对密度与绝对密度有助于建立高效的训练课。

表 4-2 训练与休息间隔和专项能量表

目标能量系统	平均训练时间（秒）	训练休息比
磷酸原系统	5~10	1：12~1：20
可快速糖酵解	15~30	1：3~1：5
快速糖酵解、慢速糖酵解及有氧代谢混合	60~180	1：3~1：4
氧化代谢	>180	2：1~1：3

第三节 运动训练的方法与创新性探索

一、运动训练的方法

运动训练采用的方法有很多，具体要根据实际情况和需要进行有针对性的选用，以达到最佳的训练效果，下面介绍几种常见的训练方法。

（一）分解训练法

分解训练法指的是将完整的技术动作或战术配合过程合理地分成若干个环节或部分，然后按环节或部分分别进行训练的方法。在需要集中精力完成专门训练任务，对主要技术动作和战术配合环节的训练进行加强时，适合采用分解训练法进行训练，这样可使训练取得更高的效益。分解训练法有着自己的适用范围，主要适用情况包括技术动作或战术配合过程较为复杂、可予分解，且运用完整训练法又不易使运动员直接掌握的情况下，或者技术动作、战术配合的某些环节需要较为细致的专门训练。

单纯分解训练法、递进分解训练法、顺进分解训练法、递进分解训练方法是较为常见的四种分解训练法类型。

（二）完整训练法

完整训练法指的是从技术动作或战术配合的开始到结束，不分部分和环节，完整地进行练习的训练方法。完整训练法的运用可以帮助运动员对技术动作或战术配合进行完整的掌握；良好保持技术动作或战术配合的完整结构和各个部分之间的内在联系。

完整训练法具有广泛的适用范围，既包括单一动作的训练，也包括多元动作的训练；既有个人成套动作的训练，也有集体配合动作的训练。但是在不同的范围内运用时，要注意有所侧重。

（三）持续训练法

持续训练法是指负荷强度较低、负荷时间较长、无间断地连续进行练习的训练方法。练习时，平均心率应在每分钟 130~170 次。持续训练主要用于发展一般耐力素质，并有助于完善负荷强度不高但过程细腻的技术动作，可使机体运动机能在较长时间的负荷刺激下产生稳定的适应，内脏器官产生适应性的变化；可提高有氧代谢系统供能能力以及该供能状态下有氧运动的强度；可为进一步提高无氧代谢能力及无氧工作强度奠定坚实的基础。

根据训练时持续时间的长短，可以将持续训练法分为短时间持续训练方法、中时间持续训练方法、长时间持续训练方法三种类型。

（四）间歇训练法

间歇训练法是指对多次练习时的间歇时间做出严格规定，使机体处于不完全恢复状态下，反复进行练习的训练方法。运动员在严格的间歇训练过程中，心脏功能能够得到明显的增强；通过运动训练负荷强度的调节，机体各机能与有关运动项目相匹配的适应性变化也会产生；通过不同类型的间歇训练，可以有效地发展和提高糖酵解代谢供能能力；通过对间歇时间的严格控制，可以使运动员在激烈对抗和复杂困难的比赛环境中发挥出更加稳定的技术动作；在较高负荷心率的刺激下，有利于促进机体抗乳酸能力的提高，从而能够保证运动员在较高强度的情况下仍具有持续运动的能力。

高强性间歇训练方法、强化性间歇训练方法以及发展性间歇训练方法是间歇训练法的三种基本类型。

（五）变换训练法

变换训练法是在综合考虑实际比赛过程的复杂性、对抗程度的激烈性、运动技术的变异性、运动战术的变化性、运动能力的多样性以及中枢神经系统的灵活性等因素的情况下提出的。所谓的变换训练法就是指对运动训练负荷、练习内容、练习形式以及条件进行变换，以使运动员的积极性、趣味性、适应性及应变能力得到提高的训练方法。通过运动训练负荷的变换，能够产生机体与有关运动项目相匹配的适应性变化，从而使承受专项比赛时不同运动训练负荷的能力得到提高。通过变换练习内容，能够使运动员的训练更加系统，并使运动员的不同运动素质、运动技术和运动战术得到协调的发展，从而使之具有更接近实际比赛需要的多种运动能力和实际应用的应变能力。

依据变换内容的不同，可以将变换训练法分为形式变换训练方法、内容变换训练方法和负荷变换训练方法三种类型。

（六）重复训练法

重复训练法指的是多次重复同一练习，并在两次（组）练习之间安排相对充分的休息时间的训练方法。采用重复训练法，多次重复同一动作或同组动作，经过不断强化运动条件反射的过程，有利于运动员对技术动作的掌握和巩固。通过相对稳定的负荷强度的多次刺激，可使机体较高的适应性机制尽快产生，有利于运动员身体素质的发展和提高。单次（组）练习的负荷量、负荷强度及每两次（组）练习之间的休息时间是构成重复训练法的主要因素。静止、肌肉按摩或散步通常采用的休息方式。

依据单次练习时间的长短，可以将重复训练法分为短时间重复训练方法、中时间重复训练方法和长时间重复训练方法三种类型。

（七）循环训练法

循环训练法指的是根据训练的具体任务，将练习手段设置为若干个练习站，运动员按照既定顺序和路线，依次完成每站练习任务的训练方法。运用循环训练法可使运动员的训练情绪得到有效的激发，并且使负荷"痕迹"得以累积、不同体位得到交替刺激。每站的练习内容、每站的运动训练负荷、练习站的安排顺序、练习站之间的间歇、每遍循环之间的间歇、练习的站数与循环练习的组数是循环训练法的结构因素。运用循环训练法，可以使不同层次和水平的运动员的训练情绪和积极性得到有效提高；可以使运动训练过程的练习密度得到增加；可以随时根据具体情况因人制宜地加以调整，做到区别对待；可以防止局部负担过重，延缓疲劳的产生，对全面身体训练非常有利。在实践中，循环训练法中有"站"和"段"的说法，其中的"站"指的是练习点，如果一个循环内的站数中，有若干个练习点是以一种无间歇方式衔接，那么这几个练习点的集合可称之为练习"段"。"站"和

"段"是安排循环练习的顺序时应该考虑的。

以各组练习之间间歇的负荷特征为依据,可以将循环训练法分为循环重复训练方法、循环间歇训练方法和循环持续训练方法三种基本类型。

(八) 比赛训练法

比赛训练法指的是在近似、模拟或真实、严格的比赛条件下,按比赛的规则和方式进行训练的方法。比赛训练法的提出有着一定的依据,包括人类先天的竞争和表现意识、竞技能力形成过程的基本规律和适应原理、现代竞技运动的比赛规则等因素。运动员全面并综合地提高专项比赛所需要的体、技、战、心、智各种竞技能力可以通过比赛训练法的运用而实现。

教学性比赛方法、模拟性比赛方法、检查性比赛方法和适应性比赛方法是较为常见的四种比赛训练法的类型。

(九) 综合训练法

综合训练法是指把重复训练、循环训练、变换训练等各种训练法结合起来运用,或者在一组训练中安排各种技术训练、灵敏训练、力量训练等多种内容的训练方法。

在训练实践中,以上各种训练方法并不是单一存在和使用的,因此,需要通过综合训练来灵活地调节运动员的训练负荷与休息,使其更圆满地达到训练要求,从而促进运动员运动素质和运动水平的全面提高。

综合训练法变化很多,组合多样,具体可以根据不同性别、年龄、身体状况、锻炼水平的运动员的需求进行适当的变化、调整,以期取得理想的训练效果。

随着现代科学技术的进步,运动训练方法从理论到实践不断推陈出新、日新月异。目前,社会各界有识之士非常重视改变传统经验的训练法,借助新的科学理论,运用新的模式的训练方法正在不断被尝试和创新。

当前,随着竞技体育运动的发展、科学技术的进步以及人们认知的不断提升,运动训练的方法正在向多样化的方向发展,训练方法日益多样化主要得益于运动员和教练员在运动训练方面积累了丰富的经验,因此,他们总结了多种多样的训练方法来指导训练实践。现代运动训练更加注重实效性和技术完善。传统训练方法在运动训练中得到了保存，同时由于高科技手段的引进，新的训练方法在运动训练中不断得到应用，新的训练方法与传统的训练方法相结合，使得运动训练更加科学、有效，正因如此，才促使运动员不断突破极限，在比赛中不断刷新纪录。

二、运动训练方法的创新性探索

时代在发展，科技水平在不断提升，运动员的竞技水平、训练的层次和维度也在相应的提高，这就对训练方法提出了新的要求。

（一）破旧立新

所谓破旧立新，就是要打破原来固定的训练方法，从训练手段、训练思路等方面入手树立新的训练方法。例如，教练员平时要经常对自己的训练方法加以审视，看看自己的训练方法是否已经成为一种思维定式，是否已经过时，是否对运动员训练到一定程度就难以再有提高了，是否训练水平落后于形势的发展，等等。许多陈旧的方面必须通过创新来改变其面貌、改变其效益，从而增强训练效果。立新要以创造性思维去思考、解决各种问题，去寻找新的突破口，开辟新途径，去发现新的思路、观点、方法、手段等，从而才能获取新的成效。

（二）逆向思维

训练目标、训练计划、训练方法等内容往往容易习惯依据传统观念、经验和权威人士的意见来思考，容易将自己框定在一定的模式中去思考、解决问题，逐步形成了思维定式，慢慢抹杀了创新思维及创新方法的思路。要充分认识到，要适应现代形势发展，就要善于转换思维方式方法，善于用逆向思维法去突破传统的观念、经验或权威人士的束缚，突破陈旧的思维定式，去开创、形成新的思维模式，激励自己树立新思想、新观念，总结新经验，开创新的训练思路，进行新的训练决策等。

（三）克弱转强

运动员在训练过程中，要善于主动地挑剔自己的弱点、缺点或不足，并将其作为探索研究的基准点，努力攻克它，使弱转化为强，从中获得创新的成功。假如在训练中，采用某一训练方法而得不到预期的效果，这并非教练员训练方法的问题，而是在于自己的训练方式，这时应该对训练方法加以深入剖析，找出其不足或落后的方面，并加以弥补、修正，或创造出新的训练方法。通过克弱转强法，使训练得出成效。

（四）移花接木

现代知识的综合运用程度越来越高，新成果大量涌现，知识的渗透力越来越强，综合聚变效应也越来越强。要善于将其他学科中的原理、规律、方法等移接到本领域的运动训练理论体系中去，进行巧妙地衔接，创造出新的高效的训练原理、规律、方法等，从而有效地促进自身学科的不断发展与壮大，提高训练效果。如"系统论、信息论、控制论"移接到体育各个领域中已发挥出巨大的作用，有力地促进了体育科学的发展。

第四节　大学生课外活动与体育锻炼研究

一、课外活动的特点

课外活动与教学有很大的不同，其主要特点如下：

（一）课外活动的内容是广泛的

课外活动主要是根据学生的思想爱好和他们的实际需要。它要考虑学生的知识状况和实际水平，但不受教学计划、教学大纲和教科书的限制。但课外体育活动受到场地设施的限制。

（二）课外活动的形式是多样

课外活动没有固定的模式，参加的人数可多可少，活动的时间可长可短，活动的方式也有自己的特点，有壮观的群众场面，也有少数几个人在一处仔细切磋，形式多样。

（三）课外活动的参加是自愿的

学校开展各种各样的课外活动，至于学生参加什么样的活动，完全由学生的兴趣，以及他们的知识、能力和他们的思想状况而定。他们自己确定参加活动的项目，自愿申请参加。教师可以向学生介绍各种课外活动，诱发学生的动机。

（四）课外活动中学生是相对独立的

在教学活动中，课堂教学属于中心环节。教师是教的主体，而学生则是客体。当然也不能忽视了学生在学中的主体地位。但是对于课外活动来说，则并不如此。在整个的课外活动中，学生是其主体，所有的活动手段与内容都属于学生实践与认识的对象。严格来说，学校组织仅仅是进行了引导，提供了所需的条件，从本质上讲，教师指导也属于帮助与扶持。虽然学生是不能脱离开老师的帮助与引导的，但是相对而言，学生依然具有非常明显的独立性。学校课外活动是否开展的顺利，是否生动活泼，且是否能够取得不错的效果，一般都是取决于学生是否具有参与活动的主动性，学生的自主精神是否得到了充分的发挥。

（五）课外活动的组织是以学校为主的

学生参加课外活动，他们都广泛地接触社会，接触大自然，接触校内外各方面的教师，接触课内外活动的各种人和事。学生通过自身的活动接受各方面的影响，吸收来自各个方面的信息。课外活动要比教学活动复杂得多。学生在这里接受的教育是多方面教育力量综合作用的结果。由于课外活动是教育学生的过程，是学校教育工作的组成部分，因而课外活动中各种教育力量的结合应以学校为主。正常的课外活动总是在学校的组织计划下，协调、统一各方面教育力量的结果。

大学课外活动基本上是中小学课外活动的延伸，具有与中小学课外活动相同的特点，而且大学课外活动具有层次性，主体性更强的特点，因为在大学中，学生有更加多的自主性，从活动的计划、组织等多个阶段均可由学生自主参加。

二、立德树人目标下大学生课外活动的优化

(一) 大学生课外活动在实现立德树人目标中的地位与作用

对于高校的教育教学以及思政教育工作而言，大学生的课外活动属于非常关键的一种方式以及载体，其对于立德树人有着非常重要的作用。第一，对于良好道德品质的确立，大学生属于其有效的载体。大学生的课外活动具有实践性，学生在活动过程中，其身心都会受到潜移默化地影响。良好的课外活动也会帮助学生养成良好的道德品行，引导学生树立正确的三观。

第二，良好的课外活动可以促进具有扎实专业素养学生的培养。对于高校的教育教学来说，大学生课外活动是其重要组成部分，它有助于学生将专业的理论知识向专业素养进行转化，能够促进合格大学生的养成，促进大学生立德树人目标的实现。课外活动在实践方面有着明显的优势，可以弥补学生在专业学习以及教师在课堂教学中存在的不足之处，使大学生的创新能力、实践能力、协调能力等都有所提高。全面促进大学生综合素质的提升，从而培养出一批又一批具有高水平和高素质的优秀大学生。

(二) 立德树人目标下大学生课外活动优化的对策

1.提升活动类型的专业性

一是要对活动的审核与管理要加强，防止活动出现泛娱乐化的情况。要对活动的设置与审核把好关，对于一些娱乐性过强的活动要适当进行修改或者是直接删减，使这样的活动在整个活动中的比例得到控制。

二是要对课外活动内涵进行充分挖掘，从而使专业性的活动能够占更大的比例。通过对活动内涵的挖掘，来提高活动的质量以及吸引力，并且通过对开展专业性活动的支持，能够使专业活动的比例有所提升。例如，在师范院校中鼓励开展板书比赛、书法比赛、散文比赛等与专业相关的活动，这样一来，与专业发展相关活动的开展也有利于促进学生自己的发展需求。

2.增强活动效果的育人性

设计活动的人员要提高自我认知，对活动的形式以及内容要进行充分挖掘与

创新，在活动的各个环境如准备环节、具体的实施环节以及最终的评价环节中都要融入一些育人因素，这样才能使活动的育人效果得到增强。

第一，要在活动中加入马列主义教育。要想稳固大学生的共产主义信念，就要注重加强对学生的马列主义教育，在新的时代背景下，要特别强调习近平总书记对于中国特色社会主义的教育思想。

第二，在活动过程中，还要注重对大学生时代精神以及民族精神的教育，在进行活动组织的过程中，组织者要注重对活动的爱国主义内涵的挖掘，从而加强对大学生的爱国主义教育。另外，还要注重加强对大学生创新精神的教育，培养大学生的创新精神与能力，从而培养出大量的满足祖国发展需求的优秀人才。

第三，在活动中加强传统文化的教育。近年来，历史虚无主义频频冲击着当代大学生的思想观念，表现出对自身优秀文化的不自信。要充分弘扬和培育中华优秀传统文化，坚定文化自信，实现中华优秀传统文化的创造性转化和创新性发展。要在活动中加大宣传教育力度，深入阐发文化精髓，保护传承文化遗产，积极加强中华优秀传统文化教育。

第四，在活动中加强珍爱生命的教育。正如《孝经·开宗明义》中所说："身体发肤，受之父母，不敢毁伤，孝之始也。"中国自古以来就重视加强珍爱生命的教育。不仅要使他们学会珍爱自己的生命，也要学会尊重珍爱他人的生命。

第五，在活动中加强正确三观的教育。大学时期是一个人三观养成的关键期，在活动中加强正确三观的教育，帮助学生及早形成正确的三观，对学生的成长成才具有重要的意义。在活动中，尤其要加强对学生的社会主义核心价值观教育。

第六，在活动中加强人际交往的教育。近几年，高校学生因为人际交往问题导致的人际矛盾层出不穷，大打出手乃至危及生命的事件触动人心，究其原因，在很大程度上是由于学生没有形成良好的人际交往方式和观念。在大学生课外活动中加强正确的人际交往教育，是课外活动必不可少的环节。

三、构建"实践卓越型"大学生课外活动体系

(一)"实践卓越型"大学生课外活动体系的特征

1."实践导向"是活动体系构建的核心

创新创业教育具有鲜明的实践性特点,这一特点可不是经过简单的课堂教学以及理论知识的传授就能够得到的。在创新创业教育的发展中,有着很多"缄默知识",这种知识和我们在课堂中接触最多的显性知识是不一样的,比起显性知识,"缄默知识"无法用语言去说明,也无法用规则的形式去传递,更不能批判性的进行反思。所以,要想培养大学生的创新创业能力,就要去建立完善的实践导向的人才培养体系,通过理论与实践的结合,为学生打造出学做结合的实践平台,从而对大学生提供指引,帮助大学生通过实践去获得知识,检验知识,并逐步提高自己的综合素养。从本质上讲,课外的科技活动是具有创新性和探索性的实践活动,它可以有效弥补课堂教学造成的缺失和不足。大学生活动体系的建立不但能够使课外活动对于大学生的影响力与实效性得到有效提升,同时也是深化创新创业教育、提高学生实践和创新能力的重要措施。

2."全过程培养"是活动体系构建的关键

创新创业人才的培养具有系统性和复杂性,从主体维度而言,其主要包括三个层面,一是组织层面,该层面主要指的是校方;二是资源层面,该层面主要指的是社会;三是一是层面,该层面主要指的是个人。从要素维度而言,创新创业人才培养工程也包括多个方面,如教学内容与平台、管理制度、评估方式等等。为了保证人才培养能够全面融入大学生的课外活动中去,要从多个维度对资源进行整合,坚持"全过程培养"理念,建立合理的机制,对各种资源进行整合,从而确保课外活动的顺利开展,保证教育的实效性。

3."卓越创新创业人才"是活动体系构建的终极目标

创新创业教育能够为国家的发展、民族复兴以及社会的进步提供源源不断的动力,同时也是顺利教育改革和发展趋势的重要举措。对于创新创业教育而言,其核心的内涵就是培养更多具有创新精神和能力的人才,提高人才培养的质量,

因此，构建"实践卓越型"大学生课外活动体系，其最终的目的也是为了培养更多优秀的创新性人才。不过，这并不意味着该体系对应的是精英教育，体系构建的目的应该包括三个维度，即"分层实施""个性培养"以及"惠及全体"。可见，该体系面对的是全体大学生，课外活动也应面对全体大学生。除此之外，该体系还应该满足各个不同专业、年级以及发展阶段的学生，课外活动的设置要具备层次化以及递进式特色。

（二）"实践卓越型"大学生课外活动体系构建的对策——以东北大学为例

1. 实施"一把手"工程，形成"学校统筹＋学院中心＋基地纽带"的组织保障体系

不管是为了达成怎样的一个目标，与之相对应的组织形式一定是必不可少的。组织代表的是资源配置模式。科学、合理且高效的组织体系的建立属于基础性工作，其不管是在保证良好运行状态、还是在提高运行效率与质量方面都有着非常重要的作用，进而对课外活动在人才培养方面作用的发挥以及对学生创新创业能力的培养方面都具有重要意义。东北大学建立了从上至下、校院联动、全员参与的组织模式。把创新创业教育作为"一把手"工程，成立校长牵头负责的学生创新创业工作领导小组。同时，该校还建立了"以学院为中心，以教务处、学生工作处、校团委、科技处、产业集团等相关部门为联动单位，以学院、各实验实践教学单位.为分中心，以校外实践基地和创新创业孵化地为纽带"的创新创业教育组织体系。全面开展创新创业人才培养模式的改革与实践，强化创新创业教育的覆盖面和影响力，着力培养"善创新、云创新、能创造、勇创业"的拔尖人才。学校成立创新创业教学委员会、成立创新创业教育导师联盟，进一步以机制体制创新强化创新创业教育活动的组织保障，争取以高效的组织体系促进创新创业教育发展，提升课外活动的实效，打造"创新创业特区"。

2. 坚持协同创新，建立"院院协同＋校校协同＋校企协同"的人才培养新机制

目前，我国正处在改革和发展的关键时期。在教育领域里，同样也要注重走产学研用结合的改革发展道路，培养出更多有创新意识和创新能力的优秀人才。因此，不管是普通高校，还是具有专业特色的高校，都培养人才的道路上，都要注重对量变引起质变的思考，要从社会发展的实际需求出发，寻找学校与行业、企业相结合的新型的人才培养机制。从而更好地推动人才培养模式的发展与完善，实现真正的产学研共赢。为此，东北大学坚持理念先行，从人才培养质量标准入手，将创新精神、创业意识和创新创业能力作为评价人才培养质量的重要指标，建立"院院协同＋校校协同＋校企协同"的人才培养新机制。强化"院院协同"培养，开设跨学科专业的交叉课程，探索建立跨院系、跨学科、跨专业交叉培养创新创业人才新模式，促进创新创业人才培养由学科专业单一型向多学科融合型转变；结合专业特色、社会需求，整合各学院资源，多形式举办创业先锋班、创新实验班，推广个性化的人才培养计划。强化"校校、校企"协同培养，强化与兄弟院校、科研院所合作，通过聘请国际、国内百余名知名教授、企业家、社会人士担任创新创业指导教师，并与宝钢、东软、微软、IBM 等多家企业合作建立实习实训和创新研究中心、领导力与创业研究中心，争取更多优质的创新创业师资资源进行课程指导、实践体系、创新能力评价体系和创新文化建设，以协同创新机制为更多学生参与课外活动提供机会、创造条件，促进创新创业人才培养与经济社会发展、创业就业需求紧密对接。

3. 强化顶层设计，打造"创意＋创新＋创业"多维度的实践与交流平台

要知道，读再多的书都不如亲自去实践。当代的大学生是充满青春与活力的群体，他们在面对新鲜事物的时候，都会拿出自身的那种一往无前的精神用于探索真知，解开疑惑。不过，由于大学生的阅历是有限的，对当前社会对创新创业人才所应当具备的知识结构、智能结构、个性结构把握不准。这些教育内容均需要通过丰富多彩的课外活动让他们领受。这决定了课外活动的设计必须分层次、具有针对性，才能满足不同学生的个性化成长需求。遵循这样的设计思路，东北大学课外活动始终坚持课内教学与课外活动相融合、意识培养与文化熏陶相融合、思维锻炼与能力提升相融合，保持个性化、递进式、多维度的设计模式。强化"实

践导向"型课堂教学设计，开设创新创业类课程50余门，开设"创业基础"必修课，增设"企业创新创业管理"课程。由校内教师、企业高管联合授课，吸引近2000名学生选修。丰富课外活动，开展"大一创意节、大二科普节、大三科技节、大四创业节"等链条式精品实践活动200余项，激发学生创新创业意识，从创意、创新、创业各维度提升学生的六大能力，每年参与学生近两万人次；重视文化建设，组织开展南湖书院、创新讲坛、创业沙拉、青创大视野等特色创新创业活动，引导学生在浓郁的文化氛围中对话创新大咖、寻求创业伙伴、对接天使投资，帮助学生开启创新创业之旅。实施以大学生创新创业训练计划为主体的各级创新创业项目，年均500余项，有效推动了探究型、研究型学习模式。以主题竞赛、科研训练、自主研发等活动为依托，创建"东大创客"新型载体，打造学生创新创业团队近千支。全校深度参与科研项目、科技竞赛的学生年均超过55%，累计组织各类科技竞赛300多项。针对性的顶层设计让课外活动与交流活动不仅内容丰富、形式多样，更以层次性、多样性的特色满足了不同年级学生的个性化成长需求，营造了浓厚的校园创新创业文化氛围，真正让学生在活动和交流中学有所得、学有所获。

四、课外体育锻炼概述

（一）课外体育锻炼的界定

课外体育锻炼指的是在课余时间里学生运用各种体育手段和方法，以增强学生体质、促进身心健康、丰富课余文化生活等为目的的身体活动。

（二）课外体育锻炼的重要性

课外体育锻炼不但可以增强学生的身体素质，提高学生的运动技能，还能使学生丰富体育锻炼的相关知识。所以，在学校的体育教学活动中，课外体育锻炼也属于其中的重要组成部分。为促进学生的课外体育锻炼，任课教师要仔细对学生课外锻炼的动机进行研究。从而深入了解学生为何坚持或者是放弃课外体育锻炼，是怎样的心态促使其做出怎样的行为，只有充分了解了其动机，才能想办法去鼓励和激发学生更加积极地参与到课外的体育锻炼中去。

五、大学生课外体育锻炼的对策

第一，制定合理的课外群体活动计划，营造良好的课外体育锻炼氛围，使学生乐在其中。

第二，建立课外体育锻炼辅导站，实行课外体育锻炼辅导员制度，帮助学生制定课外体育锻炼计划，并指导学生运动技术的提高。

第三，举办课外体育锻炼讲座，强化大学生课外体育锻炼机制。讲座内容可多种多样，如：意义，效果，以及运动训练、运动技术的体育知识等。

第四，建立健全有偿体育器材服务制度，为学生课余体育锻炼提供良好的物质条件。

第五，定期举办课余竞赛。如举办田径运动会、篮球赛、轮滑赛等，可以学校牵头，协会承办等方式举办不同项目的小比赛，增强同学们课余锻炼的积极性和吸引更多的同学参与课余锻炼。

第五节　大学课余体育竞赛研究

一、大学课余体育竞赛的几种组织形式概念界定

（一）高校综合性的课余体育竞赛

高校综合性的课余体育竞赛一般指的是学校运动会和体育节。校运会是指通过学校组织和开展的课余体育竞赛，在主管体育工作的学校领导的直接领导下，由各有关部门和人员（体育教研组、总务处、卫生室、共青团、学生）等参加。是一种较大规模的比赛，它是由若干运动项目组成并在同一时间内进行的比赛。一般高校每年都会举行一、两次（春季或秋季）全校性的综合的运动会，形式上采用 2～3 天时间集中召开。毛振明在《学校课外体育改革新视野》一书中提到，学校召开运动会的目的无非有三个：一是教育的目的，运动会中运动员之间，运动员与教练员之间，对手与对手之间以及运动员与裁判员之间错综复杂的人际关系，

相互之间的竞争与协同，更不失为难得的教育途径；二是体育的目的，运动会是学校体育的总结、体育的促进和体育的宣传；三是热闹的目的，全校师生，齐聚操场进行一次集娱乐与竞技于一体运动会，这对于整天沉浸在书海中的学子们来说乃是一次难得的盛会。

作为高校综合性的体育竞赛，体育节可开展多种形式的活动，如体育知识竞赛、体育游戏、体育宣传演出等等，这些活动的开展通常会和一些具有重要意义的大型的国内甚至国际的体育活动相结合，从而开展专题性的主题活动。体育节不但可以使学生对体育产生更加浓厚的兴趣，还能调动学生参与体育活动的积极性，使学生的体育意识得到培养，体育素养得到提高，体育能力得到增强。

针对体育节，当前有很多的学者和专家都对此展开了广泛的研究。同时还有人提出了由体育节代替校运会的想法。比如，富嘉贞教授在《校运动会向体育节转轨的研究》中就曾表示："变校运会为体育节不仅因为节日象征着喜庆和欢乐，从而更加具有吸引力与凝聚力；还在于节日可以为我们拓展空间和时间，拓展内容与形式，使之更加精彩纷呈；更在于通过名称的变化表明改革的决心，使学校的体育教育真正地走向素质教育。"名称发生的改变，也就意味着校运会会从四个方面发生根本性的改变，首先是性质发生改变。会从以往具有单一性的运动竞赛向同时具备娱乐、竞技以及健身于一体的综合性的文化节日转变。其次是对象发生改变。以往的校运会所面向的对象大多是体育尖子生，体育节所面向的则是全体学生、学校的教职工以及部分社会人员。然后是目标发生改变。目标从之前的追求名次和奖励转变为对学生潜能的挖掘和开发，对学生实践和创新能力的培养和发展。最后是功能发生改变。从之前单一的体育健身向丰富师生日常生活、培养体育习惯、增强体育知识、促进人际交往等功能转变。通过体育节的举办，全体的师生，甚至是热爱体育活动的社会人员都能够凝聚起来，互相学习，增长见识，可以有效促进学生的全面发展。

（二）单项课余体育竞赛

单项课余体育竞赛是指由高校体育俱乐部或各单项体育协会根据自身的特点

举办的各种体育竞赛。但是体育协会以及俱乐部属于群众性的体育组织，都以学生的意愿为主导，可以自愿选择加入或者是不加入。学生们会因为共同的兴趣爱好走到一起，俱乐部的资金则主要来源于会员会费以及学校的资金资助，在这样的模式下展开的各种竞赛活动往往更丰富多彩、别具特色，同学们也将具有更强烈的参与欲望，同时也能享受到平等的参与权利。"体育俱乐部或协会开展活动，其宗旨是满足广大学生对体育活动多方面的需要，增强体质，丰富校园文化生活。"所以，要基于学生的兴趣与需求，设立很多不同种类的协会与俱乐部，少数院校仅开设一个单项的协会或俱乐部，大部分则是开设了多项的协会或俱乐部，就拿四川工程职业技术学院来说，其开设的体育协会就有足球协会、乒乓球协会、篮球协会等十几个体育协会。活动内容丰富多彩，常年定期组织迎新篮球赛、舞林争霸赛等等，使学生能有更多的机会去挑选自己感兴趣的体育项目，也有利于更多的学生都能去参与体育竞赛。

（三）自组织的体育竞赛

西南师范大学（县西南大学）的赵波在其硕士毕业论文《论高校课余体育竞赛活动的改革》一文中指出自组织的课余体育竞赛的概念是："在大学校园里，由各院系、各班级或具有相同体育的兴趣、爱好的同学群体，在进行课余体育锻炼过程中，自觉或不自觉地进行非正规的、协商性的各种比赛活动。"如：我们平时所看到的"三人制"篮球赛、半篮比赛、足球的小场比赛，学生们自行组织的排球、网球、羽毛球的比赛等。这类小型分散的自组织课余体育竞赛，一方面可以使学生在体育活动的组织管理中提高自身的组织管理能力。另一方面，在从事体育竞赛的过程中，体育运动所传播的拼搏奋斗的精神、公平竞争的原则等都具有很高的社会理想价值。除此之外，在组织课余体育竞赛中树立的公平、竞争、协作、团结等道德观念，是社会不可缺少的社会规范，对当代大学生社会道德意识形成具有重要的意义。

二、新时代大学生课余体育竞赛体系分析

（一）新时代大学生课余体育竞赛体系的核心价值

中共中央、国务院《关于加强和改进新形势下高校思想政治工作的意见》强调指出，高校肩负着人才培养、科学研究、社会服务、文化传承创新、国际交流合作的重要使命。体育对人的全面发展具有重要作用，要实现健全人格、锤炼意志的高级目标，在运动中培养青少年爱国主义、集体主义精神和顽强拼搏的意志品质，就必须让学生参与经常性的体育竞赛。新时代大学生体育竞赛只有紧紧围绕高校使命，落实立德树人根本任务，培养德智体美劳全面发展、堪当民族复兴大任的时代新人，为党育人、为国育才，才能发挥好体育竞赛的功能，才能使新时代大学生体育竞赛核心价值体系的内涵更加丰富、外延更加开放，最大化体现新时代大学生体育竞赛的根与魂。由此，本研究对标新时代大学生体育竞赛全方位服务于高校"人才培养、科学研究、社会服务、文化传承、国际交流"的重要使命，提出新时代大学生体育竞赛以"职业精神、创新追求、社会融入、自信顽强、包容多样"为核心价值，通过体育实现对大学生的"文明其精神、野蛮其体魄"，培养德智体美劳全面发展的社会主义建设者和接班人。

1. 职业精神

对于社会秩序的稳定以及人力资本的生产，现代教育有着非常重要的功能。我们都说大学对于学生版所发挥的作用是培养人才，其实也可以说是对人才的储备和筛选。使学生拥有无限可能，使学生获得更多的发展机会和方向，从促进社会的和谐、健康发展。高校人才培养的根本要求和目的就是培养更多全面发展的新时期的接班人和建设者。在新的时代背景下，大学生体育竞赛的重要价值就在于通过体育竞赛来塑造和培养学生的职业精神，从而达到可以满足社会发展需求的高度。学生参加体育竞赛，能够很好地锻炼和提升自身的身心发展水平以及综合素养，能够增强学生的意志力，提高学生的荣誉感和使命感，激发学生的爱国情怀，增强民族凝聚力；能够促进神经系统发育，使大脑得到更快的恢复和休息，提升记忆力、观察力、创造力；可以塑造形体美、姿态美、动作美，培养审美情

趣，发展鉴赏美、创造美的能力；可以增强身体活动能力，提高动作准确性和协调性。在一场场激烈比赛中凝练出来的"为国争光、无私奉献，科学求实，遵纪守法，团结协作、顽强拼搏"的中华体育精神正是未来大学生走向职场需要的职业精神。

2. 创新追求

新时代大学生体育竞赛核心价值之一就是通过体育竞赛，培养、塑造学生的创新追求，达成高校科学研究的使命要求。科学研究需要创新，创新需要大无畏的进取精神、开拓精神，献身精神，需要强烈的竞争意识、表现欲望。参与体育竞赛使学生往往冥思苦想战胜对手，享受运动乐趣，充满挑战激情；在一次次的获胜中体验成功，在一次次的失败中感悟挫折，学会在成功和挫折中提高心理调控能力和道德水准。在这一过程中，对学生担当的要求比对其他情境中的要求更高，强烈的竞争意识、创造才能被充分激发。同时，体育竞赛是一个良好的创新场域。数字化、网络化、智能化、多元化、协同化的技术革命为创新体育赛事发展提供了技术解决方案；纳米材料、大数据、人工智能、北斗定位等高新技术重构新的运动训练、体育竞赛科技保障体系；人工智能和大数据帮助教练团队分析比赛数据，助力战术研究、制定比赛战术；5G技术、"云采编"、"云制作"以及多终端、多渠道的融媒手段，实现体育赛事制播超清化、移动化、智能化，展开全方位联动报道。

3. 自信顽强

新时代大学生体育竞赛核心价值之一就是通过体育竞赛，培养、塑造学生的自信顽强，达成高校文化传承的使命要求。体育竞赛是坚定文化自信的重要舞台。东京奥运赛场，中国体育代表团获得的38枚金牌中，"00后"奥运冠军约占总数的30%，作为20岁左右的年轻人，作为正在就读的大学生，他们尽管稚气未脱，但在赛场上不畏困难、披荆斩棘，攥紧手中接力棒，在国际赛场上自信、自豪地展示和传承中国文化，让中国文化更鲜活、更立体地"走出去"，将博大精深的、灿烂的中华文明远播世界。同时，赛场上奋勇争先的他们还反映了正在走向世界舞台中央的中国青年人应有的精神风貌，反映了中华民族实现伟大复兴进程中青年人应有的精神品质，也反映出他们就读大学特色的校园文化。

4.包容多样

面对百年来都未曾有过的重大变局，各种文明之间要加强合作和交流，各个国家和民族之间的沟通与合作能够有效消除人与人之间的隔膜，澄清人们在价值观以及社会制度方面的误会，从而互相理解，互惠互赢，准确而多元地表达中国立场，为建设持久和平、普遍安全、共同繁荣、开放包容、清洁美丽的新世界贡献中国智慧。全球化时代的人才培养需践行人类命运共同体理念，培育具有全球意识的世界公民。新时代大学生体育竞赛核心价值之一就是通过体育竞赛，培养、塑造学生的包容多样，达成高校国际交流的使命要求。体育竞赛通过把不同民族、不同政治制度、不同文化体制、不同语言和不同历史、不同阶层的人联系到一起而起到社会整合作用。体育竞赛中的公平竞争、遵守规则、文化多元、开放包容、合作共赢，可以促使学生去理解和尊重对手在学校以及自身个性上的差异，从而以团结、文明、友善的形象参与到竞赛中去，代表学校从多个方面和角度展现自身的良好形象，增进与各个国家和地区的学生间的友谊，成为促进人类文明交流与发展的和平使者。

（二）大学课余体育竞赛体系改革的基本原则

1.开放办赛，坚持破除身份限制、人人有可能

国家的繁荣发展必须走开放的道路。当前部分大学生赛事对之前参与过体育系统赛事的人在参赛资格上进行了约束，使得一些高校的青少年无法去参加大学生赛事，优秀运动员无法参加比赛，就会进而导致大学生体育赛事的整体水平低下，因而影响力与关注度也会受到影响。对此，必须要开放班赛，不应在选手身份上进行限制，要让更多的人参与到竞赛中去。

开放办赛，就是要借鉴其他国家大学生赛事经验，加强与体育部门、企业等组织的交流与合作。凡是具有注册学籍的学生均可报名代表院系参加校级比赛，不受训练经验、运动水平等因素的影响。以此促进普通学生和高水平学生运动员的结合，推动运动项目在学校的普及与提高，提升学校体育赛事整体水平。同时，

充分利用好大学生体育赛事这一窗口，讲好中国大学生的故事，展示新时代中国大学生的良好形象和精神风貌，提升大学生体育赛事的社会关注度和赛事品牌价值。2022 年 6 月，教育部、体育总局及中国足协按照体教融合要求，教育与体育部门整合学校足球比赛及 U 系列足球比赛等各级各类青少年足球赛事，制定了《中国青少年足球联赛赛事组织工作方案（2022—2024 年）》，其中明确规定："体校代表队、学校代表队.俱乐部青训梯队、社会青训机构等球队均可自由参赛，不设任何参赛限制。"这一政策的出台将切实促进我国大学生足球赛事在内的青少年足球联赛的组织与管理，同时也让更多学生摆脱身份限制，在更大程度、更广范围上参与到足球比赛中来。

2.共享办赛，坚持从基层做起、处处有机会

中国特色社会主义的本质要求就是共享。虽然就目前的情况来看，我国大学生体育竞赛设置了多种比赛形式以及办赛的模式，如联赛、锦标赛、主客场制等等，但是因为没有设置从学校基层选拔运动员的制度，也就导致了大部分参与比赛的运动员都是参加过多次且具有丰富运动训练经验的人，不仅在数量上比较少，人员也是比较固定的，与学校其他的学生参与竞技的情况少之又少，作为普通学生，很少有机会参与到体育竞赛中去。这与人人参赛的目标还有着非常大的距离。基于这一现状，体育竞赛的组织更应坚持从继承做起，共享办赛的原则。

共享办赛，就是要以学生为本，以推动学生全面发展作为办赛的出发点和落脚点，要让每一位学生都有机会参与到比赛以及办赛中去，要让体育赛事既能满足高水平运动员的参赛需求，又能成为全体师生都能参与的体育盛会。凡欲参加国家级和省级体育竞赛的运动队和运动员必须代表院系参加校级比赛，经过多重选拔胜出。将全国大学生的各单项赛事用预选赛的名义延伸至学校一级，将学校现有的单项赛事与全国大学生单项赛事预选赛挂钩，让每个学生在大学时代都有享受比赛的机会，在自己的学校就能够参加全国大学生单项比赛，体会到体育带来的身体和心智锻炼；让每个代表学校参加全国大学生赛事或代表中国大学生参加国际赛事的学生运动员都从代表自己所在院系参加学校的比赛开始，从同学中获得认同感，培养自身的荣誉感。从而促进学校体育赛事和校园文化建设的结合，

促进体育赛事和构架人才选拔的结合。

3. 协调办赛，坚持统筹平衡、校校有动力

事物的健康有序发展离不开协调这一内在的要求。我国高校的办学层次分为多种，如 985 工程高校、211 工程高校、中央部属高校、省属本科高校、高职高校等等；如果按照学科的范围进行分类，还可以分为理工类、综合类、师范类等多种类别；按照学校教育的性质进行分类，也可以分成两种类型，一种是普通高等学校，另一种则是成人高等学校；按照学校办学的性质进行分类，也可以分为四大类型，即公办、民办、合作办学以及独立学院。高校的学科范围自己层次不同，其参加体育竞赛的学生水平、训练水平、资金投入等多个方面也存在着不小的差异。另外，由于我国国土辽阔，不同的行政区、不同的城市群也造成了各地区不同的资源禀赋的差异，具有独特的文化背景、气候环境、体育传统，而各城市群在经济体量、人口分布、气候特征等方面却具有不同程度的相似之处。由此，应协调办赛，坚持统筹平衡、校校有动力的基本原则。

协调办赛，就是在大学生体育赛事设计时注重平衡、统筹兼顾、保持均势，形成赛事分区、分类、分级的平衡发展结构，让凡想参加比赛的学校，都能找到自己合适的赛区，对手，不会因学校类型不同、参赛路途遥远、经济条件限制、竞技水平差异等遭遇不公，失去报名参赛的动力。

（三）新时代大学生课余体育竞赛体系创新——基于统一管理、三级联动的大学生竞赛管理体系

统一管理，就是将大学生赛事的规划设计、制度安排集中起来，由中国大学生体育协会及其单项分会对其实行统一管理。应当健全中国大学生体育协会各单项分会，发挥单项分会的作用，担负起对大学生赛事实行统一规划、统一管理、统一政策、统一制度、统一标准，统一招商的责任，积极尝试获得国家层面的政策支持，将与大学生赛事相关的规划、标准、资产、资源、协调和依法监管等重大职能由中国大学生体育协会及其单项分会统一管理，以有效减少学校、省市组织赛事的负担，为大学生品牌赛事的建立和赛事高效运转提供有力保障。三级联

动，就是"校—省/盟/区—国家"三级大学生体育竞赛体系中学校体育运动委员会、省市大学生体育协会/高校体育联盟/区域高校联盟、中国大学生体育协会及其单项分会三级大学生体育赛事管理部门协同配合，同向发力。学校体育运动委员会按照统一规划，将学校原有的各类体育竞赛与全国大学生体育竞赛预选赛（校级）有机融合，组织好学校各院系参加全国大学生体育比赛预选赛，组织好学校代表队参加省级比赛，使学生在学校就有参加全国大学生体育比赛的机会，推动学校体育的开展。如同中国足球队运动员一直都有机会参加世界杯足球赛，尽管大部分是亚洲区的预选赛。省市大学生体育协会/高校体育联盟/区域高校联盟建立和完善相应的赛事管理机构，组织好本省市、本高校体育联盟、本区域高校的大学生体育赛事。中国大学生体育协会及其单项分会落实统一管理的职责。统一管理、三级联动，需要从上到下建立业务指导关系，将学校体育运动委员会、省市大学生体育协会/高校体育联盟/区域高校联盟、中国大学生体育协会及其各单项分会的赛事管理职能尽可能一致起来，健全完善各项赛事规章制度，统一赛事标准和工作要求，形成一条系统全面、衔接紧密、配套完善、科学可行的制度链，从顶层设计和制度层面，为推进统一管理、三级联动提供政策依据，努力实现有章可循、有规可依的赛事工作局面，以保证大学生体育赛事工作的规范化、标准化。此外，要做好统一管理、三级联动，就必须把信息手段作为推进赛事管理的重要环节，科学有效利用现代计算机智能技术对运动员和裁判员注册、竞赛安排、成绩管理、赛事安保、经费管理、商务开发、档案管理等各类赛事信息资源进行整合、规范和优化，推进赛事"互联网+"等多维事务，实现赛事的数据化、集约化运营管理，提高赛事工作和服务的效率，促进赛事管理的科学化。

第五章　大学体育教学评价与学生评价研究

第一节　体育教学评价概述

一、体育教学评价的概念

教学是教与学互动的过程，是教师不断满足学生对知识的渴望并使学生在能力，知识，认知等方面得以提高，成长为社会所需要的人的过程。体育教学评价是新一轮的基础教育课程改革的重点，《基础教育课程改革纲要（试行）》明确指出，要"建立促进学生全面发展的评价体系"。如何科学合理地评价学生的体育与健康成绩，使评价成为促进学生更好地进行体育学习和积极参与体育活动的有效手段，是我国体育与健康课程迫切需要解决的问题。

（一）教学评价的定义

1.广义的教育评价

广义的教育评价是用系统的方法搜集和分析信息资料，在此基础上对教育的社会价值做出判断，对其改善和发展给予指导的过程。定义主要包含以下四个要点。

（1）教育评价对象可以是教育的参与者（人物），如教师、学生、教育管理人员等，也可以是教育现象和活动（事物），如教育思想、教育方针、教育活动，教育过程，教育效果等。

（2）教育评价的本质是对教育的社会价值做出判断。所谓价值，是指客体对主体一定目的、需要、意图．愿望满足的效用。社会价值包括政治价值、经济价值和文化价值。

（3）教育评价的前提是建立在系统地搜集并科学地分析资料基础之上的。

（4）教育评价的目的是改进工作，促进教育发展。为了达到这一目的，要为被评者寻求正确途径，探索改进措施，选择行为决策。

2.狭义的教育评价

狭义的教育评价是根据教育目标对学生通过教育产生的行为变化做出价值判断，为改善和优化教育提供依据的过程。该定义指明了教育评价的对象是教育效果，即通过教育，学生在德、智、体、美、劳各方面行为所产生的变化；评价的基准是教育目标；评价的本质是做出价值判断；评价的目的是为改善和优化教育提供反馈信息。

（二）体育教学评价的概念

体育教学评价是教育评价的重要组成部分，是在教育领域中，普通评价活动的具体表现，该教育评价会在一定的标准之下通过多种科学的手段和方法对体育教学要素、效益以及具体过程的价值进行评判的活动。在该评价活动中，实施教育的社会群体以及组织机构是评价主体，如学校领导、相关的教育行政部门等等。进行体育教育实践的对象则是评价的客体，评价客体可以使活动对象、体育教学要素等等。所以在体育教学评价中，要先对主体需求进行确定，也就是要明白体育教学所要培养的是怎样的人，要实现的终极目标是什么。然后就是对客体进行分析，也就是要清楚体育教学的功能及属性。体育教学具有向学生传授体育知识的价值，培养学生体育能力的价值，完善学生个件，品德等方面的价值和让学生掌握科学锻炼方法的价值等，即应建立起正确的主客体之间的价值关系或者说树立起正确的体育教学价值观。

（三）体育教学评价的含义

体育教学评价具有两层含义，第一，体育教学评价就是对教学成果的评价；

第二，体育教学评价是对教学过程的评价。对教学成果进行评价要在授课结束以后开展，主要通过对学生的学习成绩、学习态度、人格变化等的评价来评价教师教学的水平。换句话说就是，教学质量如何是通过学生来表现的。体育教学评价要基于教育大纲，通过分析教材，制定出明确而具体的行动目标，然后再一次为依据对学生所达到的程度进行评判。但是在此过程中也不能一味地按标准去评判，因为学生成绩的好与坏是受多种因素影响的，因此在评价时一定要综合多种因素去考虑。虽然学生的学习往往都是在教师的指导下完成的，但是对于学生学习的态度、习惯、目的等因素，教师很难去进行直接把控。对于处在相同的学习环境且入学时水平相当的学生而言，只要考核比较客观、真实，就可以提供有价值的评价信息。评价教学成果，关键的问题是要把握方向，把通过体育课将学生培养成什么样的人作为目标，要不然评价就会出现偏离教育目标的情。

（四）教学成果评价与教学过程评价

教学过程就是学生可以通过教师的指导丰富知识、形成思想品质、发展能力的过程。教学过程的评价主要分为三种类型，首先是诊断性评价。诊断性评价指的是为了使计划能够有效实施，在对某项教学活动进行评价前所作的测定性及预测性评价，抑或是根据评价对象面临的问题以及现状进行鉴定。其次是形成性评价。形成性评价指的是在教育活动进行过程中评价活动本身的效果，用以调节活动过程而进行的价值判断。最后是终结性评价。终结性评价是指在某项教育活动告一段落时，对最终成果做出价值判断。也就是对评价对象最终所实现目标的程度进行评价，就是对最终的成绩进行评价。

在此过程中，教师要基于教育目标，通过制定和实施相关的教学计划以及对学生的学习进行指导，使学生逐步实现教育目标。从这个角度来看，教学过程的评价要包含课前、课中、课后等教学的全过程。对教学过程的评价，就是要诊断与教学过程相关的各种因素对教学成果产生何种效果、存在什么问题，从而决定改善的对策。例如，课前发现问题，适当调整教学计划；课中通过观察学生的反映获取反馈信息，并以此为根据修改原定的教学方案；课后根据学生的评价信息，改变下一次课的设计方案等。

对于教学过程以及教学成果的评价，二者既存在差异，也存在一定的联系。教学成果评价的目标是把学生培养成怎样的人，教学过程评价则是侧重于研究应该采用怎样的教学过程才能使学生完成教学目标。二者也有共同的目的，那就是实现最终的教育目标，将学生培养成符合新时代需求的人才。

（五）教学质量评价

在教学工作中，教学质量评价是非常关键的一个环节，教学质量是教师、学生和教学过程中各因素相互影响、相互制约的综合体现，是从多个角度对教师的业务能力、教学技巧、教学的责任心等的整体考核。

二、体育教学评价的特点

（一）体育教学评价功能的决策性

具体来说，体育教学评价的功能有激励、控制、协调、导向等等诸多功能。概括地说，是对各个方面的信息进行广泛的搜集，然后对教学现状所达到的教学目标的程度进行判断，从而对教学实践活动运行进行决策。比如说教师可以根据反馈的信息对教学的程序进行协调，对教学方法加以改进，从而进行正确的决策，使教学活动朝着最终的教学目标而开展。学生也可以通过反馈的信息对自己的学习进行检验，然后发现问题、解决问题，对校领导进行评价，从而获得教学决策信息，以对教学工作加强管理。

（二）体育教学评价指标的客观性

体育教学评价以对教学真正价值的揭示为目的，所以，评价指标必须是客观的，这样才能确保最终所做出的评价是有效评价。评价指标的制定要具备具体性、全民性以及预测性，要尽可能做到能够对体育教学的整体状态和效果进行客观反映。另外，评价指标也要是具体且清晰的，要从教学过程的各种基本因素着手，从中选出可以反映教学质量的主要因素，对这些因素进行细致的分析，并根据这些因素的重要程度赋予其权重值。评价要想实现客观性，就要进行实际的测量，从而使评价精确化。在指标的选取过程中，那些可以进行测量的指标应该作为首选，这样更加有利于最终获得的评价具有客观性。

（三）体育教学评价过程的有序性

体育教学评价的过程是有序的，主要由四个阶段构成，即计划阶段、实施阶段、检查阶段以及总结阶段。在计划阶段中，主要的工作是对评价方案进行设计，评价方案是评价工作的重要依据，具有非常关键的地位。在实施阶段中，主要任务是完成评价的组织工作，对工作职责有一个清晰的认知，严格按照评价方案开展评价活动，将收集和处理评价信息作为工作的重点内容。在检查阶段中，主要任务是深入了解方案的实施情况，如若发现有偏离评价目标的行为，就要及时予以纠正，而从保证评价工作能够顺利进行。在总结阶段中，要以典型材料以及正确的数据为依据，得出最终的评价结论，然后对教学评价制度进行改进。

（四）体育教学评价的即时性

在体育教学中，教师教学的行为以及学生学习的行为都时刻在被评价。教师教学行为是外显的，会直接对学生的学习造成影响，学生学习行为也具有很强的即时性与外显性，教师可以从学生的学习行为中及时得到反馈。这样的即时性会对教师教学评价以及学生的自我评价产生积极影响。因此，教师要抓住这一评价特点，在合适的时机对学生的学习情况做出正确的评价，这样才能使体育教学评价的激励作用得到充分的发挥。

三、体育教学评价的类型

体育教学评价是现代教育和教育科学发展及改革的产物，它与人们以往所熟知的一般的体育教学检查和评定不同，有一套较为完整的理论和方法。现从各种不同的角度、依据不同的标准，对教学评价进行分类。

（一）综合评价和单项评价

基于所涉及的不同方面，可将体育教学分成两种评价的类型：一种是综合评价；另一种则是单项评价。前者指的是对学校整个的教学活动做出系统且完整的评价。比如对某校的体育教学质量做出全面评价。后者则是指评价体育教学活动的某个方面。比如对学生学业成绩进行评价。这两种评价类型评价的对象是整体与局部的关系，如果没有单项评价做出基础性的作用，对体育教学的综合评价是无法顺利实现的。反之，如果不从整体上对体育教学进行把握，也会对单项评价结果造成一定的影响。原因在于学生的体育成绩一定是和教学活动中其他方面息息相关的，单项评价势必是寓于综合评价系统中的，因此，不管是单项评价还是综合评价，都是不容忽视的。

(二) 对学生的评价和对教师的评价

教学活动的参与者主要为教师和学生，因此，体育教学评价也可以被分成对教师的评价以及对学生的评价。作为教学活动的参与者，教师和学生的具体表现会对教学过程的性质以及最终取得的教学成果进行集中反映。所以，在教学活动中，对教师和学生表现的评价必然是教学评价的重中之重。

(三) 内部参与者的评价和外部参与者的评价

参与教学评价的评价人员可被分为两类：一类是内部参与者；另一类是外部参与者。内部参与者不仅包括教师和学生，还包括校领导以及教师的同事；外部参与者不只是家长，还包括学校相关人员以及社会相关人员。以此为依据去划分，体育教学评价是教师和学生进行的自我评价，也有教师和学生互相做出的评价以及教师同事以及校领导做出的评价。从外部参与者的方面来说，还包括家长以及其他社会、学校相关人员对教学活动做出的评价。

(四) 主观评价和客观评价

从教学评价运用方式来讲，有以评价者通过听课、谈话，以主观体验方式而进行的主观性评价，也有以通过客观的测量和测验收集资料而做出的客观性评价。从达到的结果看，又有定性的评价和定量的评价之分。但是实际上所做出的教学评价，一般是通过主观与客观相结合，定性与定量相结合而开展的评价活动。

（五）相对评价和绝对评价

由于体育教学评价的标准不同，又有相对评价和绝对评价之分。相对评价是以被评价对象为集合，考虑该集合目前状态，在确定标准之后将各个体与之相比较。绝对评价是以被评价对象为集合，不考虑该集合体的现状，使其同标准对比，让各个个体知道与目标的差距。相对评价和绝对评价的标准的性质区分在于前者是表现在正态分布中的、一贯稳定的、个人和个人之间的差异，它在原则上属于"心理测定性"，后者是以达到目标的形式，设定所期待的、通过教育活动来实现的学习内容，并且就每个人来测定这些目标是否达到，它在原则上属于"教育测定性"。

（六）初始评价、形成性评价和终结性评价

这个分类已被广泛接受，也比较适合我国的教学实践。

初始评价（诊断性评价）的目的主要是通过了解学生的准备状态，以便更好地编班分组，妥当地安排教学计划。它经常要通过专门的"摸底"，一些测验在教学活动开始前或开始时进行。形成性评价在教学过程中进行，目的是通过对仍在发展和进行中的教学活动进行价值上的判断，探究教学中所存在的问题或缺陷，以便形成适合于教学对象的教学方法或教学手段。

形成性评价不但会对学生的学习提供反馈以对学生的学习行为加以改进，还会对教师的教学进行评价，从而有效提高教师的教学质量和效果。形成性评价有着区别于其他评价的诊断及改进教学的功能，所以在目前的教学评价中，该评价方式成为主要的评价方式，引起了教育领域的极度重视。

终结性评价是在教学活动完成之后，对教学成果进行的评价，是对已经完成的教学加以价值判断，目的是为做出各种决定或决策提供资料或依据。人们习惯采用的教学评价基本上都是终结性评价。我们普遍采用的学生成绩报告单就是终结性评价结果的典型表现。

上面提到的这些都是目前比较重要的几种评价类型，这样划分下来，相信大家会对体育教学评价的含义有一个更加清晰的认知。人们还可以基于不同需求，

从多个角度对体育教学评价分类。

四、体育教学评价的发展趋势

(一)由考核、选拔转向诊断、改进

传统的教学评价是一种以教学目标为依据的鉴定或考核，旨在对教师或学生进行选拔或淘汰；而现代教学评价的目的则在于改进教学，体现了"以学生的发展为本"的现代教学观、评价观。具体表现为：①评价教学活动成败的首要指标在于学生如何学习，结果如何，为学生提供反馈信息，纠正错误，提高教学质量。②客观地判定教师的教学水平，能让教师更好地把握教学设计，教学方法、学习方法上存在的问题。③为了诊断教学疑难，修订课程计划或教学目标，因此，教学评价也被称为"教学分析"。

(二)扩大了评价对象和范围

早期的教学评价集中于学生的学习成绩和课堂教学，随着教育事业的发展，教学评价的功能和作用日益受到重视，教学评价的对象不仅是学生，教师，还有课程建设、教学计划，教学目标以及学校领导，教学管理等领域，使之成为学科自我调控、自我完善和自我教育的动态过程，成为教育领导部门进行宏观管理和决策的必要制度。

(三)由静态转向动态

随着教学技术的发展，教学评价的对象已从静态教学成果的评价转向动态的教学过程的分析和评价，并在不断深入发展，即利用录音，摄像等手段对教学过程进行观察、记录，以便于分析，评价和交流。

(四)重视自我评价的作用

传统教学评价把被评价者视为接受检查的客体，与以上四个转变直接相关，现代教学评价则日益重视被评价者在评价过程中的地位和作用，尤其重视通过形成性评价的调控机制促使被评价者通过自我分析、自我认识达到自我提高的目的，形成自我评价机制；同时可以使评价者与被评价者在对话中增加沟通和理解，提

高对评价的认识。

第二节　体育教学评价的标准、结构与评价内容

一、体育教学评价的标准

体育教学评价标准是对体育教学质量要求的具体规定。标准定得是否恰当，对评价工作的效果具有很大的影响，它关系到整个体育教学评价工作的科学性和方向性。为了使教学评价达到预期的目标，对体育教学活动起到应有的作用，进行评价工作时必须确定恰当的评价标准。

（一）制定体育教学评价标准的依据

1. 教学评价标准的设计要考虑社会对体育教学的要求

体育教学是一种社会现象，它受社会的制约，并通过培养身心健全的人来推动社会的发展与进步。社会对体育教学的要求具体体现在《课程标准》与《体育教学大纲》中，它们对人才的标准和体育教学都做出了规定，这是制定体育教学评价标准的依据。因此，深入研究课程标准和体育教学大纲，尤其是研究体育教学目标是制定体育教学评价标准的前提。

2. 教学评价标准的制定要以相关教育学科知识为基础

教育学科是揭示教育教学规律的科学，体育教学活动只有以它为指导才能收到好的教学效果。体育教学评价是理论与实际相结合的活动，没有相关的理论知识，评价活动就不能很好地进行，更不能很好地指导体育教学实践。如不掌握教学的本质、教学原则、规律、方法等理论，就不能制定出科学的评价标准，更不能指导体育教学实践。

3. 评价标准要考虑被评价总体的状态和水平

教学评价本身并不是目的，它是使教学达到预期目标的一种手段。通过评价发现教学中存在的问题，并提出解决的方案，使体育教学活动处于优化状态。因此，制定评价标准时要考虑到被评价总体的状态和水平，这样，评价工作才具有有效性。评价标准过高，可能使被评价者认为无法达到从而丧失前进的勇气和信

心；评价标准过低，也可能导致被评价者的自满情绪而止步不前。

（二）体育教学评价标准的结构

体育教学评价标准的结构是指体育教学质量评价标准的构成体系，包括组成部分和层次，又称指标体系。一般来讲，教学评价标准由以下三部分构成。

1. 效能标准

效能标准主要包括两个部分：一个是效果标准；另一个则是效率标准。前者是从工作效果入手来确定教学评价的标准。在确定标准时主要从三个方面着手。第一，体育基础知识、基础技能掌握的标准，其主要就是对学生在体育教学活动中对体育基础知识与技能的质量和数量掌握情况的考查。第二，能力发展标准。在体育教学活动中，要致力于对学生个性与智力的培养，将锻炼学生的体育技能和习惯放在重要位置。第三，思想品德教育标准。也就是在体育教学中融入思想品德教育。效率标准通常指的是以产出和投入的比例对工作成果加以衡量。从体育教学评价上讲，效率标准则是指评价活动要对教和学的时间因素予以重视，也就是说要在特定时间里，去关注教师是否按照教学大纲完成了教学任务，学生的体育知识、技能的掌握、思想的培养以及健康方面是否得到了改善，是否达到了应有的水平。

效果标准和效率标准是非常相近的，但是二者也存在一定的差异。前者是基于提前制定的目标对工作成果进行考察，在此过程中不需要考虑时间成本以及人力、物力。后者在教学评价中属于根本标准，会将时间、人力、物力和成果综合起来考察，可以有效提高教师的教学效果以及教师对工作的重视程度。在实际的体育教学评价中，效果标准以及效率标准都是缺一不可的，要将二者结合起来进行教学评价。

2. 职责标准

职责标准主要是以评价对象所承担的责任和完成任务的情况去评价。评价体育教师的教学工作时，首先，要看备课的质量，即对体育教学大纲钻研的程度，对学生了解是否清楚，对教材重点、难点是否明确，教案的编写、场地器材布置是否合理等。其次，看上课的质量，主要看授课内容是否科学，教学目的是否明确，重点是否突出，方法、手段是否有效，语言是否清晰，示范动作是否正确，优美等。再次，看教学过程是否贯彻了体育教学原则的各项要求。如果贯彻了正确的体育教学原则，教学过程必然是生动活泼，效果好，反之则效果差。

职责标准可以使被评价者增强事业心和责任感，关心教或学的全过程。但这方面在评价过程中不能过于偏重，应与教学工作成果结合起来，防止形式主义。

3. 素质标准

素质标准是从承担各种职责或完成各项任务应具备的条件的角度提出的标准。比如作为一名合格的体育教师，要掌握扎实的体育专业知识，了解教育教学规律，具备科学的世界观以及高尚的道德品质，要从内心里热爱体育教育事业，要具备强烈的事业心、责任心。这些都是一名体育教师应具备的基本素质。素质是评价对象的基础与条件，它可以持久性地发挥作用，并且对以后的发展方向起到决定性作用。

体育教学活动是复杂的。评价的素质标准反映着对体育教学系统中各部分素质的要求，对优化体育教学起着决定性的作用；职责标准反映着体育教学系统中各部分的职责要求，它主要是促进体育教学活动的优化；效能标准是对体育教学系统运转效果和效率的要求，是素质标准和职责标准功能的反映。三个部分既有独立性，又有统一性，效能标准是其核心，尤其是效果标准。在具体的评价标准中，这三个部分并不是并列的关系，可能偏重效能标准，也可能偏重素质标准，还可能偏重职责标准，具体是哪一种情况，则需要基于实际情况确定。

二、体育教学评价的结构和内容

我们根据"评价什么"和"谁来评价"这两个体育教学评价的主要要素为横轴和纵轴做一个象限，可以得出"体育教学评价的结构和内容图"，如图5-1所示。从图中可以看出，教学评价主要由以下四大类（八小类）组成，如果加上其他非主要性评价（如家长对学生的评价）等，应有九类教学评价，这些评价都与体育与健康课程的教学评价有关。

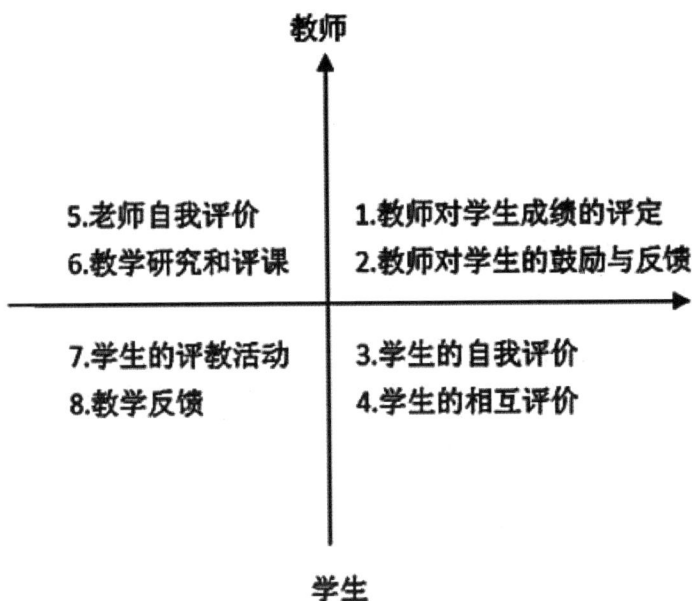

图 5-1 体育教学评价的结构和内容图

（一）教师对学习过程的评价

教师对学习过程的评价是体育教学评价中传统的评价方式，由于评价的主体是最有经验的教师，而评价的对象又是最反映教学效果的教学过程和其中的学生，因此这个评价一直受到人们的重视。这种评价又包括有"教师在学习过程中对学生的激励评价"和"教师在学习过程结束时作为学习结果对学生的体育成绩评定"两种评价形式。

（二）学生对学习过程的评价

学生对学习过程的评价是新的教育理念和新的《体育与健康课程标准》非常提倡和重视的评价，这种评价也包括教学过程和教学效果两个方面，主要形式有学生的自我评价和学生间的相互评价两种。这两种评价有利于培养学生的自我反省和客观评价的态度，具有特殊的教育力量。它还有助于学生的民主素养的形成，有助于培养学生正确地行使自己的民主权利的能力，同时还可以使学生在评价实践中不断提高观察事物和分析问题的能力。但是，这种评价应从学生的年龄阶段的实际出发，学生年龄过小时不宜使用这种评价，我们既要强调和重视学生的评价，又不要完全依靠学生的评价。

（三）学生对教学过程的评价

在现代的教育理念中，人们也十分重视学生对教学过程的评价，这一评价主要包括两个评价方面：一是对教学过程的评价；二是对教学效果的评价。评价形式也分为两种：一种是学生在学习时对教学活动随时做出的反馈，这属于非正式的评价活动；另一种则是学生参与的评教活动，这通常属于一种正式的评价活动。

（四）教师对教学过程的评价

教师对教学过程的评价是为不断提高教学质量，评价的形式也包括两类：一类是"教师对自己教学情况的自我评价"；另一类是"教师之间的相互评教活动"。前者和后者都有正式和非正式的形式，在人员方面有个人的、体育组内的、校内督导的和校际的形式，在时间上有平时的和集中性的形式等。

（五）其他评价

即非教师和学生对体育教学的评价，如家长对学生体育学习的评价。国外的PTA（家长教师联合会）对体育教学的评价等属于这种评价。由于这种评价的主体既不是体育专业人员，又没有参与体育教学过程，因此只能是一种辅助性和参考性的评价。

三、新课标下体育教学评价的探索内容

教学评价在体育教学中起着重要的导向作用。由于受"应试教育"的影响，传统的学校体育教学中存在着只重视对学生体育成绩的评价，而忽视对学生思想品德、学习过程、个体差异等方面的评价。《体育与健康课程标准》（下面统称《课程标准》）明确提出了要力求突破注重终结性评价而忽视过程性评价的状况，强化评价的激励、发展功能而淡化其甄别、选拔功能，把学生的体能、知识与技能、学习态度、情感表现与合作精神纳入学习成绩评定的范围，并让学生参与评价过程，体现学生学习的主体地位，提高学生的学习兴趣。因此，我们要根据新的《课

程标准》，结合实际情况，在教学过程中努力转变观念，改变评价的内容、形式和标准，从而促进体育教学效率和质量的提高。

（一）注重互动——教师评价与学生评价相结合

传统的体育学习评价只是单一地采用教师对学生的外在评价，即教师对照锻锻标准、体育课的评分标准，对学生进行测试和评分，而较科学、合理、公正的体育学习评价形式应是：在对学生学习成绩进行评定时，既要有教师从外在对学生进行的评定，还要有学生对自己的学习情况进行的评价，以及学生间的相互评价。因此，学生在评价过程中也拥有主动权，采取教师评，学生相互评和自我评价相结合的方法，根据不同的教材内容，灵活地选择不同的评价方法。一方面，学生是教学目标的实践者，他们亲身体验的内容，自己最有发言权。特别是那些无法用定量表现的内容，包括情感，意志、态度、兴趣等，都是外在不易显露的心理倾向，只有通过自我评价才能获得真实的材料。另一方面，学生只有真正地掌握自己，驾驭自己，才能提高自己。所以，学生相互评价和自我评价的过程还是学生对自己学习行为负责、自我调控的过程，能让学生在评价中学会技能，学会学习的方法。

（二）以人为本——能力评价与情感评价相结合

体育课堂教学评价的功能表明，合理的评价方式可以把体育知识，能力、情感和动作技能的形成评价有机地融为一体，并借助它有效地改善教学活动，丰富课堂教学内容，提高课堂教学效率。传统的教学评价模式忽视了学生丰富的思想和情感，只重视评价学生的体育能力，如动作掌握情况、成绩标准及等级状况以及道德行为表现等等，而忽视了情感领域的评价。因为学生的体育能力和成绩是可见的、可测的，容易操作，但对学生思想和情感的评价却要复杂得多。然而，大量教学实践表明，积极的情感评价和沟通能促进学生体育知识的掌握和运动技能的形成与提高，促进学生身心健康发展。因此，在体育课堂教学中，要尝试建立态度、情感、能力，成绩并重的多维立体的评价体系、评价方法和评价标准，科学地评价学生体育学习的表现和所取得的进步，把评价的焦点从学生能力扩大到参与状态、交往状态和情绪状态等。教师在教学评价中要以人为本，能力评价与情感评价相结合，以鼓励性评价为主，通过情感领域的评价调动和发挥非智力和体力因素，促进体育课堂教学效率和质量的提高。

（三）关注差异——整体评价和个别评价相结合

从客观上讲，学生个体之间是存在明显的差异性的，部分学生仅仅凭借身体条件的优势就能取得很好的成绩，但是有的学生可能在思想和行动上都做出了很多努力，却依然不能取得理想的成绩，永远体会不到成功带来的愉悦，长此以往，学生就会对体育慢慢失去兴趣和动力。因此，我们在进行整体评价时，还要充分考虑学生的个体差异，看到每一位学生的优点和长处，要根据学生各自的特点给出最客观的评价，摒弃"千人一面"的评价思想。比如我们可把成绩的提高量作为评价的一个重要标准。学期初，设立原始成绩；学期末，测定成绩，计算学生成绩提高的幅度，结合其他方面的评价，得出最终的体育成绩。或者根据学生的身体素质、运动能力、体质状况和自我要求等要素，综合分析后分类编成 A、B、C 三组。将三组的难度从整体上相对分为难、较难和适中，要求 A 组、B 组、C 组难度依次降低。这样，表面上三组之间差距较大，由于评价的尺度有差别，各层次学生在完成学习任务的难度上基本处于同一起跑线，使得教学评价更加科学合理。每个学生无论身体条件优劣，身体素质好坏，只要通过努力，成绩有一定程度的提高，就有机会获得成功，从而引导学生注重努力提高，使学生树立正确的体育意识。

（四）注重过程——过程性评价和终结性评价相结合

在我国各级学校体育课程教学中，经常采用的成绩评价方法是终结性评价。因为这样的"一锤定音"的评价方式通常会在学期或者学年结束的时候开展，所以评价的反馈功能便大打折扣，对激励学生学习，帮助改进教与学的方法以及提高教学效果的作用并不大。当前，很多发达国家都开始采用过程性评价。其着眼点在于学习的整个过程，利用多种评价方法和工具，经常对学生的学习态度、情感表现、技能掌握程度，体能锻炼效果等方面进行评定，并且及时将评价结果反馈给学生，以便及时得到强化。从教育心理学的角度来看，大量研究结果表明，学生及时了解学习的结果，包括看到所学知识在实际应用中的成效，进步的幅度等，均可激发进一步努力学习的动机。对学习结果的肯定本身就是一种鼓励，它能产生或加强学习动机。因为知道学习成效，看到自己的进步，从而使学习的态度和手段得到加强，激起进一步学好的愿望，同时通过不断地反馈又能看到自己的缺点，激起上进心，并采取有效的措施解决存在的问题。尽管终结性评价方法简便易行，而过程性评价比较烦琐，不易操作，但过程性评价方法更有助于学生有效的学习和进步。所以在教学中，要将过程性评价与终结性评价相结合，从而给出最具体且真实有效的评价。

总而言之，作为教学活动的重要组成部分，教学评价必须要基于学生的发展树立正确的评价观，使评价形式多样化，评价内容多元化，评价标准多向化，坚持以人为本的理念，实现互动，引导和激励每一位学生品尝到成功的喜悦，以推动体育课堂教学的质量与效率得到进一步提高。

第三节　大数据背景下高校体育教学评价体系的构建

一、大数据概述

（一）大数据的概念

随着社会化网络的兴起以及云计算、移动互联网和物联网等新一代信息技术的广泛应用，全球数据量呈现出前所未有的爆发增长态势。大数据带来的信息风暴正在逐渐改变我们的生活环境、工作习惯和思维方式。我们看到在商业、经济、医药卫生及其他领域中决策正日益基于数据和分析而做出，而并非仅仅基于经验和直觉。大数据是近年来科学研究的核心所在，其已成为信息时代新阶段的标志，是大型信息系统和互联网的产物，是实现创新驱动发展战略的重要机遇。大数据的发展与应用，将对社会的组织结构、国家治理模式、企业的决策机构、商业的业务策略以及个人的生活方式产生深刻的影响。后美国政府将"大数据战略"提升为最高国家发展策略，将大数据定义为"新石油"，把对数据的占有与控制作为陆海空权之外的新国家核心能力。

对于"大数据"（Big data），是指那些需要利用新处理方法才能通过数据体现出更强决策力、洞察力和流程优化能力的海量、高增长率和多样化的信息资产。

从认识论的角度说，科学始于数据。人类历史上的大数据，源于科技领域，确切地说源于大科学研究。位于瑞士的欧洲核子研究中心由全球逾 8000 位物理学家合作兴建的大型强子对撞机，刚试运行起数据量即达 25PB/ 年，可以说他们率先创建了"大数据"的概念。旨在测定人类基因组 30 亿碱基遗传密码的基因组计划，进行个体基因组测定时，数据量即已高达 13PB/ 年。而此计划后，学界受其鼓舞开展了一系列遗传背景迥异、不同疾病群体以及大量其他物种的基因组测序，数据量迅速逼近 ZB 级（是 PB 的百万倍），不约而同地创造了"大数据"概念。今天人们常用的互联网最初就是这些领域的科学家为解决海量数据传输而发明的。

传统哲学认识论是以人为主体，而在大数据背景下的认识论主体发生了分化，即认识论主体的意向方和实施方分离，意向方仍然是人类，而实施方则由人类变成了机器，意向方和实施方各自承担着自己的需求职责，认识的动机和目的发生了相应的变化，任何人只关注对自己有用的信息，而机器提供可视化分析，形成大数据认知外包的特性。

大数据通过海量数据来发现事物之间的相互关系，通过数据挖掘从海量数据中寻找蕴藏其中的数据规律，并利用数据之间的相互关系来解释过去、预测未来，从而实现新的数据规律对传统因果规律的补充。大数据能预测未来，但作为认识论主体意向方的人类，只关注预测的结果，而忽视了预测的解释，这就造成预测能力强、解释能力弱的局面。

大数据模型相比于统计建模，二者存在本质上的差异。从科学研究的地位而言，统计建模在理论研究以及经验研究中充当配角和检验者的角色；但是在大数据科学研究中，数据模型往往属于主角，充当的是科学理论的角色。

就数据类型来说，统计建模的数据通常是精心设计的实验数据，具有较高的质量；而大数据中则是海量数据，往往类型繁多，质量参差不齐。就确立模型的过程来说，统计建模的模型是根据研究问题而确定的，目标变量已经提前确定；大数据里的模型一般是根据海量数据确定的，而且在有些情况下，目标变量并不确定。就建模驱动不同来说，统计建模是验证驱动，强调的是先有设计再通过数据验证设计模型的合理性；大数据模型则是数据驱动，主要强调建模过程以及模型的可更新性。

大数据思维是指一种意识，认为公开的数据一旦处理得当就能为千百万人急需解决的问题提供答案。量化思维：大数据是直觉主义到量化思维的变革，在大数据量化思维中一切皆是可量化的，大数据技术通过智能终端、物联网、云计算等技术手段来"量化世界"，从而将自然、社会、人类的一切状态、行为都记录并存储下来，形成与物理足迹相对应的数据足迹。全局思维：是指大数据关注全数据样本，大数据研究的对象是所有样本，而非抽样数据，关注样本中的主流，而非个别，这表征大数据的全局和大局思维。开放共享、数据分享、信息公开在分享资源的同时，也在释放善意，取得互信，在数据交换的基础上产生合作，这将打破传统封闭与垄断，形成开放、共享、包容、合作思维。大数据不仅关注数据的因果关系，更多的是相关性，提高数据采集频度，而放宽了数据的精确度，容错率提高，用概率看待问题，使人们的包容思维得以强化。关联思维、轨迹思维：每一天，我们的身后都拖着一条由个人信息组成的长长的"尾巴"。我们点击网页、切换电视频道、驾车穿过自动收费站、用信用卡购物、使用手机等行为一这些过去完全被忽略的信息一都通过各种方式被数据化地记录下来，全程实时追踪数据轨迹，管理数据生命周期，保证可靠的数据源头、畅通的数据传递、精准的数据分析、友好可读的数据呈现。预测思维：预测既是大数据的核心，也是大数据的目标。

从技术上理解，大数据是一次技术革新，对大数据的整合、存储、挖掘、检索、决策生成都是传统的数据处理技术无法顺利完成的，新技术的发展和成熟加速了大数据时代的来临，如果将数据比作肉体，那技术就是灵魂。大数据时代，数据、技术、思维三足鼎立。《大数据时代》作者维克托认为大数据使我们真正拥有了决定性的价值资源，它是新的黄金。这里值得注意的是，大数据的意义不在于掌握海量的数据，而是通过数据挖掘等手段对其进行专业的分析来实现数据的"增值"。

大数据可分成大数据技术、大数据工程、大数据科学和大数据应用等领域。目前人们谈论最多的是大数据技术和大数据应用。工程和科学问题尚未被重视。大数据工程指大数据的规划建设、运营管理的系统工程；大数据科学关注大数据网络发展和运营过程中发现和验证大数据的规律，及其与自然和社会活动之间的关系。

物联网、云计算、移动互联网、车联网、手机、平板电脑、PC 以及遍布地球各个角落的各种各样的传感器，无一不是数据来源或者承载的方式。

核心价值在于对于海量数据进行存储和分析。相比现有的其他技术而言，大数据的"廉价、迅速、优化"这三方面的综合成本是最优的。大数据必将是一场新的技术信息革命，我们有理由相信未来人类的生活、工作也将随大数据革命而产生革命性的变化。

（二）大数据的特点

数据分析需要从纷繁复杂的数据中发现规律并提取新的知识，是大数据价值挖掘的关键。经过数据的计算和处理，所得的数据便成为数据分析的原始数据，根据所需数据的应用需求对数据进行进一步的处理和分析，最终找到数据内部隐藏的规律或者知识，从而体现数据的真正价值。大数据的分析技术必须紧密围绕大数据的特点开展，只有这样才能确保从海量、冗杂的数据中得到有价值的信息。

维克托·迈尔-舍恩伯格及肯尼斯·库克耶编写的《大数据时代》中，大数据一般具有"4V"特点：Volume（大量）、Velocity（高速）、Variety（多样）、Value（价值）。具体来讲，大数据具有如下特点。

1. 数据体量巨大

大数据通常指 10TB（1TB=1024GB）规模以上的数据量，之所以产生如此巨大的数据量，一是由于各种仪器的使用，使用户能够感知到更多的事物，从而这些事物的部分甚至全部数据就可以被存储下来；二是由于通信工具的使用，使人们能够全时段地联系,"机器 - 机器"(M2M)方式的出现,使得交流的数据量成倍增长;三是由于集成电路价格降低,使很多电子设备都拥有了智能模块,因而这些智能模块的使用过程中依赖或产生大量的数据存储。

2. 流动速度快

数据流动速度一般是指数据的获取、存储以及挖掘有效信息的速度。计算机的数据处理规模已从 TB 级上升到 PB 级,数据是快速动态变化的,形成流式数据是大数据的重要特征,数据流动的速度快到难以用传统的系统去处理。

3. 数据种类繁多

随着传感器种类的增多以及智能设备、社交网络等的流行,数据类型也变得更加复杂,不仅包括传统的关系数据类型,也包括以网页、视频、音频、E-mail、文档等形式存在的未加工的、半结构化的和非结构化的数据。

4. 价值密度低

数据量呈指数增长的同时,隐藏在海量数据中的有用信息却没有以相应比例增长,反而使获取有用信息的难度加大。以视频为例,连续的监控过程中,可能有用的数据仅有一两秒。大数据"4V"特征表明其不仅仅是数据海量,对于大数据的分析将更加复杂,更追求速度,更注重实效。

二、大数据背景下高校体育教学评价体系的特点

(一)评价体系更加数据化

随着大数据时代的到来,将数据与高校体育教学评价结合已经成为一种可能,大数据的加入为高校的体育教学评价体系带来了更好的发展机会,也带来了更多的优势。高校的体育教学评价体系的数据化,让体育教学的评价变得更加客观,和传统的主观评价相比也更科学化。传统的教学评价体系主观性较强,老师对学生进行评价主要是靠成绩,学生对老师进行评价主要是靠自己的主观感受,但是大数据的出现,将各项评价指标数据化,可以准确地对课堂以及大家的每一项指标都记录下来,然后以此作为评价的依据,可以让大家更客观、准确地认识到自己。

（二）评价内容更加多元化

在以往的体育教学中，期末考核成绩是对学生表现进行评价与衡量的唯一标准，然而这样的评价标准过于单一，对于学生的全面发展是不利的。通过应用大数据，学校可以对教师和学生的多个方面都可以进行考核，而不是仅仅针对某个方面。比如在学生的体育教学活动评价中，不仅仅对学生的体育能力进行考核，而是会将学生的运动能力、理论知识的掌握、学习态度、进步的程度等等综合在一起去考核，从而对学生做出一个最全面且客观的评价。在对教师进行评价时，也不会只根据教师所带学生的成绩进行评价，还要对教师的课堂效果、备课工作等多个方面综合起来进行评价。总而言之，自从有了大数据以后，学校的考核内容变得更加丰富了。

（三）评价手段更加智能化

从高校以往在体育评价中采取的评价方式中可以看出，在对师生进行评价和考核时往往都是依靠人为操作，这就难免会产生很多纰漏，或者在计算数据时出现错误，并且还会花费很多的人力、物力。随着智能化应用的发展和普及，在体育评价系统中也开始变得智能化，这样不仅省时省力，同时还能大大减少出现纰漏的情况。高校体育评价系统的智能化，可以实现对学生各项指标及数据的快速采集、统计、整理以及分析，利用智能化手段去处理各种数据，不仅会节省很多时间，同时错误量也会大大降低。

三、构建大数据背景下高校体育教学评价体系

（一）构建高校体育教学评价主体框架

评价按主体可分为两类：一是自我评价；二是他人评价。影响教学评价的因素有很多，但主要因素是"教"和"学"的效果，"教"指体育教师的教学情况；"学"指学生的学习情况。因此，我们在构建高校体育教学评价系统时，应该认识到不同的评价主体具有不同的作用，通过评价指标和指标权重中来明确主体间的共性与个性。在本研究中，我们选择的评价主体有4个，即体育教师、学生、同

行和体育教学主管部门人员。具体框架如图 5-2 所示。

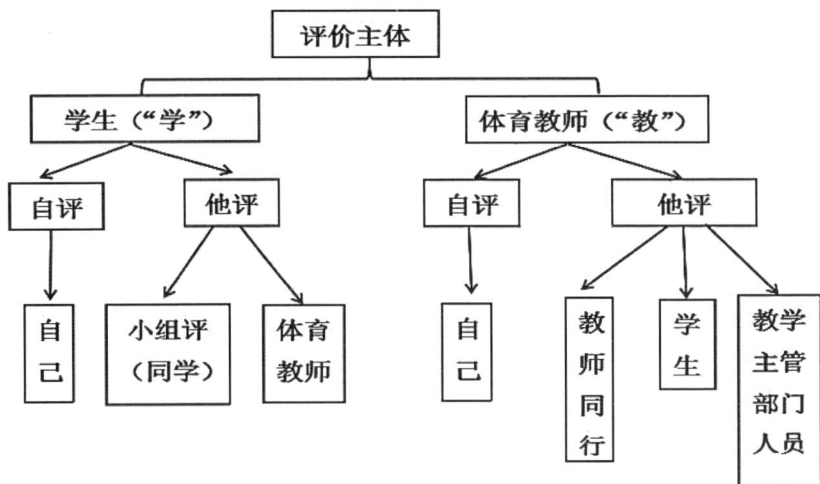

图 5-2 体育教学评价主体框架图

1. 对学生的体育教学评价活动

（1）学生的自评活动

学生自我评价是指学生对自我学习质量的一种认识，即学生对学习过程的一种自我认识，自评有助于学生自我了解学习过程中问题，从而改进自我的学习方法，进而提高学习质量。学生根据评价指标进行自我检查、总结与评价。从而认清自己的优缺点，在以后的学习过程中充分发挥主观能动性，促进自身的学习的进步。学生可以通过登录自己的评教账号，对自己的上课情况进行自评。

（2）小组（同学）的评教活动

小组评教就是将班级学生平均分组，小组成员采取一对一的评价方式按照指标进行评价。这样能不但更好地激发学生之间体育学习的积极性，同学之间相互促进学习，而且能借鉴他人的体育学习方法，改进自己的学习方法。所以采取组评的形式能更多地收集学生在体育学习过程中发展、变化和进步的资料。体育教师提前录入分组信息，学生登录评教账户对同组其他组员进行评价。

（3）体育教师的评教活动

在对学生进行体育教学评价的活动中，体育教师是评价的主体，而学生是评价的客体，体育教师对学生的评价是最真实、直接的和最有说服力的。学生的体育学习情况如何，最有发言权的是体育教师，所以在对学生进行体育教学评价时，体育教师的评价是主要组成部分。体育教师可以登录教师系统对所代课班级的学生进行体育教学评价。

2. 对体育教师的教学评价活动

（1）体育教师的自评活动

体育教师自我评价是指体育教师对自我教学质量的一种认识，是教学质量评价的基本方式。体育教师进行自我评价，可以清楚地认识到自我在体育教学过程中的不足，从而自我改进。体育教师登录教师系统对自己的上课情况进行自我评价。

（2）学生的评教活动

学生和体育教师是体育教学成败的直接联系人，学生对体育教师的评价是最有说服力的。所以不能忽视学生的评教活动。在学生评教时，我们要清楚学生是主体而体育教师是客体，学生作为主体，主动作用于教师。学生可通过登录自己的评教账号，对体育教师上课情况进行评价。

（3）同行评教活动

同行评价是同行体育教师对体育教师的教学质量一种认识，在评价过程中，同行体育教师是主体，而被评价的体育教师是客体。在同行评价时，同行教师不能凭借主观经验去评价，更不能以个人感情等非教学因素去评价，从而忽视了具体的体育教学课堂调查。同行体育教师可以以旁听的方式对体育教师进行体育教学评价。

（4）体育教学主管部门人员评教活动

首先体育教学主管部门人员熟知体育教学内容和目标，其次体育教学主管部门人员能直接掌握体育教师的第一手资料，因此因而他们的评价具有权威性。体育教学主管部门人员对体育教师的上课情况可以采取抽查、旁听的方式进行评价。

（二）构建高校体育教学评价指标体系框架

高校体育教学评价的指标就是指体育教学评价的内容，大数据应用背景下，高校体育教学评价指标体系应形成相对的层次结构。在体育教学评价中包括评价目标层、准则层、子准则层，本节构建的评价指标体系由体育教师教学评价指标体系和学生体育教学评价指标体系组成，如图5-3和图5-4所示。

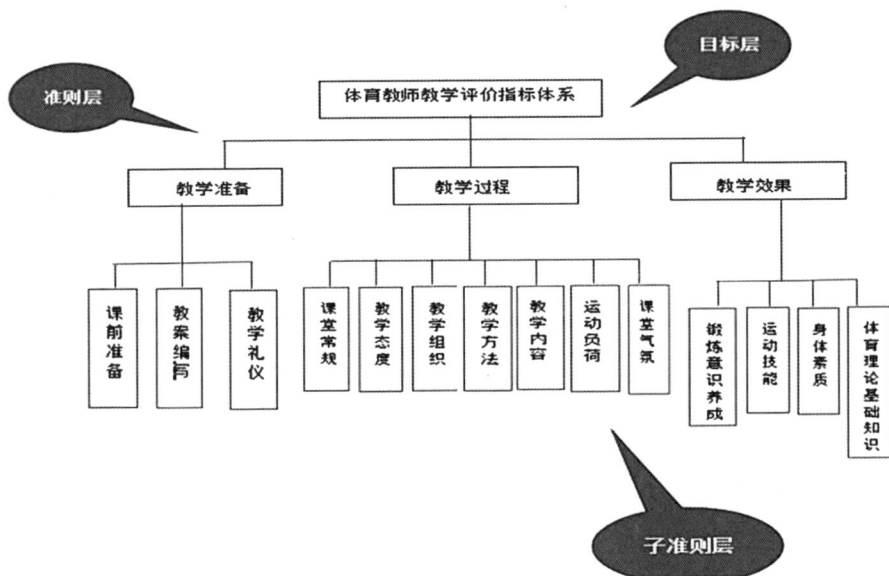

图 5-3 体育教师教学评价指标体系框架图

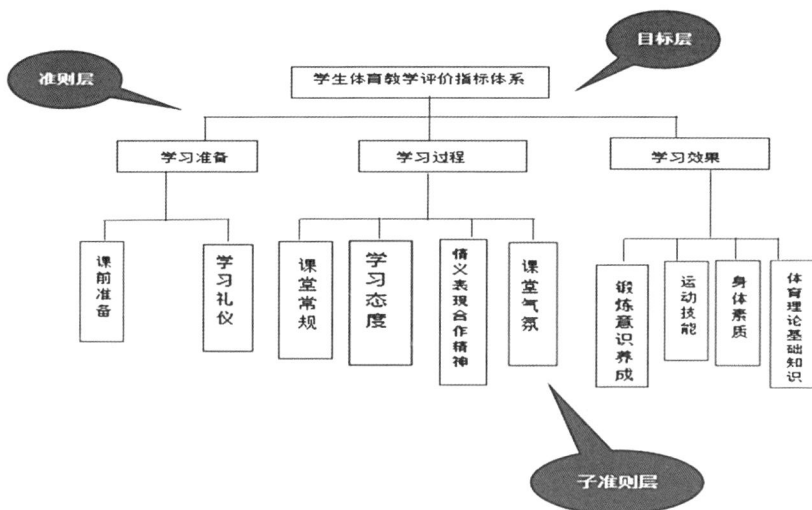

图 5-4 学生体育教学评价指标体系框架

（三）构建大学体育教学评价流程

根据目前高校教学评价实施现状分析，笔者在大数据应用背景下设计了高校体育教学评价的流程，主体用户分别是教学管理者、教师、学生三类，评价流程大概包括数据收集、数据分析、评价结果输出和结果反馈等环节，具体流程如图 5-5 所示。

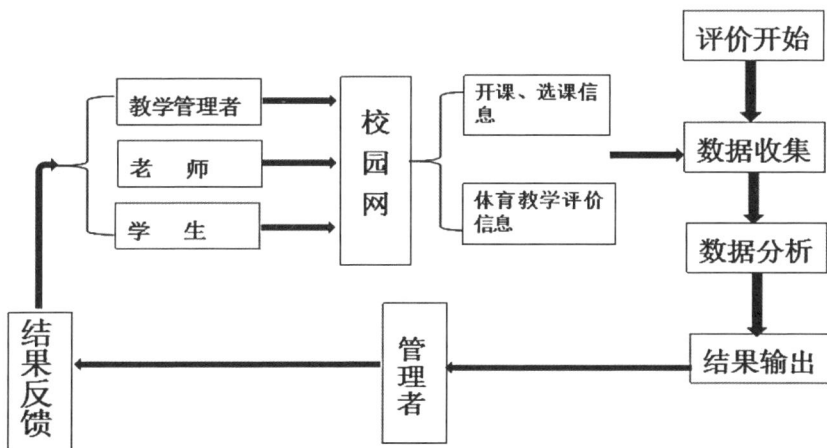

图 5-5 高校体育教学评价流程图

1.数据的收集

数据采集是在新建好一个项目以后，根据项目类别、已规定评价方法等，最后录入评价数据。在本研究中，领导、体育教师和学生从校园网平台录入体育教学评价数据，同时可以有添加、修改、删除等操作功能。主要收集的数据是体育教师的基本信息（姓名、教龄、性别等）、学生的基本信息（姓名、性别、学号、年级、专业等）以及领导、教师和学生的体育教学评价信息，按照统一的格式存入到数据库，数据库及时保存录入的评价数据，以确保后期评价分析的顺利进行。

2.数据的处理分析

大数据应用背景下，高校体育教学评价过程中所收集的数据我们可以应用大数据相关技术进行处理，将大数据相关技术运用到在体育教学评价中，可以将采集到的数据进行整合分析，深度挖掘并获取大量的信息，使评价结果较为科学、客观，具有一定的应用价值。

大数据中通常采用数据挖掘的方法来处理数据，而且数据挖掘中包含了许多算法，例如决策树分类器 C4.5、K- 均值算法、支持向量机、Apriori 算法、最大期望估计算法、PagePank 算法、AdaBoost 算法、K 最近邻分类算法、朴素贝叶斯算法、分类与回归树算法等。我们在体育教学评价过程中，数据挖掘过程可以概括为数据准备、数据挖掘以及结果分析这三个阶段。

3.结果输出及反馈

在评价结束以后，还有一个至关重要的环节不容忽视，那就是反馈环节，可以说如果缺少了这一环节，整个评价活动是不完整的。通过最终的反馈环节，体育评价才能真正地发挥作用，如果体育教学评价没有反馈环节，评价活动也就失去了原本的价值和意义。在大数据时代，高校体育教学评价可通过智能设备在网络上对教学管理者、教学主体以及学习主体做出及时地反馈，从而使反馈效果有效提升，进而更好地实现教学评价的目的。

第四节 大学生体育学习评价研究

一、体育学习评价概述

汪晓赞、季浏在《中小学体育课程学习评价》中，将体育学习评价界定为：体育学习评价是高校体育教学评价中的一项重要内容，以体育课堂上的学习为主要内容，按照特定的评价标准，采取各种评价技术与手段，搜集整理大量的信息资料，对学生体育学习的过程和结果展开相应的价值判断与分析，以优化教师的"教"与促进学生的"学"，推进学习者的全面发展。究其本质是价值判断过程，从而实现体育价值的不断增长。

对于体育教学过程而言，其即是教学过程的一个结束，也是一个开始。它既能实现鉴定、筛选、监管、检查等多种功能，又能起到反馈和交流、引导和激励等作用。因此体育学习评价能够清晰地将学生的成绩与标准进行对比，促使学生向着成功的标准迈进。

二、完善大学生体育学习评价的必要性

（一）科学发展观的要求

科学发展观，就是坚持以人为本，全面、协调、可持续的发展观。坚持以人为本，就是以实现人的全面发展为目标。这就要求教师要以发展的眼光看待每一位学生，对学生的评价应以促进学生的发展为目的，把真正反映学生真实学习效果的各项指标纳入进来，对学生进行全面的评价。

（二）教育现代化

教育现代化所具备的民主性、开放性、创新性、主体性和终身性的特征必然要求对学生学习的评价从唯量化中解脱出来。未来社会对人才的要求不是仅仅停留在量化的表面，而是更加注重人的精神世界的开拓，更关心人的价值、人的情感和人的意志。只有建立比较科学的评价体系，才能适应教育现代化的要求，才能为未来社会培养出高素质全面发展的创新人才。

（三）健康第一的要求

新的体育课程教学改革把"健康第一"作为学校体育的指导思想。为了更好地贯彻这一思想，我们不仅要把它贯穿在课程内容的选择和组织教法的运用等方面，还应在课程评价中有所体现。在对学生进行评价时，不仅要对学生的身体素质进行评价，还要注重对学生的价值观、情感等方面的评价，使学生得到全面的、健康的发展。

（四）不同价值判断的要求

由于现实生活中价值体系的多元性和由文化造成的价值差异问题，以及不同利益群体所具有的不同社会需求，导致由教师"一家之言"所进行的体育学习评价不能使学生信服。让被评价对象参与学习评价，一方面可使教师与学生之间形成一种民主、平等的交互主体关系，另一方面可以促进评价结果的公正性和科学性。

三、完善体育学习评价体系的措施

（一）实现评价主体的多元互动化

评价结果是评价者和评价对象间交互的产物。教师在充分发挥了评价主体的作用时，还要积极引导学生去参与评价。学生在经过了互评以及自我评价以后，能够及时获得与自己发展情况相关的信息反馈，从而发现自身的优缺点以及同学的优缺点，使学生评判对错、好坏的能力得到提升，使学生的自信心与自尊心得到加强，从而不断自我完善。当然，学生参与评价时，要给学生具有可操作性以及细化的评价标准，这样才有利于学生明确具体的评价重点和方向，以提高最终评价结果的有效性及真实性。

（二）实施分层评价

分层评价就是对处于不同运动水平的学生采用不同的评价标准和评价内容，体现区别对待。由于运动成绩的好坏与学生的身体状况、技术、遗传、受教育程度等方面有很大关系，如果按照统一的标准对不同运动水平和能力的大学生进行体育学习的评价，必然会对学生的心理等方面产生负效应。为了体现公平性，实现体育为健康服务的目标，应对不同运动技能水平的大学生进行分层评价。也就是说，在每个学期的开始，先通过一些练习或活动对学生的运动技能进行初步的了解，然后按照学生的运动水平划分层次。在期末评价时，对身体确实有缺陷或运动水平差的学生，在注重运动技能的基础上，还应注重运动参与、学习态度等方面，并把进步幅度纳入进来；对学期初运动水平较好的学生，由于其先天基础好，经过一个学期的学习后，进步幅度当然不会太大，这时如果把进步幅度在评价成绩中占一定的比例，显失公平，此时除了要注重他们的运动参与、学习态度等方面以外，还应把他们的创造能力、合作互助精神等纳入进来。

（三）评价应以学生发展为本

评价应以"促进"为目的，而非"检查"为目的；评价应淡化选拔、评定功能，强化激励、发展功能。体育教学的目的是学生的发展，是为学生的终身体育和健康服务的，考试仅仅是对学习结果的一种检验。因此，体育学习评价应关注学生在体育学习过程中的目标实现情况，而不是学生在群体中的位置；应是为了让学生了解自己和客观要求之间的距离，激励他们努力向目标靠近，而不是为了给学生划分等级；是为了最大限度地发挥体育目标及价值的作用服务，是以检验学生是否达到目标为目的的绝对评价，而不是为了学习者之间的互相比较而进行的相对评价。

第六章　大学体育师资队伍建设与体育教学发展研究

第一节　大学体育教师专业化发展研究

一、体育教师专业化概述

（一）教师专业化

专业化，一般而言有两个层面的含义。一是指一个普通职业逐渐符合专业标准、成为专门职业并获得相应专业地位的过程，用 professionalization 一词来表示，侧重讲过程含义。二是指一个职业的专门性质和发展状态处于什么状态和水平，用 professionalism 来表示，侧重讲性质含义。本书是在上述两种含义上使用专业化这一概念的，但更侧重于第一种含义的使用。

教师专业化主要指教师在整个专业生涯中，依托专业组织，通过终身专业训练，习得教育专业知识技能，实施专业自主，表现专业道德，逐步提高自身从教素质，成为一个良好的教育专业工作者的专业成长过程。也就是一个人从"普通人"变成"教育者"的专业发展过程。从社会学的角度来看，教师专业化属于成人阶段的职业社会化，又称教师专业社会化（teacher professional socialization）。

教师职业具有自己独特的职业要求和职业条件，有专门的培养制度和管理制度。第一，教师专业既包括学科专业性，也包括教育专业性，国家对教师任职既有规定的学历标准，也有必要的教育知识、教育能力和职业道德的要求。第二，国家有教师教育的专门机构、专门教育内容和措施。第三，国家有对教师资格和教师教育机构的认定制度和管理制度。第四，教师专业发展是一个持续不断的过程，教师专业化也是一个发展的概念，既是一种状态，又是一个不断深化的过程。

（二）体育教师专业化

体育教师专业化指的是体育教师在整个体育教师职业生涯过程中，依托体育教师的专业组织（如职前的体育教师培养机构、体育教师发展学校、体育教师教育学院等），通过长期的、系统的、专门化的专业训练，习得体育教师的专业知识和技能，在从教过程中实施体育教师专业自主，表现体育教师的专业道德，并逐步提高自身的专业素质，成为一个良好的体育教育专业工作者的专业成长过程。

从社会学角度看，体育教师专业化是教师个体或者是教师群体职业社会化的体现，因此，体育教师专业化也叫作体育教师专业社会化。其不仅会对体育教师群体专业化发展进行研究，还会对体育教师个体专业化发展进行研究。

从本质上讲，体育教师专业化主要强调体育教师个体的职业成长以及发展历程。一方面，其表现出这一过程的漫长性，也就是说体育教师个体发展、成长过程是在持续进行的，属于一个贯穿体育教师个人职业生涯的连续过程；另一方面则表现出生长性，即体育教师的专业化发展具有累积以及连续的特点，是基于过去所学的知识而进行的专业化发展过程。

二、大学体育教师专业化发展下体育教师的使命

大学体育专业化教学改革以养成终身体育习惯作为终极目标，这同样也是大学体育教师的使命。教师要通过专业化的教学最大限度提高学生的运动技能水平，增强学生的运动兴趣，深化学生的体育认知，对于学生的全面发展来说，体育有着非常重要的地位，同时可以使学生终身受益。体育教师在大学体育专业化教学中要充满使命：

第一，大学体育教师要具有国家危机意识，要充分地认识到提高我国青少年体质健康水平对国家未来发展和民族昌盛的重大意义。大学体育教师要具有更加

开阔的思维、更加强烈的责任感和不断完善自身的进取心，对大学体育专业化教学有全面、深刻的认识，对提高我国青少年体质健康水平有着迫切感和责任意识。

第二，要具有科学、严谨的工作态度，精益求精的职业精神。大学体育教师要在各自的运动专项领域或岗位上不断进取，经过长期不懈的努力在国内外、省内外或校内外知名，形成影响力和权威，成为学校体育的行家里手。

第三，体育教师要具有永不言败的精神，要充分展现坚韧不拔、永不服输的优秀品质。在授技中育人，在体育教学中传播体育文化与精神，以自强不息、开拓创新的示范作用，影响和引导大学生的体育行为。

第四，大学体育教师要"一专多能"，专业技术水平和教学能力都要强调"一专多能"。体育教师最擅长项目的运动技术水平和教学能力要突出，同时还要掌握其他若干运动项目的运动技术和教学能力，以适应公共体育教学的多项性要求。从目前大学公共体育教师的现状来看，真正能具有一个突出的运动专项，并具有多个运动项目教学能力的教师比例比较低，专项技能不突出是大学公共体育教师队伍存在的最大问题。大学体育专业化教学，恰恰是要求教师要充分发挥专项技术水平和教学能力突出的优势，专项技术水平和教学能力不突出，将无法适应大学生对运动技术学习日益提高的要求。

第五，大学体育教师要具有扎实的专业理论基础，能深入浅出地传授体育健康理念和健康管理方法，要对运动专项有深厚的理解，要能够运用丰富多样的教学手段、方法，有效提高体育教学质量。

三、体育教师专业化的必要性

(一) 体育教师专业化是终身教育发展的必然结果

从很早之前，终身教育的思想就已经植根于人们的心中，而直到 20 世纪 60 年代，整个教育领域才开始掀起一阵终身教育思潮。在联合国教科文组织以及其他的文化、经济组织的合力推动下，终身教育理论开始得到发展，并在之前的基础上不断丰富。终身教育的相关理论与实践是在 20 世纪末才逐渐形成了完整的教育体系，师资的培养也开始慢慢向终身教育发展。

终身教育打破了职前教育和继续教育的传统界限，能迎接飞速发展的世界提出的种种挑战。教师终身教育的理论以及实践证实了教师教育一体化将是教师教育改革与发展的必然趋势，也是世界各国面对新时代、为迎接新挑战，全面促进新世纪教育大发展的必经之路。教师在以后的教育实践中要坚持与时俱进，站在教育、教学以及教研的前沿，立足教育改革发展的思潮中，打好教师职业专业化发展基础。

（二）体育教师专业化是增强体育教师教育竞争力的战略选择

培养体育教师不再只是师范院校体育院系的任务，也不应该是高等体育院校的特权。在综合高校中同样要重视体育教师的培养工作，同时以强劲的发展势头和高等体育院校形成了竞争关系。所以，要让体育师范院校在体育教师在教育过程中的优势得到充分发挥，提升自身的专业水平，提高教师教育的竞争力，走专业化发展道路，这才是增强体育教师教育竞争力的英明的战略之举。

（三）体育教师专业化是提高体育教师社会地位的有效途径

衡量一个职业的社会地位的主要因素是经济收入、职业声望和权力。提高体育教师的社会地位，就要从提高体育教师的经济收入、职业声望和权力入手，走专业化的发展道路。

首先，体育教师教育专业化能提高体育教师的物质待遇，进而提高体育教师的社会地位。吸引有志从事体育教师工作又有体育教师必备能力的人进入体育教师行业的决定性因素是教师的社会地位和物质待遇的改善。衡量体育教师的物质待遇或经济收入的重要因素是体育教师的工资水平。工资的高低常常被人们视作社会地位高低的一种标准。虽然体育教师的劳动成果不能完全用经济收入或工资水平来衡量，但是，物质待遇的好坏、经济收入或工资水平的高低也能在一定程度上反映出体育教师的社会地位。体育教师的物质待遇低，经济收入或工资水平偏低的直接后果就是使现职体育教师体育教育教学工作的精力投入不足，而对那些愿意在中小学任教的体育师范毕业生又会产生不良的影响，最终的后果就是影响教师的专业发展，导致基础教育质量滑坡。解决此问题的有效办法就是推进教师职业的专业化，提高体育教师的专业化水平，使体育教师职业朝着像医生、律师一样的成熟专业方向发展，获得像医生、律师一样的专业地位，体育教师的物质待遇、经济收入或工资水平就会提高。在提高体育教师物质待遇的同时，也提高了体育教师的社会地位，与之俱来的是，使那些不安心体育教师职业的人安心了，使那些安心体育教师职业的教师全身心地投入到体育教育教学过程中了，基础教育的质量还能不提高吗？

其次，体育教师的专业化水平越高，体育教师的职业声望越高，提高体育教师的专业化，就是提高体育教师职业声望。职业声望（occupationalprestige）是人们对某一种职业的意义、价值与声誉的社会反映与综合评定。所谓教师的职业声望，是人们对教师职业的社会评价。

最后，权力也是衡量体育教师社会地位的一个重要因素。体育教师的权力不像行政权力或其他权力，它是一种专业性的权力。这种专业权力表现在体育教师教育教学活动中，是体育教师在学校中对学生、班级和课程等教育资源所具有的权力。体育教师的这种专业权力，使体育教师在学校和体育教学活动中获得了相对于学校和教育行政管理权力的独立性，并通过这种独立性形成了对于学校中各种体育教育资源的使用和控制，以及对学生的影响。就专业而言，专业自主权（professionalantonomy）是达到完全专业的重要标志。体育教师的体育教学活动，还不同于其他教师的教学活动，体育教学活动常常处于一种复杂的室外环境中，多变的因素很多，因此，体育教师必须根据当时的教学情况，对整个体育课堂教学活动进行巧妙的构思与灵活的处理，这就要求体育教师富于创造性地劳动。从这个意义上讲，体育教师在课堂教学过程中，享有更多的自主权。另外，体育教师是基础教育课程改革的核心，在体育教育科研、体育课程改革、体育课堂教学改革都应享有一定的自主权，只有他们在教学改革中主动发现问题，并实施学术自主，才能更好地推动体育教学改革的深化。像医生、律师这样的成熟专业，他们在专业活动中享有很高的专业自主权，体育教师向着这样成熟专业方向发展，不断提高自己的专业自主权，进而提高体育教师的专业地位。

四、体育教师各阶段的专业化任务

(一) 体育教师专业奠基阶段的专业化任务

体育教师专业奠基阶段是获得体育教师专业基本知识和形成专业技能的阶段。这一阶段的体育教师专业化机构主要是体育教师教育的高等院校，设在单科体育院校、师范院校的体育院系和综合性大学的体育学院或教育学院体育系，是体育教师专业化的正式单位，通过4年的体育教师专业化培养和训练，为选择了体育教师职业的未来体育教师打下了体育教师从业基础，为其今后的体育教师专业发展提供了可能。这一阶段的主要任务是学习体育教师培养方案中规定的课程内容，掌握体育教师专业所需要的知识和技能，知识主要包括广博的科学文化知识，如：社会科学知识、人文科学知识、自然科学知识、新兴学科知识、计算机科学知识、社会生活知识等；宽厚的体育专业知识，如：体育专业的概念体系、理论体系、研究方法、研究工具以及历史演变、现存状态、未来发展的掌握和了解等；必备的教育科学知识，如：教育学知识、心理学知识以及学科教育学的知识等。形成的能力主要有体育教师的智慧能力，如：思维能力、记忆能力、观察能力、想象能力等；表达能力，如：口头表达能力、书面表达能力、体态表达能力等；审美能力，如：感受美、表达美、鉴赏美、创造美的能力等；教育能力，如：了解学生、指导学生、评价学生、管理学生的能力等；教学能力，如：包括掌握和运用教学大纲的能力、掌握和运用教材的能力、选择和运用教学参考书的能力、编写教案和设计教学的能力、选择和运用教学方法的能力、动作示范能力、组织课堂和实施教学的能力、激发学生的学习兴趣和指导学生学习方法的能力、评价学生学习和组织试卷评析的能力、熟悉和掌握现代教育技术的能力等；科研能力，如：教育研究能力、教学创造能力、实践反思能力。树立体育教师的职业理想和初步形成体育教师专业观念。

第一，奠基阶段初期的主要任务。这一时期主要是指大学的第一年，专业化的重点应是使师范生建立和形成体育教师专业观念，树立成为一名体育教师的职业观念和职业理想，转变学习观念，学会学习与训练的方法，掌握体育教师专业的基础知识。一般情况下，大学一年级的课程多为文化课程，如大学语文等，教育类课程，如教育学等课程，体育学科的专业基础课程，如体操类课程、田径类课程等。其中以文化类课程和教育类课程占较大比例，其主要目的还是为选择了体育教师职业的大学生奠定良好的知识基础。

第二，奠基阶段中期的主要任务。这一时期主要是大学的第二三年。随着对大学学习、训练、生活环境的逐步适应，对体育教师的职业信念的不断坚定，学习与训练的动机更加明确，对体育教师专业课程、知识的学习与体育教师技能的训练有了主动性。因此，在大学二三年级，体育教师教育专业化的快速成长期，要以体育教师的专业知识和专业技能为主要教育目的，并形成专业特长，打实专业基础。

第三，奠基阶段后期的主要任务。这一时期主要是指大学的第四年，体育教师专业奠基阶段就到了接近成熟的时期。进入了体育教师教育专业化成熟时期，此阶段的大学生所具备的教育专业知识、体育专业技能均已达到一个比较成熟的水平，大学生的主要表现是渴望走上讲台，走进课堂，走到学生面前，展示一名体育教师的风采。因此，在这一时期，应该抓住学生的这种心理，利用教育教学实习的大好时机，主要通过中学教材教法研究、微格实习、体育教学现场观察、体育教学实习、中学体育教学现状调查等方式，检视体育教师专业知识的掌握与体育教师实际教学过程知识技能需要之间的差距，培养学生体育教师的教学兴趣和体育教师的职业意识，了解中学体育教师的职业特征、社会影响，形成中学体育教师的专业概念。促使学生初步形成教学反思的能力。

(二) 体育教师专业适应阶段的专业化任务

体育教师专业适应阶段是指教师初任教职的1—3年。适应期是体育教师走上工作岗位，内化和具体化所学理论，由没有实践体验到初步适应教育教学工作的阶段。适应期的长短，从大学生角色到体育教师角色转变快慢，将直接影响体育教师的专业发展。目前，在我国中学体育教师专业适应阶段的通常做法是，大学生走进学校的第一年，为试用期，这一年时间，是新体育教师走向教学岗位的关键时期，也是体育教师专业化的危机阶段，说它危机，原因就在于，如果不能实现从大学生到体育教师角色的顺利转变，就会使之产生对体育教师职业能力的怀疑，就会动摇体育教师的职业信念，严重者会导致离开体育教师工作岗位。体育教师专业适应阶段体育教师专业化结束的标志，就是体育教师能够基本上完成教育教学任务，成为学生和学校认同的合格体育教师。

此阶段体育教师专业化的主要任务是，坚定体育教师信念，强化专业思想，实现从书本知识到实际操作，从间接经验到直接经验的转化。学习任职学校的体育教师工作规范；熟悉任职学校的体育教学环境，尽快实现从"准体育教师"到实际体育教师的角色转换；进一步学习教育学、心理学理论，主动接受体育学方面的培训；尽快掌握中学体育教学常规，提高组织课堂教学、班级体育活动管理和教育学生的能力，尽快适应中学体育教学工作。

（三）体育教师专业发展阶段的专业化任务

体育教师经过 1—3 年的体育教师专业的适应期后，就进入了体育教师的专业发展阶段。这一时期是从成为一名合格的体育教师开始，一直到离开体育教师职业这一段相当长的时间，是一个不断实践、不断学习、不断反思、不断创新的过程。有学者把这一时期称为职后的体育教师专业化时期，并将其再进一步划分，分为体育教师专业的快速发展期、稳定期。本书认为，新任体育教师度过体育教师专业发展的适应期后，成为一名合格的体育教师，此后的专业发展，应该是一个连续不断的、动态的、长期的专业发展过程。

这一时期的体育教师一般都有以下表现：体育教师通过长期的体育教学实践活动，积累了丰富的体育教学经验，从心理上，对自己专业工作的各种条件、专业水平、体育教学、科研等的氛围有了一定的了解，开始对自己的专业发展进行设计和规划。

因此，体育教师专业发展阶段的专业化任务是进行体育教学的实践与反思，不断提高自己的专业化水平。随着学校教育教学改革的不断深入，学校体育课程、内容改革的不断深化，会发现自己的能力水平、知识水平、体育教学水平等有与实际教学不相适应的地方，于是开始了实践反思，不断地发现自己的不足，不断地改进这些不足，进而不断地提高自己的专业化水平，直至成为一名优秀的中学体育教师。

另外，一些体育教师经过多年的体育教学实践以后，无论是对学校的体育教学环境、体育课堂教学规范、体育教材的教学常用方法，还是对学校的相关政策都逐渐熟悉，就会产生一种对体育教学工作的厌倦感。也有一些体育教师因为社会变迁以及体育教学内容的改变，很多新知识的增加和新的教学要求的提出，而感到自己的体育教学力不从心。因此，体育教师专业发展阶段的另一项重要的专业化任务是注重体育教师专业规范的内化以及体育教学精神的保持与发挥，主动接受新知识，探求新的体育教学方法，不断提高体育教学的自我反思、自我批判与创新的能力，不断提高自身的从教素质，真正成为专业化的优秀体育教师。新的学习，补充新的知识，不断提高自己的能力，以适应新的体育教学需要。

五、大学体育教师专业化发展的模式

(一)"4+X"模式

1."4+X"模式的含义

所谓"4+X"模式是指体育专业的学生在 4 年本科学习期间，完全按照综合性大学的培养模式接受体育专业的教育，本科学习结束后，对志愿从事体育教师工作的学生通过一定的筛选手段，使之进入到教育学院攻读教育学硕士学位甚至博士学位，时间为三至五年。主要学习教育学、心理学、体育教学法等相关课程和进行大量的体育教学、科研实践，同时研修部分体育专业的研究生课程，并撰写相关的学位论文。毕业后，再到学校任教。

2."4+X"模式的可行性

以高校为本的体育教师教育专业化是体育教师专业化进程中的一个重要阶段，在体育教师的专业发展进程中处于体育教师奠基阶段，是体育教师专业化的基础。这一阶段体育教师教育专业化程度如何，将直接影响体育教师的专业发展。国外的做法是取消专门的教师教育院校，把教师教育置于综合性大学或理工大学，把教师教育同其他的专业一样对待，加大教师教育课程的时数和内容，以法律的形式确认教师的专业资格。在中国，这样的方法不一定能行得通，至少目前的体育教师教育行不通。我们还要坚持体育专业院校、师范院校的体育院系和综合性大学的体育学院三类高等体育教师教育并存的方式，进行体育教师教育的专业化培养。

以高校为本的体育教师教育专业化的实现，除了依靠专业化的课程方案、专业化的体育教师教育手段、专业化的体育教师教育环境、专业化的体育教师教育制度等以外，重要的就是体育教师教育模式或称体育教师培养方案。

由于世界各国的政治、经济、文化、教育等方面存在的种种差异，高等体育院校在人才培养模式上也表现出各自不同的特点。1945 年以后，美、日、英、德等国大刀阔斧地改革师范教育，其做法是取消独立设置的师范院校，师资主要由综合性大学、文理多科性大学培养，通过教师职业资格证书考试合格后成为教师，这种模式人们通称为"非定向型"的师资培养模式，而且学制上采取"4+0"模式（学士学位）、"3+1"模式（专业课程 + 教育课程）、"3+2"模式（双学士学位）、"4+1"模式（双学士学位）或"4+2"模式（专业课程 + 教育硕士），其中教育课程或教育硕士课程则分别由大学设置的教育学院或教育系承担. 这种开放式培养模式的优点是培养目标多样灵活，课程设置广泛机动，设施和设备等条件较为优越，学生学术水平和学科程度较高，知识面较宽，工作适应能力较强，学生来源和职业出路较宽。欧美、日本等国在学生的智能结构上也以培养"通才"为主，为学生提供多种职业的培养和要求，突出较强的适应社会需求的特点。总之，随着国际师范教育的改革和发展以及对体育专业复合型人才的不断需求，这种开放式的、非定性型的人才培养模式将成为国际体育教师教育发展的主流。

（二）校本培训模式

1.校本培训的概念

体育教师的校本培训，亦称校本体育教师教育，它是指在体育教师专业化的过程中，立足体育教师的任职学校，在教育、体育行政部门或教育、体育专家的指导下，通过体育教学研究、体育科学研究、体育实践反思等活动形式，以提高体育教师专业能力和水平为主要目的的体育教师教育专业发展模式。

2.体育教师校本培训的主要方式

（1）传帮带式的体育教师校本培训

传帮带式的体育教师培训，有研究也称"师徒帮带"式的体育教师培训，是体育教师校本培训的主要方式。在体育教师专业阶段，传帮带式培训是立足学校、快捷高效的一种很好地促进体育教师专业化的方法。具体地说，传帮带式的体育教师培训，是指新参加工作的体育教师到校后，由学校指派一名专业素养优良的老体育教师与该新任教师结成一帮一的师徒关系，采用听课、评课、体育教学经验交流，体育教学改革专题研讨等形式，在短期内迅速提高新任体育教师专业水平。在新老体育教师传帮带的体育教师专业培训过程中，通过老体育教师以身作则，为人师表，不仅积极有效地引导新体育教师内化体育教学规范，增强对体育教学的适应性，提高体育教学水平，而且也为新体育教师架起了由体育教学理论到体育教学实践的桥梁，大大缩短了由新体育教师向合格体育教师转化的时间。与此同时，在帮带过程中，新任体育教师在老体育教师无私奉献的师魂、诚实正直的师德、严谨求实的师风的影响下，新任体育教师不仅教学技能得到迅速提高，而且也坚定了新任体育教师职业信念、增强了新任体育教师的职业意识、提升了新任体育教师的职业人格。

（2）主题研修式的体育教师校本培训

主题研修式的体育教师校本培训是以主题研究的方式对新任体育教师实施的校本培训。它是在体育教师专业适应阶段的一种有效的体育教师短期培训方式。可以根据体育教学方法、手段改革、体育课程改革的具体需要，围绕一定的主题展开研究，在研究解决问题的过程中提高新教师的素质和能力，促进体育教师的专业发展。这一培训方式的显著特点就是它的实践性和实效性。新任体育教师在经验丰富的老体育教师的引领下，结合体育教师的任职学校的体育教学实际，选择一定的研究主题，如新课程标准下的体育教学设计、体育校本课程开发、体育课程内容资源开发等，提升新任体育教师的教学能力和教学水平。

（3）短期集中式的体育教师校本培训

短期集中式的体育教师校本培训，就是集中新任体育教师进行职前培训，培训时间长短不一，长的有1—2年，短的有半年、几十天。主要培训两个方面内容：一是作为教师应具备的思想教育方面的素质；二是进行具体教学指导。这种培训形式有两个优点：培训内容正规，是按国家对新教师的要求来培训，学习时间相对集中，便于教师深钻细学，培训效果显著。

3. 体育教师校本培训的实施

体育教师校本培训的过程一般由五个主要环节构成。成立体育教师校本培训工作领导小组、研制体育教师校本培训的方案、组织实施体育教师校本培训、对体育教师校本培训进行评价和总结、形成体育教师校本培训总结报告。

第一，体育教师校本培训工作领导小组的构成及其任务：①负责人：一般为校长或主管教师培训工作的常务副校长，其主要任务是负责方案的制订、培训人员的选择、对方案制订过程中的各种工作进行协调。②体育教师代表：参与培训方案的制订，实施培训活动，收集参与培训的体育教师的反馈意见。③培训指导者：可以是校内的，也可以是校外的，主要任务是实施培训。④学生代表：了解培训方案的制订过程，实现体育教师与学生的沟通。⑤学生家长代表：主要负责解决体育教师校本培训过程中学校本身解决不了的实际问题。

第二，体育教师校本培训方案的构成及研制体育教师校本培训方案的步骤：体育教师校本培训方案一般由体育教师校本培训的指导思想、培训目标、培训内容、培训方法、培训时间、培训地点等内容构成。制订体育教师校本培训的具体步骤如下：①了解体育教师现状，分析体育教师在体育教学实践过程中存在的问题，确定培训主题；②确定培训的指导思想和培训目标；③选择培训方法；④确定培训时间和培训地点；⑤形成培训方案。

第三，校本培训的组织实施：根据培训方案的预定的培训计划，对预告确定好的体育教师实施培训。

第四，体育教师校本培训工作的评价与总结：采用多种方式，如学生评价的方式，对参与培训的体育教师进行考核的方式等对体育教师校本培训工作进行评价和总结，并形成总结报告。

第五，撰写体育教师校本培训工作的总结报告：体育教师校本培训工作的总结报告要从成绩和不足两个大的方面进行总结，提出下一步体育教师培训的内容和主题。

（三）教学反思模式

1.教学反思的概念

教学反思是指教师借助行动研究，不断探讨与教学目的、教学工具和自身方面的问题，不断提高教学实践的合理性，使自己成为专家型教师的一种方式和途径。它的基本含义有三点：第一，教学反思，以探究和解决教学问题为基点。教师不是机械地按照教材或课程标准按部就班地行事，而是在领会的基础上，重点解决教学中存在的问题，并在解决问题的过程中使教学过程更优化，取得更好的教学效益。第二，教学反思，追求教学实践合理性为动力。教师越能反思，教师的教学实践能力就越强。通过反思可以发现新问题，进一步激发教师的责任心，从而把教学实践提升到一个新水平。第三，教学反思，是全面发展教学的过程。教学反思要求学生"学会学习"与要求教师"学会教学"统一起来。当教师全面反思自己的教学行为时，会使自己变得更成熟。

教学反思作为一种反思性行动，主要表现在三个层次上：第一个层次主要是反思课堂情境中各种技能与技术的有效性；第二个层次主要针对课堂实践中的问题，把教育理论应用于教育实践，以做出独立决策；第三层次主要针对课堂中的道德和伦理问题，反省和检查有关行动的规范化。

2.教学反思的方法

（1）总结反思的方法

总结反思的方法是总结反思自己或他人教学实践活动中的经验与教训的方法。总结反思的内容十分广泛，可以总结反思自己在教学过程中各种灵感顿悟和自己对教材、学生、教法等要素的理解，可以总结反思学生和同事的反馈意见，也可以总结反思他人的宝贵经验或失败的教训，还可以总结反思教学实践中的关键事件。

关键事件是指自己认为对自己专业发展影响较大的事件，可能是一堂成功或失败的课，也可能是一次师生矛盾的冲突，还可能是一次与专家的对话等。要对关键事件反思，首先要对关键事件进行如实的记录，因为任何事件本身是无法呈现自身意义的，只有在事后的反思中才能断定它是否真是"关键事件"。因此，我们平时要善于关注对自己的教育观念和教育行为触动较大的事件，以便为事后回顾反思提供原始的素材。

（2）对话反思的方法

对话反思法是通过与其他老师研讨交流来反思自己的教学行为，使自己清楚地意识到隐藏在教学行为背后的教学理念，进而提高自己教学监控能力的方法。对话反思法类似于我们平常采用的专题性的小型研讨会。其操作程序为：第一，由一名执教老师围绕研讨专题上课，其余老师带着问题听课。第二，由执教老师阐述自己教学设计的内容，以及这样设计的理论依据。第三，由执教老师与其他听课老师展开对话，产生思维碰撞。第四，执教老师根据讨论结果重新修改完善教学设计方案，并写出反思性总结。

（3）录像反思的方法

录像反思法就是通过录像再现教学过程，让教师以旁观者的身份反思自己或他人的教学过程的方法。这种反思方法能起到"旁观者清"的效果。这种方法的操作程序为：第一，上课和录像。第二，观看录像，比较录像的教学过程与预先的教学设计有什么不同。第三，反思评价，包括自我评价和听课或观看录像的人员的评价，评价主要教学环节所应用的教学技能和策略以及理论依据。第四，根据评价内容进一步修改完善原先的教学设计，写出反思性总结。

（4）行动研究的方法

行动研究法就是针对教学实践中某个难以解决的问题，运用观察、谈话、测验、调查问卷、查阅文献等多种手段，分析并了解问题产生的原因，设计一个研究方案，以求得问题解决的方法。行动研究法是一种自我反思的方法，也是目前比较盛行的科学研究方法。这种反思方法的操作程序为：第一，在反思自己或他人经验与教训的基础上，确定自己所要研究的问题。第二，围绕所要研究的问题，广泛地收集与该问题有关的文献资料，在此基础上提出假设，制订解决该问题的行动方案。第三，根据行动方案展开研究活动，并根据研究的实际需要对研究方案做出必要的调整。第四，收集研究信息，撰写研究报告。

（5）档案袋反思方法

档案袋法就是以专题的形式促进教师不断反思，从而提高教师反思能力的方法。在运用这种方法时，首先要根据自己的教学实际确定反思的专题，并进行分类。如：创新教育类、转化后进生类、课程开发类等。然后在每个专题下，由教师本人通过回忆自己的教学观念、教学行为，并对其进行反思，从而记录下自己过去的状况、现在的状况、自己的进步以及自己尚需努力之处。可以说，档案袋可以代表教师个人在某一领域或某一专题内研究发展的历史、现状与未来趋势。档案袋建立的过程是教师对已有经验进行整理和系统化的过程，是对自己成长积累的过程，也是教师自我评估、自我教育的过程。教师填写档案袋的过程本身就是自我反思的过程。

3. 教学反思的一般程序

教学反思可分为五个步骤：

第一，明确问题。教师选择特定的问题加以关注，作为反思的对象。教学反思以探究和解决教学问题为基本出发点，明确问题是教学反思的首要步骤。问题可以是教师在教学中碰到的困难，也可以是有效教学的经验，或是教师在业务学习中遇到的问题。教师通过对实际问题的感受，通过总结自己的经验，收集其他渠道的信息，意识到自己教学中存在的问题，并产生研究这些问题的欲望。

第二，收集资料。教师围绕已明确的问题，从课程、学生、管理等等方面入手，采用查阅文献、观摩研讨、专访等方式广泛地收集信息，特别是关于自己教学活动的信息，然后以批判的眼光反观自己，分析产生这个问题的原因，以及他人在处理这个问题的教训等。

第三，分析资料。教师以问题为中心，分析收集来的资料，达到理解问题，形成对问题的表征。在这一步骤中，教师可以不断地进行自我提问，并对提出的问题在已有的知识中搜寻与其相关的信息。如果搜寻不到，教师可以向其他教师请教，或阅读专业书籍。这种调查分析的结果有助于教师形成新的、创造性解决问题的方法。

第四，建立理论假设，解释情境，指导行动。一旦理解了问题，教师就应开始尝试建立理论假设，以解决问题，并且在内心对行动的短期和长期效果加以考虑。

第五，实施行动。在对行动的各种效果进行认真评价后，教师就可以开始实施行动计划。当这种行动再被观察和分析时，就开始了新一轮循环。

应当指出的是，五个步骤的划分是相对的，每一步骤都不可能与其他步骤截然分开。例如，在收集资料、分析资料的过程中，有可能加深对问题的认识，并对其进行进一步的修正或限制。另一方面，收集、分析资料无疑是以问题为导向的。

第二节　大学体育师资队伍建设对策

一、改善教师的队伍结构状况，创新教学方式，提高教学水平

高校体育师资在引进人才时除要注重年龄结构、学历的状况外，要适当增加女教师的比例，以适应新时代高校体育教育发展的需要，更是提高学生上课的积极性和提高学习效果的有效途径。要制定政策法规，对引进教师的学缘结构等进行要求最大限度地优化教师的队伍结构。对引进体育术科教学的教师，除了考查专业理论外，还应注重考查专业技术。培养教学、科研骨干力量，发挥骨干教师的带头作用，引导年轻教师快速成长。参照教师年龄结构特征，我们应当在教师中大力发现和培养高水平拔尖人才，使30岁左右在教学、科研上有较突出贡献的青年教师及时起到骨干作用，学校在评定高级职称，特别是教授时，要为青年教师专门划出名额，对确有真才实学的和突出贡献的教师，给予政策鼓励，破格评审。为解决助教不足状况，有硕士点的体育院、系可以让在读研究生承担一定的助教任务。

高校体育教师应该在理解、掌握先进教学思想的基础上，提高自己使用先进

教学方法的能力，良好的组织管理能力，多方面的示范能力。体育知识的传授和学习能力的培养，不可能只依靠一种教学方法，需要把多种教学方法结合起来。每一种教学方法或每一类教学方法都有各自的功能、特点及应用范围和具体条件，教师能否正确选择教学方法，就成为影响体育教学质量的重要因素之一。普通高校体育教师应通过培养创新精神，培养创新思维，掌握创新方法，提高创新能力，在教学中不断创新，进而培养学生的创新意识。对学生教育要以素质教育思想为宗旨，培养全面发展的人，不断改革和创新教学模式，丰富教学内容和教学方法，激发学生的学习动机，调动学生的积极性。

二、增加经费投入，改进教学条件设施，为教学提供好的教学环境

各高校应该加大对体育教学设施的资金投入，从物质和金钱上支持体育教育事业的快速发展。学校应增加资金投入，建设一批供体育教学使用的多媒体设施，为体育教师提供良好的教学环境，优化学生的学习环境，为教学质量的提高提供物质保障。

经费不足必然会导致科研数量、质量的下降，高校应设有科研专项经费，重点扶持体育教师进行科研工作，设立奖励制度，对取得优秀科研成果的教师应予以物质和精神上的奖励。学校加大对体育教学经费的投入，解决经费可以利用体育场地器械发展学校体育，向社会开放，开展运动训练、组织竞赛等活动，这样既可推动社会体育的发展，又可增加经费收入。

三、以学生为主体，由体育知识的传授者转变为学生学习的促进者

体育教学是教与学的交往、交流、沟通的互动过程，教师在短短几年学校教育时间里把学科的全部知识传授给学生是不可能的，而且也没有这个必要，教师作为学习唯一知识来源的地位已经动摇以及学生获得知识信息的渠道多样化使教师不再是只传授现成的教科书上的知识，而是要指导学生如何去获得所需要的知识，掌握获取知识的工具以及学会如何根据认识的需要去处理信息的方法。这就要求体育教师在教学中改变以前的教学方式，处理好传授知识与培养能力的关系，

注重学生独立性与自主性的培养，引导学生置疑、调查、探究，在实践中学习、体验，为学生的终身体育奠定基础。为学生创造一个充分展现自我的机会，展现自己的独立个性，展现自己的创造能力，展现自己实践中创新的成果，在展现中去思考、去探究、去创新。

四、优化高校体育教师知识结构，丰富教学内容，开展新兴项目的教学

高校体育教师应该通过自学、在职进修、继续教育、攻读研究生学位、参加各种培训班、学术会议等，掌握更多的新知识，全面更新和扩大自己的知识结构，努力提高自己的知识层次和业务水平。通过多种形式，多层次的丰富自己的知识结构以更好地适应教学的需要。高校体育教师还要善于运用科学方法去探索体育实践规律，对体育科学内在规律不断研究，产生教学新思想，建立新成果，善于发现和掌握现代体育科研的新动向，不断丰富自己的知识结构。根据学生的需要更新教学内容，开展新兴项目的教学，为其创造一个独立练习的时间和独立思维的空间，在运动技能形成中让学生自我表现，发展个性，培养创新精神和实践能力。

五、加强管理，加大高校体育教师职后培训力度

建立高校体育教师能力考核制度，定期对教师的教学方法、组织管理以及示范能力进行考核，对评价结果进行量化，促进教师教学能力的提高。增强教学督导与评估，主抓教学质量，教学评估的原则应采取学生评教结果为准，评教安排在学期末，由此可以推断学生对体育教师的满意度，对教师的教学也有一定的督促作用。

加大对职后教育工作力度，面对现在"知识经济"社会，教师时刻面对着由于科技发展而带来的知识老化问题，必须通过进修、教学、培训、科研等方式来更新知识，提高水平，这也要求教师在职业生涯中不断地学习，努力提高自己的学术水平、科研水平、教育水平和实践能力，适应社会发展对教师提出的更高要求。制定相关的政策，要鼓励教师去学习深造，有计划、有组织、多渠道地进行人才培养。要拓宽体育教师在职培训渠道和形式，开展多形式、多层次的培训，加强高

校体育教师自修能力，提高自身业务素质，接受更多的与体育相关的新知识、新方法，以提高学生的兴趣，进一步提高教学效果。有关部门应该尽量为进修教师提供进修经费，保证在进修期间的工作、福利待遇等。对教师的职业培训进行科学化管理。营造良好的教风、学风和校风，定期开展"专题讲座、主题研讨、观摩学习、课题研究以及教学竞赛"等活动，进一步丰富体育基础理论知识和能力以及和提高业务能力。

六、激发体育教师参与科研的积极性，提高科研能力和水平

高校体育教师科研工作是教师自身提高与完善过程的重要环节，要想不断地在自己工作领域做出优异成绩，除了认真地搞好本职工作，注意自身业务学习，不断更新知识，改进教学方法外，还应积极从事科学研究工作，用科研成果来指导教学实践，成为教学科研两用人才。学校领导应重视高校体育教师的科研水平的提高，并给予支持，改善科研条件，给教师提供良好的科研环境，建立评价、奖励制度，以此来激发教师参与科研的积极性。尽可能多的创造校内及校际相互交流的机会。提高对科研成果的奖励，给予适当的奖励，并与评定职称挂钩，对有突出科研成果的教师给予破格提升，提高体育教师参与科研的积极性。聘请体育界、高校的专家进行知识讲座，开阔教师的选题思路，并且鼓励教师要多学习，多尝试写论文，逐步提高论文撰写能力。

七、深化改革，逐步形成合理、完善的职称评定制度

管理部门应深化教师内部管理和制度改革，大胆引进优胜劣汰的竞争机制，真正形成严格考核优化队伍。在教师职称评定工作上，积极鼓励中青年教师脱颖而出，积极申报高级职称，使每位体育教师都有积极向上的工作热情，促使普通高校体育教师师资队伍的学术梯队尽快形成。深化职称和岗位聘任制度改革，端正教师科研态度，调动教师的积极性，努力创造良好氛围。

第三节　大学体育教学改革的发展趋势

一、优化高校体育教育的课程目标体系

大学教育是学基础教育的高级化和继续化阶段，学生的生理，心理发展特点和知识，技能的逻辑系统等决定了大学教育、中学教育，小学教育是一个多层次的有机系统。大学体育是大学教育的重要组成部分，因而其课程目标与学校体育课程目标相互衔接。体育课程目标是由教育行政部门依据学校体育目标的总要求确定的，是指导各级、各类、各地区学校进行课程编制的准则，也是指导各级、各类学校教学的重要准则。新时期，高校体育教育目标要求既能体现社会需要又能体现个体发展要求，还要符合体育学科特点。因此，为增强课程目标的针对性，应系统化大、中、小学体育课程目标，同时注重各阶段的层次性，体现"健康第一""终身体育"的指导思想。

现代健康观的确立，反映了科学的发展和社会的进步，深刻地揭示了现代健康的内涵，这对于我们全面贯彻"健康第一"的指导思想，深化学校体育改革，是具有重要指导意义的。因此，新《全国普遍高等学校体育课程教学指导纲要》以新的"健康观"为依据，结合体育课程以身体练习为主的特点，确立了包括身体健康、心理健康、运动参与、运动技能、社会适应五方面的学习领域目标体系。

（1）身体健康方面的目标：能测试和评价体质健康状况，掌握有效提高身体素质、全面发展体能的知识与方法；能合理选择人体需要的健康营养食品；养成良好的行为习惯，形成健康的生活方式；具有健康的体魄。学校体育为提高学生的体质健康水平服务，是学校体育的本质所决定的，同时也是学校体育贯彻"健康第一"指导思想最直接的体现，是提高学生整体健康水平的基础。青少年学生正处于生长发育的关键时期，身体的可塑性最强，为他们打下一个良好的体质健康基础，不仅是他们在学生阶段完成学业的需要，同时也是他们终身健康的需要。

（2）对心理健康方面的目标：根据自己的能力设置体育学习目标；自觉通过体育活动改善心理状态、克服心理障碍，养成积极乐观的生活态度；运用适宜的方

法调节自己的情绪；在运动中体验运动的乐趣和成功的感觉。随着时代的发展，特别是社会主义市场经济的建立，优胜劣汰的法则被广泛运用，社会各个领域的竞争，越来越激烈，因而对人的心理发展水平的要求也越来越高。所以，人们都把提高学生的心理发展水平，作为实施素质教育的一项重要目标来追求。因此，提高学生的心理发展水平不仅是提高学生整体健康水平的一个重要方面，而且也是现代社会对学校体育提出的一项新要求。

（3）对社会适应方面目标：表现出良好的体育道德合作精神；正确处理竞争与合作的关系。社会适应能力从广义来说是指人的体质、智商与情商的综合发展水平。从狭义来说主要是指人的群体意识、责任感、团结协作与开拓进取的精神、自律能力以及社会交往能力等。一个人在现实的社会生活中，能否处于良好的健全状态，关键取决于他的社会适应能力。

（4）对运动参与方面目标：积极参与各种体育活动并基本形成自觉锻炼的习惯，基本形成终身体育的意识，能够编制可行的个人锻炼计划，具有一定的体育文化欣赏能力。在教学组织方面，要建立有利于学生自觉、主动地参加体育活动的轻松愉快的教学气氛，建立一个可以形成"愉快体育"和"成功体育"的体育教学环境，使学生在一个由浅入深体验成功的系列中，逐步懂得体育，热爱体育。还要加强平等教育，面向全体学生，因材施教，开发集体因素在体育教学中的特殊作用，研究集体教学理论和教学方法，利用学生的互帮互学互动作用提高教学效果。

（5）对运动技能方面目标：熟练掌握两项以上健身运动的基本方法和技能；能科学地进行体育锻炼，提高自己的运动能力；掌握常见运动创伤的处置方法。在教学中，要改变被动的、身体训练式的教学为主动的教学组织形态，要以学生的认识规律为主线组织体育教学过程，加强体育教学过程中学生的学习主体和教师对这种学习行为的主导性。而且，在技能训练的同时，要强理论研究，强调两方面的结合，真正使理论与技能融为一体，相互促进。

二、更加突出"终身体育"教育概念

大学体育课程是高等教育的重要组成部分，因而，"终身体育"的理念在大学体育课程中也应有充分的体现。学校体育既要重视其近期效益，又要重视其长远效益，要加强对学生进行"终身体育"的教育，培养学生养成正确的体育价值观，提高学生的体育意识，使他们养成经常锻炼的习惯，掌握科学健身的知识与方法，并具有独立进行体育锻炼的能力。

体育教育的最终目的在于培养适应现代化生产和生活的人。体育教学要完成这一任务，应从两方面转向：其一是在目标的空间上，从单纯追求学生的外在技能水平，转移到全面追求学生身心协调发展上来，即打破以运动技术传授为主线的教学体系，建立起合理的运动实践为手段，全面完成增强体质，发展身体活动能力，传授体育文化，培养体力能力和锻炼习惯的统一协调发展的新体系。其二是在目标的时间上，既要通过体育教学完成在校期间对学生身体锻炼、技能培养、知识传授等方面的任务，还要着重培养学生对体育的兴趣、爱好、习惯和能力，为其终身参加体育打下基础。

终身体育理论和实践的形成与发展除了受终身教育思想影响外，还受体育本质功能、社会经济发展，以及人们生活水平和现代人行为方式的影响。它的形成标志着社会的进步和发展。

总而言之，高校体育是终身体育的一部分，它的主要任务是激发大学生参加体育锻炼的兴趣，养成坚持参加锻炼的习惯，提高参加体育锻炼的能力，增进身心健康，增强抗病能力和适应环境变化的能力，树立良好的道德情操，为终身体育奠定基础。

三、逐步加强选择性与层次性

高校体育课程结构应突出以人为本，体现多元性特征。一方面，应重视学生的主体取向，关注学生的个体差异；另一方面，应适应社会发展和教育改革的需要。因此，为满足不同层次学生的需求，高校体育教育应提供多样的选择和发展方向。

我国高校有国家教委制定的指导性大纲和统一的课程标准，而大部分发达国家都没有为高校制定这种大纲，这说明我国和发达国家在高校体育教育方面最大的区别就在于统一一下的灵活和完全自主性的差别。在过去计划经济体制下，我国体育课程与体育教学，基本上是由国家统一制定和颁发《体育教学大纲》规定统一的教学目标、统一的教材内容、统一的考核项目与评分标准，其选择性只局限在"选修教材"中，因此，各地各校可做选择的余地很小。而在近年来的体育改革中，我国试行了国家、地方和学校三级课程管理体制。国家只制定课程标准，而地方和学校完全可以根据自己的教学条件和特点来自行选择，使体育课程的实施更符合各地各校的实际。正是由于加大了体育课程的选择性，各地区和各学校只要遵循《课程标准》规定的"选择教学内容的基本要求"，就完全可以根据自己所具有的课程资源，地理条件、气候特点、体育传统等，独立自主地选择符合自己实际的、广大学生感兴趣的体育课程内容与课外体育活动及训练内容，使学校体育呈现出特色。

此外，《体育（与健康）课程标准》还特别强调："关注个体差异与不同需求，确保每一个学生受益。"为此，在学校体育教学中必须根据个性化教学的基本思想，实施因材施教，区别对待的分层次教学形式。所谓分层次教学，就是根据学生的身体条件与运动技能，把一个教学班的学生分成若干个层次，按层次确定学习目标和评价方法，采用不同的教学策略，从而保证绝大多数学生都能完成课程学习目标。通过分层次的教学方法，可以使体育教学适应更多的学生。

四、课程结构与内容将更加完善

当今社会对大学生的要求越来越高，为满足大学生的就业需求和发展需要，其课程结构和内容必然也会与时俱进，不断的完善。

其一，高校体育课程结构设计要尽可能地满足学生的体育需求，满足高校体育培养目标的需要，即课程结构应与培养目标所要求的知识能力结构相吻合，将课程目标具体化为具体可操作的课程体系。对于大学体育课程而言，构建体育学科、学生和社会综合取向的课程结构，就是将"学科逻辑、学生的心理逻辑、当代社会生活中的问题几方面相结合"，形成以体育学科知识、学生需求、社会发展三方面统一的课程结构设计理念，以更好地适应社会需求、体育知识体系、全面发展三者的关系。

其二，高校体育课程应科学构建内容体系，增强课程的整合性。为了适应体育教育对学生身心素质及学生个性发展的要求，在建立多元目标体系基础上，还应力求课程内容和形式的统一。在教学实践中，有关运动技能、身体健康等方面的目标，实现同一目标可供选择的课程内容很多，因此，从能实现目标的所有内容中选择课程内容时应注意以下方面：①能为以后的学习和发展奠定一定的素质技能基础。②选择的课程教材内容在实现目标的所有内容中具有代表性。③健身性与文化性相结合，既要考虑对学生身心发展的影响，又要考虑课程内容的文化含量，有助于提高学生体育文化素养。④民族性、世界性与时代性相结合。⑤科学性与实用性相结合。⑥要以人为本，遵循学生身心发展规律和兴趣爱好，便于学生形成终身体育习惯。体育课程教材内容可分为两大内容体系，即以运动项目为主要特征的课程教材内容体系，以及以体育运动知识和原理，与体育运动有关的健身、健康、营养知识等，为主要特征的课程教材内容体系。这两者之间是相互交叉.渗透的。

其三，在安排体育课程教材内容学习时，应遵循由易到难的顺序，根据学生在不同年龄段的认知水平和特点，设置与其年龄相应的课程内容。一般来说，体育项目之间的关系不存在明显的阶梯性。因此，对于以运动项目为主要特征的课程教材内容体系，在考虑各阶段衔接时，一般是从小学到大学，学生学习项目的多少呈金字塔式逐级递减，而同一运动项目的内容则遵循"基本身体活动能力培养、基本运动技能的形成，运动技能的全面发展，专项运动技能的发展和综合能力的提高，特长技能的获得和综合体育能力的形成"，这样一个内容体系来构建。对以体育运动知识和原理，以及与体育运动有关的健身、健康、营养知识为主要特征的课程教材内容体系，由于这些内容之间是存在内在逻辑联系的，在考虑阶段衔接时，应遵循由易到难的原则，交叉融合到以运动项目为主要特征的内容体系中去。

五、朝着多样化的方向发展

(一) 学生个体需要的多样性

由于不同的学生具有不同的体育需求，而且同一学生的体育需求也是多种多样的，如有健身需求、健美需求、娱乐需求、发展体育特长的需求、调节身心的需求等。因此，高校体育教育的改革，应着眼于满足全体学生的体育需求，采用个性化的体育教学方式。

(二) 体育教学内容、形式的多样性

为了满足学生不同的、多种多样的体育需求，学校体育教育的内容和形式必将朝着多样化的方向发展。首先，能反映时代特征的现代体育项目，越来越受到学生的青睐。如足球、篮球、跆拳道、攀岩等。此类项目极富挑战性，有利于发展学生个性，符合青少年学生的身心特点，能较好地满足学生实现自身价值和加强社会交往的需求。其次，个体健身类的体育项目，越来越受到学生广泛的关注。如健美运动，健身操等。此类项目可以个人进行锻炼，受制因素少，校内校外都可进行，简便有效，能较好地满足学生的健身需求。再次，休闲体育项目，越来越受到学生的喜爱。如网球、台球、乒乓球、羽毛球、轮滑、滑板等。此类项目娱乐性强，技术含量高，运动量可大可小，能较好地满足学生愉悦身心的需求。最后，民族、民间体育将进一步被开发，丰富学校体育的内容。如以武术为代表的民族传统体育及跳绳、踢毽子、荡秋千、爬竹竿等民间体育，将作为学校体育资源与体育课程资源被广泛开发与利用，以满足学生健身，娱乐等多种需求。

(二) 学校体育组织形式的多样性

由于大学生体育主体意识的不断加强，以及高校体育的蓬勃发展，学校体育特别是学校课外体育的形式必将发生相应的变化。

第一，体育社团将在高校得到快速发展。体育社团是由学生自己组织、自己管理、自由参加的群众性体育团体。体育社团一般由学生会、团委出面发起组织，

得到学校体育教研部（室，组）的支持和指导，大都以单项体育协会的形式出现，如篮球协会、游泳协会、网球协会、健美协会等。学生根据协会章程，自愿报名参加，民主选举管理人员。这种高校体育组织形式已在高校普遍出现，在未来的发展中，其管理模式和组织活动将得到进一步完善。

第二，大学生体育俱乐部将成为高校体育的重要组织形式。大学生体育俱乐部指的是以在校大学生和教育者为体育活动的主体，在校园内外进行的各种体育训练、健身、体育娱乐休闲、体育文化交流等体育教育活动的团体和场所。为了适应大学生的不同体育需要，各高校将根据自身的条件，组织多种多样的体育俱乐部。这些体育俱乐部大致可以分为两大类：一类是以发展学生体育特长，提高运动技术水平为目的的竞技体育俱乐部；另一类是以健身、休闲、娱乐为目的的群众性体育俱乐部。在一些发达国家，体育俱乐部的形式已经十分普遍。

第三，由于高校课外体育在向着自主确定锻炼目标、自主选择锻炼内容、自主组织锻炼的方向发展，因此，学校体育的组织形式将出现多样化和小型化，但一些传统的行之有效的学校体育组织形式，还将被广泛地采用。如定期组织全校性的运动会和体育节，或以班级为单位组织的郊游、远足、野营等。

（四）学校体育教学模式的多样性

在现代教学观念的影响下，体育教学模式也表现为多样化。以下为几种较为成熟的现代教学模式。

1.快乐体育教学模式

即以运动为基本手段，采用适宜的教学方法增强学生体能，使学生得到快乐体验的一种体育教学模式。这种教学模式能够较好地提高学生体育学习的兴趣、养成体育锻炼的习惯。它的基本程序是：初步体验运动的乐趣—理解运动乐趣—再学习—赞许（理性）—运动成就感。

2.情境体育教学模式

情境体育教学模式是教师根据教学内容和学生的实际情况，通过设置相关的故事情节、场地器材和情感氛围，提高学生体育学习兴趣，进而提高学生的基本活动能力。这种教学模式通过情境设计使学生产生优势兴奋中心，获取最佳注意力，使学生在"不经意中"得到身体的发展、情操的陶冶，是这种体育教学模式的主要特点。它的基本教学程序是：设置情景—引发运动兴趣—体验情节—运动乐趣—得到锻炼—还原。

3. 成功体育教学模式

成功体育教学模式，其目的是对每一个学生负责，并积极创造条件，让每一个学生都获得成功的体验，成为学习上的成功者。成功体育教学模式的突破口是评价方式。这种评价方式不带强迫性，是每一个学生乐于参与的，融自愿性、竞争性和鼓励性为一体。在教学过程中，只要学生有积极的表现，教师就及时给予奖励，而且不论其在班上同学中所处的能力水平如何，在学期终结的时候，教师把考试分与奖励分按照一定的权重合成，给出学生的最终的评价。在体育教学中运用成功教学模式，通过自我目标的设立、自我的超越，学生可以获得成功的感受，得到快乐的心理体验，从而有效地增强学生体育学习的自尊心和自信心。它的基本程序是：教学诊断—设立自我目标—超越自我—教学评价—体验成功。

（五）教学手段和技术的多样性

现代教学手段与技术对优化体育课堂教学，激发学生体育学习动机和兴趣、加深学生对动作概念和体育理论知识的理解具有非常重要的作用。如教师可通过图像、动画、影像、声音等多种媒体，直观、逼真地反映技术动作的动态变化过程。在运动技术教学中，可利用多媒体中图形的移动、连接、倒放、定格来演示运动的轨迹，动作过程及身体各部位的空间位置。在战术教学中，利用多媒体技术，教师可以很方便地把握战术教学需要，将零散分布在不同影视、录像以及网上有关的视频、音频、图片等素材集中起来，科学编排制成课件应用到战术教学中。另外，在技术分析，对比教学中，也可以把学生的运动技术录像.图片和优秀运动员的技术录像或图片放在一起进行对照分析，通过对照分析找出差异与不足，帮助学生改进、提高技术动作。

六、走向课内外与校内外一体化

现代课程论认为，课程是为实现课程目标在教师组织指导下一切课内外活动的总和。大课程观的确立为学校体育走向课内外与校内外一体化奠定了理论基础。新一轮的体育课程改革，就是从大课程观出发，将体育的课堂教学与课外、校外的体育活动，以及运动训练纳入课程之中，形成课内外与校内外有机结合的课程结构。因此，在新体育课程下，要求各级各类学校及体育教师，不仅要认真搞好课堂教学，而且还要认真组织好课外与校外的多种多样的体育活动，以满足学生多方位的发展需要。

为了适应"课内外与校内外一体化课程结构"的需要，首先，必须充分开发和利用各种体育课程资源。就人力资源方面而言，除体育教师外，班主任、辅导员、有体育特长的其他学科教师、校医，以及体育特长生等，都将被动员起来，充分发挥他们在学校体育中的作用；就课程时间而言，除课程计划规定的教学时间外，早晨、课间、课外、双休日、节假日的时间，都将得到合理的利用；就课程空间而言，体育课程将拓展到家庭、社区、体育俱乐部，以及江河、湖海、田野、山林、草原、沙滩等一切可以用来进行体育锻炼的地方，从而为学校体育课内外与校内外一体化的发展提供了可能。

其次，在学校体育走向校外的过程中，野外生存与拓展训练应成为学校体育的一个热点。野外生存是指在远离居民点的山区、丛林、荒漠、高原、孤岛等野外环境中，在不完全依靠外部提供生存、生活的物质条件下，依靠个人，集体的努力保存生命、维持健康生活能力的训练。拓展训练是指在自然地域，通过模拟探险活动进行的情景式心理训练。野外生存与拓展训练利用奇、秀、峻、险的自然环境，通过独具匠心的设计，在参与者解决问题和应对挑战的活动过程中，达到磨炼意志、陶冶情操、完善自我的目的。野外生存与拓展训练对于培养人的生存生活能力、心理调节能力、意志力与团队精神等具有特殊的作用。鉴于其特点，魅力及价值，它们必将成为我国未来学校体育发展的一个热点。

七、竞技体育将在学校被重新重视起来

由于体育观念的差别，各国学者对竞技体育的认识与观点大不一样。其主要代表有以下两种：一种是竞技和体育逐渐分离的观点。如日本体育社会学家提出的，现代竞技运动的发展脱离了体育的本来目标，高强度的负荷和高难度的技术影响了人身心的正常发展，使一部分人对竞技产生了厌恶感，因此提出了对竞技运动的反向思维。另一种观点是竞技和体育合流。

就我国来说，竞技体育是社会体育文化宝库中的基本组成部分，竞技体育的精神是时代精神的缩影，对我国社会建设有着重要精神意义。而在高校，发展竞技体育是校园文化建设的需要，是推动群众性体育活动开展的需要，是丰富学生课余生活的需要，是开展国内外校际体育交流的需要，更是提高学校知名度的需要。竞技体育以其特有的魅力吸引着广大青少年学生，如果运用得当，对增进学生健康，培养学生的运动兴趣、运动技能、意志品质、竞争与协作精神、积极进取的人生态度、团队意识，心理调节能力，责任感，以及正确对待自己，正确对待他人，正确处理人际关系等，都具有特殊的作用。因此，它是我们实现学校体育与体育课程目标的重要载体，也是我国培养优秀体育人才的重要途径。在我国，不少知名大学，都有自己的传统项目和优势项目。如清华大学的跳水、中国人民大学的足球、中国农业大学的橄榄球等。

总之，竞技体育和高校体育是有着密切联系的。竞技体育使得学校体育的内容更为丰富，也更加的引人入胜，并将体育精神引入校园文化。而在高校，通过科学化的训练，可以为我国竞技体育事业培养更多的人才。

八、体育课程评价的方式将得到进一步的完善

课程评价是课程改革的重要内容，也是实现改革目的的重要指标之一。在新的教学模式下，体育课程评价将在以下几方面得到进一步完善。

（一）注重评价的发展功能

高校体育课程发展性评价的理念强调发挥评价的"促进发展"的功能，倡导

评价的根本目的不仅是检查学生的体质状况和评比体育学习的成绩，更是为了促进学生个体的发展。此外，评价也不只是体育教学过程结束时鉴别、筛选的手段，更是促进学生身心发展的有效手段。因此，在高校体育课程评价中，不仅要关注学生在课堂上掌握了多少技术动作，更应注重学生兴趣、动机、情绪、想象力和个性发展的培养。

（二）完善课程评价目标体系

高校体育课程的评价目标体系主要包含运动目标、健康目标和行为目标。

1. 运动目标

运动目标由运动知识目标和运动技能目标构成。运动知识目标主要是使学生掌握科学锻炼身体的基本原理和方法，用科学的理论知识指导实践。运动技能目标是指学生通过体育课程的学习，掌握至少一项自己较为喜爱的运动项目的锻炼方法，为今后的锻炼打好基础。此外，还要学习和掌握与体育相关的安全及自救技能，如游泳技能、攀登技能、在出现各种突发事件时自我保护和相互保护的技能等等。

2. 健康目标

健康目标由身体素质目标、形态机能目标、健身知识目标和心理健康目标构成。身体素质目标要求发展与学生增进健康关系密切的身体素质；形态机能目标要求学生的人体组成成分、身体匀称性方面达到或接近较理想的标准和要求；健身知识目标要求学生掌握健身的原理与方法以及与健身有关的保健、养护和卫生等知识，为达到身体健康目标服务；心理健康目标要求学生在体育教育中，自觉通过体育活动改善心理状态，克服心理障碍，运用适宜的方法调节自己的情绪，树立健康向上的自信心。

3. 行为目标

行为目标主要由运动参与和社会适应两方面构成。体育课程的首要任务是培养学生对本课程的正确认识，培养学生参与体育锻炼的积极性，使他们能自主经常地参与锻炼，并能鼓励和带动周围的人一起锻炼。另一方面，通过体育教育及体育活动，可培养大学生的合作能力、交往能力、适应能力，形成良好的人际关系和团结协作的团队精神，从而提高社会适应能力。

（三）实现评价主体的多元化

随着教育民主化、人性化的发展，世界各国教育评价逐步发展成为由教师、学生、家长、管理者共同参与的交互过程。在体育课程评价过程中，让学生进行自我评价、互相评价，同时师生相互沟通协商，形成积极、友好和平等的评价关系，促进教师对学生发展过程进行指导，帮助学生接受和认同评价结果，从而促进学生不断改进，获得发展。

（四）注重质性与量化评价方法的结合

在体育课程中，量化评价比较适合对体能和运动技能做出评价，但很难评价学生的学习态度、习惯养成、意志力、自信心和合作意识。因此，它不应该成为评价的唯一方法。质性评价是"发展性评价"的重要方法之一，强调对评价对象作全面、深入、真实的观察，描述评价对象的特点与发展趋势。

在未来的体育教学改革中，我国大学体育课程应采用质性与量化评价相结合的评价方法，既对个体学生的整体健康水平改善程度做出评价，又对个体学生进一步发展提出建议。这种评价可以是某一项目学习过程的评价，也可以是某一阶段性的评价。将质性与量化评价相结合能够激发学生学习、锻炼的积极性，激励学生更好地达到大学体育课程在各个学习领域的评价目标。

综上所述，我国高校体育教育事业要想快速发展，必须进行体育教育的整体结构改革，而其中最关键也是最为重要的应是思想观念的转化。所以，我们要把学校体育的目标定位在人的发展上，体现人本主义教育思想，摆脱单一的、机械化的、以技术和技能传授为主的传统模式，逐步使体育课程减少来自行政的约束。而且，在实践中，我们既要学习发达国家高校体育的经验，也要考虑我国的现实国情，把两者结合起来，坚持走中国特色的高校体育发展之路，才能使我国高校体育开创一个新的局面。

参考文献

[1] 梁夫生，赵佳妮 . 五育融合视角下普通高校大学体育教学改革方向——以黄山学院为例 [J]. 科技资讯，2022，20（12）：176-180.

[2] 何轶，张超，曹小芬 . 智慧课堂："互联网 +"时代下高校体育课程建设研究 [J]. 体育科技，2022，43（02）：111-113.

[3] 郝圆圆 . 新时代高校体育俱乐部教学模式优化研究 [J]. 安阳师范学院学报，2021（05）：110-113.

[4] 王捷 . 新时期高校体育教学中微课应用研究——评《大学体育：微课版》[J]. 中国高校科技，2021（07）：111.

[5] 王德慧，李丽慧，龚坚，等 . 基于核心素养导向的体育校本课程开发研究 [J]. 西南师范大学学报（自然科学版），2020，45（12）：171-178.

[6] 蔡志庆 . 智慧教育打造体育教学"智慧课堂"[J]. 当代体育科技，2020，10（33）：134-135，138.

[7] 章剑舞 . 高校体育智慧课堂教学模式应用实践研究 [J]. 科技资讯，2020，18（25）：126-127，130.

[8] 王珍 . 微课在大学体育教学中的运用 [J]. 当代体育科技，2020，10（14）：71-72.

[9] 刘张配 . 学校体育课程教学资源开发和利用的研究 [J]. 文体用品与科技，2019（10）：144-145.

[10] 李倩文，项丽静.大学体育教学中实施分层教学的利与弊分析 [J].体育世界（学术版），2018（12）：122-121.

[11] 王训令.现代教育背景下提升大学体育教学质量的理应进路 [J].体育与科学，2018，39（05）：115-120.

[12] 胡磊.基于项目式学习模式的大学体育教学实证研究 [J].山东体育学院学报，2018，34（03）：131-136.

[13] 黄娟.高校协同创新战略背景下大学体育课程教学资源共享探讨 [J].新课程（下），2016（05）：27.

[14] 毛文花，王会儒.高校体育课程教学资源开发和利用研究的进展 [J].运动，2014（09）：79-80.

[15] 张璐，王茜，苏静.体育课程教学资源开发评价体系的构建 [J].体育成人教育学刊，2009，25（05）：73-75.

[16] 李晓鹏，李忠伟，郝家春，等.我国高校体育竞赛体系现实困境与优化策略 [J].体育文化导刊，2022（08）：1-7.

[17] 胡德刚，李卫东，黎林飞.线上线下混合课程在大学体育教学中的实践价值 [J].新课程教学（电子版），2022（14）：14-16.

[18] 钟秉枢，张建会，李海滨，等.新时代我国大学生体育竞赛体系的改革与创新 [J].北京体育大学学报，2022，45（07）：19-32.

[19] 王波.依托大数据推进高校体育教学评价改进策略 [J].吉林农业科技学院学报，2022，31（03）：76-79.

[20] 耿美厚.大数据时代我国高校体育教学评价改革探析 [J].体育视野，2022（09）：92-94.

[21] 李晓磊.线上线下混合式大学体育课程构建的探究 [J].当代体育科技，2021，11（27）：95-97.

[23] 陆森召.竞赛与教学相结合的大学体育教学模式探索分析 [J].当代体育科技，2019，9（24）：152-153.

[24] 程斌波.大学体育教学中户外运动训练的有关分析 [J].当代体育科技，

2018, 8（25）：60，62.

[25] 首洁. 大学体育教学评价机制研究 [J]. 当代体育科技, 2018, 8（21）：4-5.

[26] 张明波. 多元化体育教学模式下的大学生体育学习评价体系探究 [J]. 运动, 2017（22）：86-87.

[27] 田华. 大学体育教师师资队伍建设问题研究 [J]. 教育与职业, 2010（32）：65-66.

[28] 涂娅菲. 新课程背景下的大学体育教学评价探讨 [J]. 当代教育论坛（综合研究）, 2010（07）：36-37.

[29] 梁丽珍, 马丽君. 大学体育教师专业化的内涵、标准及实现途径 [J]. 考试周刊, 2008（23）：13-14.

[30] 林宋贤, 黎洁容. 大学生体育学习评价方法的构建及应用研究 [J]. 哈尔滨体育学院学报, 2007（06）：95-97.

[31] 关青, 曹永林. 大学体育教师专业化的社会背景分析 [J]. 科技信息（学术研究）, 2007（19）：315+317.

[32] 王津. 大学体育课堂教学评价指标体系研究 [J]. 天津体育学院学报, 2006（05）：459-460.

[33] 陈彪. 大学生体育学习评价体系的构建 [J]. 南京体育学院学报（社会科学版）, 2006（04）：76-78.

[34] 陈振夏. 大学生课外活动参与状况调查与研究 [J]. 华中农业大学学报（社会科学版）, 2005（Z1）：118-121+134.

[35] 张冰, 石春健. 面向 21 世纪的清华大学体育师资队伍建设与发展探索 [J]. 武汉体育学院学报, 2005（09）：19-22.

[36] 宋会君. 体育教师专业化之研究 [D]. 北京：北京体育大学, 2005.

[37] 王贺. 体教融合背景下体育教育专业课内外一体化体育俱乐部目标设置及实现路径研究 [D]. 天津：天津体育学院, 2022.

[38] 黄鹏. 高校体育俱乐部教学模式在湖北普通本科院校的探索与实践研究 [D]. 武汉：武汉体育学院, 2020.

[39] 张鸣宇.分层教学对大学体育羽毛球课学习效果影响的实验研究 [D].延吉：延边大学，2018.

[40] 樊晓璇.微课在大学体育健美操教学中的应用研究 [D].宁波：宁波大学，2018.

[41] 何秋鸿."分层教学"理论指导下高校体育教育教学改革研究与实践 [D].成都：成都体育学院，2013.

[42] 彭兴云.动态分层教学模式在大学体育教学中的实验性研究 [D].重庆：重庆大学，2009.

[43] 陈淑奇.我国普通高校体育校本课程开发研究 [D].长沙：湖南师范大学，2006.

[44] 李宁.线上线下混合式教学在体育院校网球专选课中的应用研究 [D].济南：山东体育学院，2021.

[45] 张木.大学生课外活动的项目化管理 [D].西安：西安石油大学，2012.

[46] 俞竹丽.构建双轨制大学体育竞赛制度的可行性研究 [D].南京：南京师范大学，2008.

[47] 赵晓慧.大学生课外活动与创造性人格发展研究 [D].厦门：厦门大学，2008.

[48] 刘佳，杨辉.体育课程教学论 [M].延吉：延边大学出版社，2017.

[49] 曹宏宏.高校体育与健康课程教学实践改革研究 [M].吉林出版集团股份有限公司，2018.

[50] 董大志，周余，陈维富.现代体育教学管理探索与课程实务研究 [M].北京：中国书籍出版社，2016.

[51] 蒋立兵，易名农，齐芳，等.现代体育教育技术 [M].武汉：中国地质大学出版社，2012.

[52] 谢宾，王新光，时春梅.高校体育教学与运动训练研究 [M].长春：吉林人民出版社，2021.10.

[53] 马鹏涛.高校体育教学改革创新与科学化训练研究 [M].北京：新华出版

社，2018.03.

[54] 郭道全，魏富民，肖勤，等 . 现代高校体育教学概论 [M]. 北京：中国商务出版社，2015.05.

[55] 李建芳，陈汉华 . 现代高校体育教学探索 [M]. 北京：北京体育大学出版社，2001.

[56] 李薛，韩剑云，孙静 . 现代教育技术革新下高校体育教学研究 [M]. 北京：中国纺织出版社，2019.